岐路に立つ国連開発
変容する国際協力の枠組み

ブルース・ジェンクス／ブルース・ジョーンズ●編著

丹羽敏之●監訳

人間と歴史社

United Nations Development at a Crossroads
by Bruce Jenks and Bruce Jones
Copyright © 2014 Center on International Cooperation
Japanese language translation rights arranged directly with the New York
University Center on International Cooperation on behalf of the authors
through Tuttle-Mori Agency, Inc., Tokyo

日本語版発刊に寄せて

国連開発システムは「岐路」に立っている。

将来の諸課題に重要な役割を果たすため、国連開発システムはその改革に積極的に取り組むか、それともこのまま徐々に主流からおき去られる危険にさらされるかのどちらかである。

我々はこの日本語版が"世界最初"の出版となるのを心からうれしく思う。これは日本の長年にわたる世界開発協力への、また国連開発システムへの貢献に鑑みればとりわけふさわしいことと思う。

日本は他の4カ国と共にこの報告書の作成を可能にした。この場を借りて我々はこの関係5カ国に心から謝意を表する。

この日本語版報告書が、日本において国連開発システムがいかにすれば将来の課題に対し最適に対処できうるか、という活溌な議論を呼ぶことができれば幸いである。

2014年2月

ブルース・ジェンクス
Bruce Jenks

ブルース・ジョーンズ
Bruce Jones

謝辞

本報告書の作成に際しては、査読グループと多数の同僚から貴重なコメントの数々を受けた。ここに謝意を表したい。

本報告書で取り上げた諸問題に関して、きわめて有益で刺激的なセミナーを開催された「ハマーショルド財団」にお礼を申し上げる。セミナーに積極的に関わってくれた参加者各位にも、深く感謝している。

デンマーク、日本、オランダ、ノルウェー、スウェーデンからの資金援助にも謝意を表したい。そして国際協力センターの全スタッフ、わけてもベン・トートラニ、ノーラ・ゴードン、アントニー・エバンスに謝意を表する。

目次

日本語版発刊に寄せて　*3*
謝辞　*4*
序に代えて　*7*

要約　*13*
　　　直面する課題　／世界の変容と貧困像の変化
　　　迫られる戦略的再編　／三つのシナリオ
　　　「ミレニアム開発目標」から「グローバル公共財」の世界へ

はじめに　*23*

Part 1　変化する状況　*25*
1.1　新興国の台頭と貧困像の変化　*26*
　　1.1.1　新興成長市場の台頭　*26*
　　1.1.2　貧困像の変化　*27*
　　1.1.3　BRICS ＋の台頭　*32*
　　1.1.4　新たな政府間フォーラムの出現（G20）　*34*
　　1.1.5　低所得国と脆弱国における貧困の残存　*35*
1.2　国家・市場・個人の関係の変化　*36*
　　1.2.1　グローバル化と市場の成長　*36*
　　1.2.2　市場の規模　*36*
　　1.2.3　民間セクターとの関係　*40*
　　1.2.4　市民社会　*44*
　　1.2.5　慈善事業（フィランソロピー）　*46*
　　1.2.6　技術、コミュニケーション（情報伝達）、ソーシャルメディア　*47*
1.3　グローバル化と開発協力——分析のための枠組み　*51*
　　1.3.1　国連開発協力の概観と歴史　*55*

Part 2　国連開発システムの現況　*65*
　　　データの解釈にあたって　／G20 の開発協力の概要
　　　国連の事業活動と事業支出　／資金の流れ　／ODA 援助のセクター別配分
　　　国連の職員力と開発機関の展開状況　／考察

Part 3　国連開発システムの新たな課題　*87*
3.1　国連機関の主要課題への取り組み　*88*
3.2　ケーススタディ（抄録）　*89*
　【気候】　*91*
　　　現在までの動向　／こうした動向の開発協力に対する意味　／変化する状況への対処

【エネルギー】　*97*
　　　結論

【食糧安全保障】　*102*
　　　「食糧安全保障」の状況　／国際社会の集団的対応
　　　食糧安全保障の世界的統治─問題点と課題

【持続可能な開発】　*110*
　　　「持続可能な開発」の核心にある曖昧さ　／「持続可能な開発」における国連の公式な役割
　　　知識とデータの収集　／政府間の意思決定に対する支援　／資金調達　／国レベルでの実施
　　　「持続可能な開発」における触媒としての国連の役割
　　　「リオ＋20」と「ミレニアム開発目標」、「持続可能な開発目標」
　　　新たなパートナーシップ（提携・協力）の議題　／結論

【グローバルヘルス（世界保健）】　*119*
　　　多国間の「世界保健」の構成の進化　／「五つ」の現下の課題
　　　【課題1】：持続可能な資金調達
　　　【課題2】：世界の富の偏在
　　　【課題3】：世界保健の構成と新たな使命
　　　【課題4】：世界の食糧供給
　　　【課題5】：気候変動
　　　なされるべきことは？

【脆弱国】　*129*
　　　背景　／脆弱国における国連─その規模と存在感
　　　脆弱国における国連の役割と比較優位性　／国連の活動成果をどう測定するか
　　　「法の支配」の確立　／変化する現実　／結論

【モザンビークのケーススタディ】　*142*
　　　紛争地から経済成長へ　／新たな課題
　　　国連にとって意味するものとは？　／結論

3.3　新たなパターンと傾向　*153*
　　3.3.1　歴史的規模の変容　*153*
　　3.3.2　開発協力の目的と実践に及ぼす因子　*155*
　　3.3.3　形態は機能に従う　*156*

Part 4　岐路に立つ国連開発　*161*
　　　二重の課題　／公共セクターと民間セクターの役割の変化
　　　断片化の弊害　／噛み合わないシステム

4.1　国連改革の現在位置　*167*

4.2　グローバルヘルスとWHO　*175*

4.3　資金に関する考察　*182*

4.4　統治（ガバナンス）に関する考察　*193*

Part 5　改革議題　*199*

5.1　改革の必要性　*200*

5.2　「ミレニアム開発目標」を超えて　*203*

5.3　三つのシナリオ　*208*

5.4　改革プロセスの想定　*212*

序に代えて

国連児童基金（ユニセフ）前事務局次長
関西学院大学総合政策学部特別客員教授
丹羽敏之

　私がこの国連開発活動に関する「報告書」の企画を知ったのは、2年前の2012年のことであった。私が26年間勤務した国連開発計画（UNDP）時代の同僚で、後年、私がユニセフ（UNICEF）事務局次長として国連機関相互調整等組織政策課題に携わっていたころ、UNDPでの交渉相手でもあった本著者の一人、ブルース・ジェンクス氏から次のような話があった。

　「ニューヨーク大学国際協力センターおよびアメリカ・ブルッキングス研究所のブルース・ジョーンズ氏と共同で『国連開発システム』に関する歴史・現状分析とその将来を論ずる報告書を作成したい。そのためにはまず、今までほとんど試みられていない、専門機関、計画、基金、事務局、部局といった、多数の組織からなる『国連開発システム』に関する各種統計を集計し、システムの全体像をつかみ、その活動規模をよりよく理解する必要がある。さらに国際政治環境の変化、技術革新とグローバル化およびNGOなどの民間機関の台頭により、『国連開発システム』を取りまく諸環境は劇的な変貌を遂げている。そして今日、国際社会が直面している主要開発課題は複雑化し、『国連開発システム』は全体的な立場から対処する必要性に迫られている。したがって、こうした開発課題を深く切り込んで分析してみたい。そうした研究結果にもとづき、『国連開発システム』が直面する課題と対応策を改めて検討し、今後の改革推進努力に資したい。
　ついてはドナーからの資金協力を得てこの企画を進めていきたと思うが、日本からの協力を打診してもらえないだろうか」——。

　ちなみに私は、前国連事務総長コフィ・アナンに請われ、国連本部総務担当事務次長補として奉職した1997年から2004年までの7年間を除き、1971年から2007年までの36年間、UNDPとUNICEFにおいて、終始一貫して人道開発活動に携わってきた。国連常駐調整官、UNDP常駐代表、その他の資格でイエメン、ネパール、タイ、タイ－カンボジア国境といった人道開発最

前線での経験と、政策管理経営責任に携わったUNDPとUNICEF本部幹部職員としての経験から、個々の国連機関を超えて「国連開発システム」全体を対象とする企画がいかに有意義なものであるか、また、変貌する世界の中での「国連開発システム」のあり方や、「国連開発システム」が将来その力をいっそう発揮できるための本質的な国連改革探求の必要性を痛切に感じていたので、諸手をあげてこの企画に賛同した。

たまたまそのとき私は、いったん引退した身ながらUNDP東京事務所の臨時代表を務めており、開発協力の将来に関心をもつ一個人として、この申し入れを日本政府につなぐことにした。

その後、この企画はデンマーク、オランダ、ノルウェー、スウェーデンおよび日本といった多国間協力に積極的なドナーからの資金提供のもとに実施されることとなった。

本報告書作成作業が最終段階に達した昨年5月に、その草案のたたき台として日本外務省の協力のもとに、世界に先駆けて東京でこの報告書草案の共有と意見交換を目的とするシンポジウムを試みてみたが、残念ながら日程その他の理由から実現に至らなかった。

しかし一方、英語での限られた参加者だけを対象とした一回限りの、そして専門性の高いシンポジウムよりも、報告書の「日本語版」出版を通してこの「報告書」の存在と重要性をより広く日本国民に知ってもらうことのほうがはるかに望ましいのでは、と感じた。

そこで「人間と歴史社」の佐々木久夫社長に相談したところ、「ぜひ翻訳本の出版をしたい」との返事をいただき、本報告書の日本語版を世界に先駆けて出版することとなった次第である。

さて、本報告書にはいろいろな特徴があるが、私なりにいくつかの点に焦点をあててみたいと思う。

まず第一に、両著者の指導のもとにニューヨーク大学国際協力センターで国連開発システム全体に関する各種統計が集計され、初めて"国連開発資産"の全体像が解明されたことである。本報告書にあるように、「国連開発システム」の活動規模が年間260億ドルまでにのぼり、常時5万人のスタッフをかかえ、大小含めて国事務所の総数が1000にも達していることを誰が今まで想定したであろうか？

では、なぜこれまでにそうした全体像を示すデータ収集が試みられなかったのか？

私の理解では、これは「国連開発システム」が自律・独立した組織により構成され、各機関の説明責任が当該管理理事会、あるいは代表理事会どまりであり、したがって作成される資料も当該組織単位であることによる。また、それとともに、国連加盟国自体に「国連開発システム」を完全に一本化して統治・

監督するような省庁体制が存在しないことにもよるものと思われる。

反面、この「報告書」で試みられている集計には、ある程度の原データ分類と解釈が不可避なため、若干いろいろな果実を詰め込んだ「果物籠」のような性格があることは否定できない。しかしそうした不完全さよりも、「全体像」を初めて把握したこと自体を高く評価すべきである。

第二に、本報告書は「国連開発システム」を学術的・外部的観点からと、実務的・内部的観点の両方から論じている。そして複雑な「国連開発システム」をバランスよく明確に分析し、過去70余年にわたるその歴史を簡潔に説明し、独自の"歴史観"をもとに「国連開発システム」の将来の可能性を論じている。

ひと言で「国連開発システム」といっても、30以上にもおよぶ自律・独立した組織により形成され、その役割と分野は多岐に及ぶ。「国連開発システム」は大別して、国連食糧農業機関（FAO）、国連教育科学文化機関（UNESCO）、世界保健機関（WHO）、国際労働機関（ILO）といった「専門機関」のように、セクター別、"垂直型"にその役割と権限が定められたものと、国連開発計画（UNDP）、国連児童基金（UNICEF）、国連世界食糧計画（WFP）、国連人口基金（UNFPA）といった「計画」や「基金」のように、援助対象あるいは目的により"水平型"にその役割と権限が定められている二つのグループから成っている。さらに、国際金融機関である世界銀行、国際通貨基金も「専門機関」として重要な一角を占めている。

業務管理体制については、専門機関のように"本部主導型"のものと、多くの計画・基金のように"国事務所主導型"のものとが混在し、また各々が独自の支持層、利害関係者、地盤そして予算形態を持っている。

それゆえ、「国連開発システム」内に異なった開発理念と指向が存在するのは当然かもしれない。そのため、各機関とこれを取りまく環境を、「ひとつの国連開発システム」として論ずることはたやすいことではないであろう。したがって、説得力をもって「国連開発システム」全体の将来を語る場合、いかに適切なバランスが必要であるかは自明である。

本報告書は、そうした「国連開発システム」の直面する課題を、まず国連開発を取りまく環境変化の観点から、そして次に気候変動、エネルギー、食糧問題、世界保健、持続可能性、脆弱国といった、「国連開発システム」が直面する本質的諸課題をケーススタデイとして取り上げ、各分野の専門家により詳細な"深い分析"（deep dive）を試み、究明している。さらに、「モザンビーク」という一つの国を例にとり、具体的に国レベルで「国連開発システム」が直面している状況を観察し、いかに環境の変化に立ち向かっているかを論じている。

本報告書はそうした本質的課題にとどまらず、「国連開発システム」の中心機能に焦点をあて、「形態」「資金」「統治」の三面から、また本質・プログラム

的観点と経営管理的観点の両面から、改革の必要性を説いている。さらに、より拡大してきている利害関係者を念頭に置き、「三つの国連」すなわち「加盟国」、「国連事務局、国連開発機関事務局」、そして「NGO・学者、コンサルタント、専門家そしてその他の非公式なネットワークも含めた市民社会・民間セクター」の観点から捉えている。

こうした分析をもとに、国連開発システムの将来にとって、過去に試みられたような早急な解決法、たとえばいくつかの組織に手をつけることにより改革を遂行するといった、いわば短期的な安易な解決法ではなく、"急がば回れ"的な中長期的な解決法、つまり加盟国政府、諸国連機関を越えた非公式で広い対話により、「国連開発システム」全体の改革を押し進めるアプローチは、その存在、現状、限界を考えれば当然かもしれない。

本報告書でハイライトされている「国連開発システム」の難題は、極度の断片化、コア資金とノンコア資金のバランスの問題、そして一貫性欠如対策である「ひとつの国連としての援助提供」(Delivery as One) 構想である。これらはすべて、多国間協力機関としての「国連開発システム」の存在理由に関わるまことに深刻な問題であり、そこに広く脚光が当てられているのは喜ばしいことである。

くり返しになるが、「国連開発システム」全体にまとまった、一体としてのアプローチの必要性を説くことは簡単ではない。

第三に、本報告書にはいくつかの新たな"疑問点"が浮かび上がってくる。まずはじめに、本報告書は過去三回にわたり「国連開発システム」は大きな改革課題に直面し、そのつど成功裡に対処してきた。したがって今回も原則的に充分な理解と努力があれば、現在直面する開発課題も乗り越えることができる、としている。もちろん、この最終的結論に関して異論はまったくないが、果たして今までの「国連開発システム」の改革対応努力がそのつど充分であったかどうかについては議論が分かれるであろう。

私自身、開発の最前線で経験したが、1970年代から1980年代末までの20年間、UNDPを中核とした「国連開発システム」の国別計画 (Country Programming) 努力は今一歩であったと、少なからず感じている。

これに関連した次の疑問は、開発の"最終目的"を何に定めるか、ということである。「開発」はじつに複雑なプロセスで、いろいろな局面と要素からなり、たとえばあるプロジェクトがA国で成功したからといって、同じことをB国で計画・実施しても成功するとは限らない。そこには技術的な局面とともに、政治、経済、社会的要素が微妙に絡まり合ってくる。したがって、本報告書で強調されている「グローバル公共財」といった世界的、普遍的目的達成のための努力と同時に、国レベルでの計画立案・実施能力が今後引き続き大切なのではないか、と考えられる。

さらなる疑問点は、果たして横並びの、そして機関間上下の説明責任の存在し

ない「国連開発システム」において、誰が、どのようにその"まとめ役"になり、必要とされている指導力を発揮するかという点である。当然、"国連事務総長"がまず念頭に浮かぶが、果たして国連システム事務局長調整委員会の「議長」としての現存の調整機能以上の指導力を発揮できるか否か、疑問が残る。

第四に、本報告書はすでにここ数カ月の間に開発関係有識者の間で静かな関心を呼び、話題となりつつある。今後、国連本部のあるニューヨーク、ジュネーヴ、ローマ、パリその他、世界の主要都市でも活溌な話題となることが予想される。そして、今年9月からニューヨークで始まる「国連総会」を機に、国連内外でさらに活溌に議論、検討されてくると思われる。
したがって、本報告書の日本での出版はまさに"時宜"を得たもので、「国連開発システム」の将来のあり方を日本においても検討するための、よき参考になると確信している。

つぎに、具体的に本書の日本にとっての意味について述べてみる。
まず第一に、国連開発の現状を見つめることで、世界の先が、国連の先が、見えてくるということである。本書［パート2表1］にあるように、日本がアメリカに次ぐ第二の「ODA拠出国」「国連分担金拠出国」であり、加えて「平和維持活動予算分担金拠出国」および「世界銀行国際開発協会拠出金提供国」「国連開発関係任意拠出金提供国」でありながら、残念なことに、日本において「国連開発システム」はまだまだ身近な存在ではない。
そのため、本書のような「国連開発システム」全体の仕組み、歴史、現状、課題、そしてその将来をかなり踏み込んだかたちで説明する書物は珍しく、多くの読者にとってよき「国連開発システム入門書」であると思う。そこにはあまり注目されていない世界の現状が生々しく語られており、国連開発システムの"大株主"としての日本の責任と使命が明示されている。
国連本体、国連システムにおいて、「日本の顔が見えない」という声を聞く。最近はだんだんと若い邦人国連職員の数が増えているのは事実であるが、まだまだその数は分担金、拠出金レベルと対比しても低迷している。ましてや、幹部レベルの邦人の数は極端に少ない。たとえば、ひと昔前には事務次長補（Assistant Secretary-General）クラスの幹部職員が国連本部、ユニセフ、国連開発計画、国連人口基金に一人ずついたのだが、現段階では一人も存在せず、残念ながら全滅の状況である。
なぜそうなのかを考えると、やはり「国連開発システム」を多角的に理解する仕組みが、日本には存在しないため、と思えて仕方がない。もちろん、ほかにも理由があるとも思うが、まず、日本社会で「国連開発システム」をよりよく理解してもらうことから始めなければと、痛感している。

第二の点は、たとえば「ユニセフ」といった特定機関に関する書物はあるものの、国内には本書のような「国連開発システム」に関する文献は私の知る限り、今のところ皆無である。これは日本に限ったことではなく、世界的にそうしたものが稀なので当然かもしれない。したがって、これだけ内容の充実した、「国連開発システム」の実態を把握することのできる機会を見逃すのは、まったく"もったいない"と思う。

第三の点は、本書は日本の二国間援助の将来にも参考になる、ということである。「国連開発システム」をはじめとする、他の多国間ドナーとの協調、他の二国間援助機関との連携、NGO・市民社会、そして「ゲイツ財団」をはじめとする慈善団体や民間セクターとの連携強化は、日本の援助機関にとっても課題だと思える。

第四に、改革といえば、当然「国連本体」の改革も眼中に入れるべきであろう。政治機関としての国連改革は政治問題であり、「国連開発システム」の改革とは別の課題ではあるが、日本の将来にとって、緊急な課題として共通することは否定できない。なぜなら、開発は「平和」と「安全」に依存し、なおかつ相互強化の関係にあるからである。そうした必要性を再認識するきっかけを本書が提供することになれば幸いである。

最後に、日本語版翻訳にあたって協力をいただいた斉藤裕一氏、また斉藤氏を紹介してくださった国連開発計画東京事務所に感謝するとともに、編集・製作に最大の努力を注いでくださった「人間と歴史社」のスタッフにも深く感謝申し上げる。

2014年3月
アメリカ合衆国コネチカット州グリーニッチにて

要 約

直面する課題

国連開発システム[1]は岐路に立っている。世界経済が変容するなかで、妥当性を維持するために必要な深い改革を行なうか、それともこのまま"かたわら"に退いていくかの二つに一つである。今後の道筋の選択は、関係するすべての活動主体（国連機関と各国政府）の決意と、強力なリーダーシップにかかっている。すなわち、政府の、国連開発システム内の、そして国連事務総長のリーダーシップ（指導力）に——。

国連開発システムは現在、年間250億ドル超の資金援助を提供し、本部所在地以外に5万人以上の国連職員を擁している。これは平和維持活動（PKO）要員を含まない数字である。国連開発システムの国（現地）レベルの常駐事務所は1000カ所以上に及んでいる[2]。この肩入れと活動の規模には大きな効果が伴っているかに思える。しかし、国連開発システムは絶望的なまでの断片化（フラグメンテイション）に陥り、世界経済の根本的変化に適応できず、その結果、その影響力を疑問視されている。

国連開発システムが直面している課題を理解する一つの方法は、国際社会が「ミレニアム開発目標」（MDGs）を概念化しはじめた、1990年代半ば以降の世界の変化を捉えることである。そして、この時期を境に国連開発システムの規範的基礎と組織力が"どのように変わったのか"を考察することである。当時、「南」の新興諸国もまだ主要な存在にはほど遠く、ゴールドマン・サックス*が「BRICs」[3]と命名するのもしばらく後になってからである。

「G20」*（主要20カ国・地域）も存在していなかった。「南」の多くの国（途上国）で依然としてODA（政府開発援助）が援助の中心を占め、民間セク

*ゴールドマン・サックス
アメリカの金融グループで、世界最大級の投資銀行。歴史は古くドイツ出身のマーカス・ゴールドマンによって1869年に設立された。

---

1 本報告書で言う「国連開発システム」とは、国連の開発活動を担う合計32の国連専門機関、基金、計画、事務局、部局からなるシステムを指す。
2 1000カ所という数字は国連専門機関、基金、計画の国レベルの事務所を指し、地区レベルの事務所は含まない。たとえば、ユニセフ（国連児童基金）はスーダンに20カ所以上の地域事務所を持っているが、1000カ所という数字に含まれるのは首都ハルツームにあるユニセフ・スーダン事務所だけである。
3 ブラジル、ロシア、インド、中国。

ターによる援助は周縁に位置するにすぎなかった。「ビル&メリンダ・ゲイツ財団」や「クリントン・グローバル・イニシアチブ」など、マルチステークホルダー（多様な利害関係者）のフォーラムが出現するのも後のことである。「フェイスブック」のマーク・ザッカーバーグ（Mark Zuckerberg）はまだ中学生で、オックスフォード英語辞典に「google」という言葉はなく、「ブラックベリー」も果物の名に過ぎなかった。

このような状況において、国連開発システムの効果性を向上させ、現在の世界の課題に適した存在にするための取り組みは、十分な範囲の利害関係者を伴う「変革」の必要性を認識することから始まらなければならない。この点がまず、中核となる活動主体（国連機関、各国政府、国連上層部）の「対話」で確認される必要がある。その方法は数々ある。本報告書は、そのような対話に必要な一連のアイデアとデータを提示するものである。

世界の変容と貧困像の変化

国連開発システムは、今日の世界で果たして、またどういうふうに、人間開発に貢献できるのか——。この問題を理解するには、まず世界に変化を引き起こしている一連の主要の力に対して、そして私たちが直面している世界的な課題に対して、国連開発システムが"どのように対処しているか"を捉えることである。変化を引き起こしている最大の要因は、「グローバル化」の加速と、「冷戦」の終結である。

本報告書では、変化を引き起こしている一連の〈力〉に焦点を合わせる。すなわち、グローバル化した「南」の新興大国の台頭、新たな種類の世界的な開発課題の出現、国家と市場と市民の力関係の変化、そして技術革新（イノベーション）の影響である。

このすべてが貧困像と開発課題に深い影響（その多くはプラスの影響）を及ぼしている。過去数十年間、開発はおおむね直線的な進歩と見なされていた。開発協力は、その直線に沿って傾斜配分され、最も貧しい国々に最も多くが与えられた。「後発開発途上国」「中所得国」「高所得国」という分類も、その直線に沿っていた。貧しい人々と貧しい国々の区別は常に認識されていたが、開発政策はおおむね貧しい人々が貧しい国々にいることを前提としていた。この二つを「峻別」する必要があるという認識によって、旧来の開発観が揺るがされたのは、ごく最近のことに過ぎない。

このような世界の変化から、状況の相異なる国々に相異なる課題が生じた。今後の開発課題について、本報告書は「四つ」のカテゴリー（範疇）を特定した（ただし完全に互いに相容れないものではない）。

＊G20（ジートウェンティ）は、"Group of Twenty"の略。主要国首脳会議（G8）に参加する8か国（アメリカ合衆国、イギリス、フランス、ドイツ、日本、イタリア、カナダ、ロシア）、欧州連合、新興経済国11か国（中華人民共和国、インド、ブラジル、メキシコ、南アフリカ、オーストラリア、韓国、インドネシア、サウジアラビア、トルコ、アルゼンチン）の計20か国・地域からなるグループ。「G20首脳会合」、および「G20財務相・中央銀行総裁会議」を開催。

第一は、グローバル化に取り残されている国、依然としてODA（政府開発援助）への依存度が高い状態にある国々である。その多くは脆弱国であり、幅広い分野で国際社会の強い支援を必要としているが、とくに従来の開発援助が焦点を当てていなかった分野、たとえば包含性の高い効果的な法の支配、治安機構の確立などである。

第二は、グローバル化の列車に乗り込みつつある中所得国で、援助には依存しておらず、グローバル化への積極参加を望んでいる国々である。このカテゴリーの国々は、グローバル化への効果的な参加に関わる一連の分野で大きな支援を必要としている。たとえば、グローバル化に伴うリスク（危険）とショック（衝撃）への対応に関わる政府の適応能力強化につながる広範な政策アドバイス（提言）、あるいは個々の分野に関する政策アドバイスなどである。

第三は、持続可能なエネルギーや気候変動対策など、新たな問題への集団的対応をまとめ上げる課題である。そのためには、共通の意識と価値観の確立に対する大きな投資が求められる。

第四は、集団的対応の促進において、グローバル化とグローバル公共財に関わる中心的存在でありながら、その二つに関する協議へ効果的に参加するための支援を必要としている国々である。

この「四つ」のカテゴリーは、状況は各々異なるものの、それらの国々が直面している「課題」の広い特徴づけを示すことに役立つ。

今日の「開発」を取りまく状況がどれほど変化しているかということは、最も広い意味での開発協力を理解し、実践していくうえでまさに重要である。一方、こうした変化が今日、国連開発システムの妥当性と戦略的な位置づけに大きな課題をもたらしている。

迫られる戦略的再編

本報告書では、国連開発システムが歴史を通じて大きな改革能力を示してきたことを立証する。しかし、改革の必要性に関する対話を始めるためには、「デフォルト・オプション」——すなわち「改革など無理なのだから、時間を無駄にせずに簡単にできることだけで済まそう」という考え方を、まず排除する必要がある。

さらに本報告書は、現在生じている「変容」の性質と実体を把握するために、国連開発システムがこれまでどのような自己調整と適応をなしてきたか、歴史的な全体像を提示する。

本報告書の結論として、国連開発システムの機能に「形態」と「資金」と「統治」（ガバナンス）の三者が密接に提携されていなければならない。また、形態と資金と統治の再編は一体として行なわれなければならない。

国連開発システムが真に効果性をもたらせているかどうかをまず確認するには、現在進行中の変化の中心的性質についての「分析」を合意することである。その変化の「要因」としては、
- 新興国の台頭、
- 世界経済の勢力バランスの変化、
- 貧困像の変化、
- グローバル化の加速、
- 国家と市場と個人の関係の変化、
- 技術の急速な発展、
- 集団的対応により、効果的な解決策を見いだす必要のある新種の世界的な課題の出現、

などがある。これら要因のそれぞれが広範な影響を及ぼし、そのすべてが相まって歴史的に重大な転換期をもたらしている。

「分析」に合意することは不可能ではないはずである。本報告書はそのために、国連開発システムの現状を表すデータを提示する。具体的には、
- 職員の規模や配置、
- 資金の種別、
- 支出規模、
- 組織別展開状況、
- 集中と分散、

を提示するよう試みる。国連開発システム全体の「資産概容」をまとめた図表は希有であり、そこから国連開発システムが活用できる資産の「配分」と「構成」について根本的疑問点が浮かび上がる。

それよりも難しい課題は、分析を今後の国連開発システムに適用し、その未来の機能について共通の見解に達することである。

本報告書の「結論」では、国連開発システムは「戦略的再編」を必要としている。そのためには、いかなる再編の試みも、まず中核機能を見直し、再定義し、その結果得られた合意にもとづき、機能を見直す必要がある。そしてまた、形態と資金と統治を、機能と効果的に重ね合わせるためには、高度の明断さが求められる。反面、現在進行中の改革の取り組みは、大部分が個々の国連機関レベルでなされ、形態と資金と統治がまったく個別に扱われている（それも往々にして個別のワーキンググループ〈作業部会〉によって）。

一方に市場の拡大、国家と市場の関係の変化、もう一方に公共セクターと民間セクターの役割の変化といった「二つ」の背景のもとに、国連はもっとそうした当事者を包含し、活動していく必要がある。端的にいえば、この20年にわたる世界経済の変化は、国連開発システムの果たすべき機能に大きな、また複合的な影響を及ぼし、深い改革を必要としている。

加えて、中核機能の将来に関する対話では、グローバル公共財の提供における「責任の分担」という課題と向き合うことが必須となる。後述するように、この課題は世界銀行やOECD(経済協力開発機構)／DAC(開発援助委員会)、さまざまな二国間援助機関、さらにシンクタンクといった、多種多様の組織によって明らかにされている。したがって、国連がグローバル公共財に関する討議への関与に「消極的な理由」をあらためて吟味する必要がある。

本報告書では、枠組みとしてのミレニアム開発目標（MDGs）*の価値と、グローバル公共財とを比較する。15年ほど前に策定された「ミレニアム開発目標」の枠組みは今後も重要な基準点として働き続け、世界の絶対的貧困の根絶に重要な貢献を果たしうる。しかしこれが、これまでと同じ中心的役割を果たすことにはならない。

なぜなら、世界が変化し、集団的対応の必要性が根本的に異なる、あるいは積極的な取り組みを要する課題が生じているからである。本報告書の「目的」に関して、より重要な点は、ミレニアム開発目標（MDGs）による枠組みと本格的な国連改革議題（アジェンダ）の間に"自ずと通う道筋は存在しない"ということである。

この点から、「一貫性」（コーヘーレンス）が問題となる。この10年の間に、一貫性が「改革」とほぼ同義語になった。国連開発システム関連の改革に関するハイレベル・パネルが「一貫性委員会」として知られるようになったほどに――。このことは、ほとんど事業活動といってよいものが極度の断片化に陥ったことへの反応であった。一貫性の問題は、合理化と調和化の取り組みを主導するOECD（経済協力開発機構）／DAC（開発援助委員会）によって重視され、2005年の「援助効果に関するパリ宣言」へとつながっていった。

このように、国連開発システムは極度の断片化の事例であり、この問題に対する国連の対応が「ひとつの国連としての援助提供」[4]構想だった。

「一貫性」と「改革」の融合は、事業活動とその効果に強い焦点が置かれるこ

---

*ミレニアム開発目標（MDGs）
開発分野における国際社会共通の目標。2000年9月ニューヨークで開催された国連ミレニアム・サミットで採択された国連ミレニアム宣言にもとづき、2015年までに達成すべき貧困と飢餓の撲滅など、次の8つの目標を掲げている。
①極度の貧困と飢餓の撲滅、
②初等教育の完全普及の達成、
③ジェンダー平等推進と女性の地位向上、
④乳幼児死亡率の削減、
⑤妊産婦の健康の改善、
⑥HIV／エイズ、マラリア、その他の疾病の蔓延の防止、
⑦環境の持続可能性確保、
⑧開発のためのグローバルなパートナーシップの推進。

---

[4] 「ひとつの国連としてサービスを提供する」イニシアチブは、国連開発活動の妥当性、効果性、効率の向上を目的とし、対象国の全面的オーナーシップに重点を置いている。2006年、そのパイロット・プログラムが8カ国で開始された。Report of the Secretary-General's High-Level Panel on UN System-wide Coherence in the Areas of Development, Humanitarian Assistance, and the Environment, 2006を参照されたい。

とになり、改革を国レベルにとどめる結果となった。戦略的な位置づけの観点に立てば、まさにその時期に必要とされていたのは、はるかに広い意味での「開発協力」への焦点だったと捉えることができる。すなわち、焦点が事業活動から「規範」の創出と「権利本位」の議題へ移行する必要があった。国連は、集団的対応を要する新種の世界的な課題に対応する必要があり、そのために新しく出現した国レベルでなく、世界的な性格の戦略的方向性の追求が求められていた。要するに、国連開発システムが直面している課題は、たとえいかに事業効率が重要であれ、その域をはるかに超えるものであった。

「グローバル公共財の世界」における一貫性とは、個々の公共財の提供にとって適切な関係者のすべてが一致関与することである。そうすると、国連内の一貫性は二義的な問題となる。つまり、国連システムの位置再編の原動力として、「妥当性」（レレバンス）が一貫性に取って代わる。

信頼性をもつ改革戦略の前提とは、資金構造を機能に沿わせることである。国際社会は資金拠出に相応するシステムをもっている。現在、国連とその他の開発機関に対して、さまざまな資金構造を通じて機会追求への複合的な「誘因」（インセンティブ）が働いている。そのため資金が競争と成果水準を通じて確保されており、資金を機能に沿わせる誘因はほとんど存在していない。

この点に関する現在の議論は、「コア資金」（個々のプロジェクトに充てられない資金）と「ノンコア資金」（個々のプロジェクトに充てるための資金）のバランスの是正の必要性に焦点が集まっている。インセンティブを適正化し、ノンコア資金への過剰依存による歪みを正すうえでのカギとして、この一点に議論はほぼ終始している。「コア」と「ノンコア」とのバランスの是正はもちろん大切だ。しかし、本当に大切なのは資金調達方法を機能に重ねることである。ノンコア資金によるプロジェクト主導型のシステムに対して、コア財源を拡大すべき妥当な理由は存在しない。

本報告書はこの文脈において、それよりもはるかに広範な「交渉」が必要であることを論じる。たとえば、グローバル公共財の資金調達には「交渉による拠出」が最も適しているかもしれない。今後の資金調達は「汎用方式」を避け、機能に応じて変えることのできる複雑な形態を取ることになろう。国連事務総長が、「国連持続可能な開発会議（リオ+20）」*の資金に関する会議で設置されたワーキンググループ（作業部会）の検討内容をふまえ、交渉可能な選択肢を探る「タスクフォース」（特別対策委員会）を設置することも考えられる。

同様に、国連開発システムの統治をめぐる現在の議論も、加盟国の公平な「代表性」という一点に大きく集中している。公平なあり方について論じ合うことは、まったく正常なことである。しかし我々の課題は、統治改革に関する議論

---

*
国際連合の主催により開催された次の3つの国際会議をあわせて地球サミットともよぶ。
1. 環境と開発に関する国際連合会議（1992年にリオデジャネイロで開催）
2. 持続可能な開発に関する世界首脳会議（2002年にヨハネスブルグで開催）
3. 国連持続可能な開発会議（リオ+20）（2012年にリオデジャネイロで開催）
会議では生物多様性の危機、森林破壊、地球温暖化、化学物質問題など多くの地球環境問題がとりあげられている。

にとらわれず、国際社会が国連開発システムに求めている「機能」に「統治」（ガバナンス）をそろえることである。この二つの議論を同時に進めることは可能なはずである。公平な代表性をめぐる議論が熱を帯びてくると、国際社会が国連の各統治組織に求める「機能」の定義に混乱を生じることもありうる。

三つのシナリオ

本報告書は「結論」として、三つの代替的な「シナリオ」を提示する。この三つのいずれかが将来の姿になるというのではなく、それぞれが国連開発システムの各分野で、状況と時期に応じて適応する。本報告書は、現在の議論が最初の二つのシナリオの間でなされているのに対し、三つめのシナリオも内部化されて実践される必要があることを論じる。

第一の「設計者のシナリオ」は、国連開発システムが果たすものとされている機能であり、公式な任務権限によって決定される。その資金は分業を通じて確保される。一貫性は公式な調整メカニズムを通じて確保され、それにより内部構造へ焦点を合わせることになる。
分業と公式な任務権限が決定的重要性をもつ時と場合がある。しかし実際には、「設計者のシナリオ」はしばしば現実によって狂わされる。たとえば任務が、その権限をもつ専門機関でなく、当該国ですでに実績を上げている実施機関に割り振られることがある。現場で結果を出すことの複雑さは「設計者」の手の及ばぬところにある。

そこで第二の「機会追求のシナリオ」となるが、ここでは成果にもとづき、「市場」によって機能が確立される。機能は任務権限よりも市場の「合図」（シグナル）に従って決まる。その結果、機会の追求は競争行為を促し、プロジェクト主導の資金調達に重なる。また、戦略的な位置づけに関わる問題点としては、競合するサービスの提供は民間セクターが担いうる機能であり、市場が供給できないサービスを提供するという国連の役割が損なわれる。
このシナリオにおいては、公式な調整の枠組みよりも市場が優先し、したがって一貫性は市場の論理に従属する。皮肉にもこのシナリオは、内部から見ると国連システム全体の比較的健全な財政状況につながりうる。しかし巨大な市場において、国連は明確に定義されたブランド（商標）と固有性をもたず、市場のほんの一部分を占めるに過ぎない存在として、さらに"かたわら"に追いやられることになるおそれがある。

第三の「アルキメデスのシナリオ」は、アルキメデス*の名言、「われに支点を与えよ。しからば地球を動かしてみせよう」にちなむ。このシナリオのもとでの機能は、公共財の供給における市場の失敗を見極める戦略的過程と、その

＊アルキメデス（紀元前287〜212）古代ギリシアの数学者、物理学者、技術者、発明家、天文学者。発見したテコの原理を使えばどんなものでも小さい力で動かせるということを表わすために、「われに支点を与えよ。しからば地球を動かしてみせよう」と言ったとされる

解決に対する国連の「テコ力」（レバレッジ）*の評価を通じて決定される。

＊テコ力（レバレッジ）
テコの原理のように小さな力を大きく活かす能力。

おそらく最も重要な点として、このシナリオのもとでは「形態」が機能に沿う。一貫性の意味が反転し、当該のグローバル公共財に求められる要件によって、つまり外部的な要件によって左右されることになる。
一貫性は複雑な内部的調整によってではなく、個々のグローバル公共財の提供に対する主要な活動主体の連携によって図られるようになる。つまり、一貫性が形態の論理でなく、「連携」によって決定される。重要な事実として、国連開発システム諸機関（専門機関および計画）には、内部的連携に幻滅して関心を失い、外部的連携の課題に焦点を強めている事例が多数ある。このことは、本報告書に所収した一連の［ケーススタディ］でも傾向として捉えられ、論及されている。このような「アウトサイド・イン」（外側から内側へ）の改革議題は、従来の慣行からの根本的転換を意味する。

同様の分析が、国連グローバル・コンパクト*の「LEAD タスクフォース」（特別対策委員会）*によってなされており、その結論は本報告書の論点と大きく重なっている。この LEAD タスクフォースがまとめた結論は、国連システムと民間セクターの協力者（パートナー）それぞれのコアコンピタンス（中核能力）に焦点を当てている[5]。それによると、国連の強みは、利害関係者を招集して複数の利害関係グループにまとめ上げ、縦割りの壁を突破する能力にある。つまり、国連は外部的行動の調整役として最も効果的に機能するということである。
これに対し、民間セクターは人員と拠点においてより深い地理的プレゼンス（存在）をもち、ノウハウ（専門的知識）と資源の面で貢献する能力が高い。こうした評価は 20 年前の時点では想像することすら難しかったであろう評価である。

＊国連グローバル・コンパクト
1999 年の世界経済フォーラムにおいて、当時の国連事務総長コフィー・アナンの提唱で作られた、国連における自発的な企業・団体の集い。

＊LEAD タスクフォース
2011 年に国連グローバル・コンパクトが設立した、企業・団体の持続可能なリーダーシップのためのプラットフォーム。

今日、「食糧安全保障」、「エブリウーマン・エブリチャイルド」（世界の女性と子どもの健康促進を目指す取り組み）、「すべての人のための持続可能なエネルギー」のタスクフォース（特別対策委員会）設置という国連事務総長の構想が、アウトサイド・イン（外側から内側へ）の取り組みの現実的意味を示す重要な事例となっている。また同等に注目されるのが、国連開発システム全体に広がっている変化力のあるパートナーシップ（提携・協力関係）の増加である。
大きな課題は、このようなあり方を機構化し、国連開発システム全体の戦略的改革の道具として活用することができるかどうかである。そのようなパートナーシップの構成と資金構造と統治が、新たな課題への対処において、かけが

5　UN Global Compact, LEAD Task Force on UN-Business Partnerships, "Catalyzing Transformational Partnerships between the United Nations and Business," September 2011.

えのない実践的経験をもたらすことになる。

「ミレニアム開発目標」から「グローバル公共財」の世界へ

「グローバル公共財」と「ミレニアム開発目標」とが開発課題に対して補完関係にある今日の世界において、外部での活動を有効利用するには、国連システムの活動成果をより的確に評価することが求められている。すでに、目標がはっきりしている環境においては、成果測定の必要性が以前よりもはるかに高まっている。開発協力の目指すものが特定の目標達成であるのなら、目標を達成したということの実証が信頼性に直結する。

グローバル公共財の世界では、合意された責任分担が実行されているということを示すために「測定」が中心的役割を果たす。その役割を果たすためには国連システムは、今よりも強い測定能力を発揮し、与えられた権限よりも「証拠」に主眼を置く報告を行なう必要がある。難解かつ早急な課題は、いかにして国連システムの成果を測れるようにするかである。

本報告書は、締めくくりとして、次の点に注意を喚起する。10年後の国連開発システムに求められるあり方は、"現時点で何が正される必要があるのか"という問題に対する答えとはかなり異なっているはずである。この二つの「問い」を混同しないことが肝要である。

現在、ミレニアム開発目標の達成期限である2015年以降の枠組みについて、別の枠組みに置き換えるのか、あるいは枠組みを増補するのかという議論が続けられており、そこから新たな機会が生まれようとしている。「ポスト2015年」の開発課題に関する国連事務総長ハイレベル・パネル（委員会）の報告書は、「国連改革」という問題に踏み込まなかったが、それは妥当なことである。国連事務総長自身の報告でも、国連改革については最も広い意味でわずかに言及されたに過ぎない。

しかし、真剣な議論が必要とされている。その中心となる問いは、大きく変化した世界経済と新たな開発課題のもとで過去と同様の大きな貢献を果たしていくためには、国連開発システムはどのようにすれば、その「資産」、すなわち国連開発システムの正当性（そして国連の普遍的包括性）、250億ドルの年間活動規模、職員5万人の経験とノウハウ（専門的技能）、そして国連の平和維持構造とのつながりを最大限に活かすことができるのか、という点である。

はじめに

世界経済は、この20年間に歴史的規模の変容を遂げた。その必然的結果として、最も広い意味での開発協力に対する理解と実践に大きな影響が及んでいる。そしてそれは、今日の国連開発システム[1]の妥当性と戦略的地位に大きな課題があることを意味している。

本報告書は、この三つの点について、順に探っていく。

まず【パート1】で、今日の開発協力の目的とミッション（使命）を決定づける総合的環境の基となる状況の変化について分析する。そして、この広い枠組みのなかで、国連開発システムの役割と機能の変化を探っていく。現在生じている変容の性質と実体を捉えるために、国連開発システムがこれまでどのような調整と適応を経てきたか、その歴史的経緯を概観する。本報告書の見解として、変容の結果生じた根元的な特質は強調しきれないほどである。もし、国連開発システムが今までどおりのやり方で前に進めると決め込んでいるのだとしたら、国際社会が改革に向けて大胆な措置を取る必要があるが、国際社会の姿勢はそれとはほど遠い状態にある。

【パート2】では、国連開発システムの現況を表す一連の［図表］を提示する。具体的には、職員数や構成、資金の種別、支出規模、専門機関の展開状況、集中と分散の度合いである。現在直面している課題に対して、国連開発システムはどれだけの「達成能力」をもっているのか、実態を把握するためのデータである。

【パート3】は、本報告書のために委託した一連の［ケーススタディ］の抄録である。いずれもケーススタディ全文の内容を正確に要約するよう努めた。全文はCIC（ニューヨーク大学国際協力センター）のウェブサイトでダウンロードできる。ケーススタディに求めた内容構成については「3.1」部分にまとめてある。テーマは、「気候変動」「エネルギー」「食糧安全保障」「持続可能な開発」「保健」「脆弱国」、そして一国のケーススタディとして「モザンビーク」

---

[1] 本報告書で言う「国連開発システム」とは、国連の開発活動を担う合計32の国連専門機関、基金、計画、事務局、部局からなるシステムを指す。

を取り上げる。この［パート3］の最後のセクションで、これらのケーススタディから浮かび上がった傾向とパターン（形態）を総括する。もしも、共通の「糸」（特長）や一貫性が事例を通じて確認できれば、本報告書の知見と提言の強力な経験的証拠になる、というのが私たちの見解である。

［パート3］で得られた証拠をふまえて、【パート4】では国連開発システムがまさしく「岐路」にあることを再確認する。そして、現在の国連開発システムにおける改革のありようについて、何らかの結論を導きだせるか分析する。本報告書の見解と、現在なされている改革構想を比較し、現在の改革に必要とされているものが大きく欠けていることを示す。また、専門機関の視点から国連改革を深く捉えるために、「世界保健機関」（WHO）を事例に取り上げる。そして最後に、「資金」と「統治」（ガバナンス）という、二つの重要側面に関する考察をまとめる。

最後の【パート5】では、これらさまざまな「糸」（特長）を一本に束ね合わせ、国連開発システムの「改革議題」を提言する。まず、改革の必要性をあらためて示したうえで、次のセクション「ミレニアム開発目標を越えて」において、現在進行している2015年以降の開発の枠組みをめぐる議論と国連改革議題との関係性を探る。そして、今後の国連開発システムに考えられる三つの「シナリオ」を提示する。それをふまえて最後に、信頼性のある改革プロセス（過程）とはいったい何かを見通す。

Part 1

変化する状況

1.1 新興国の台頭と貧困像の変化

この20年間に、国家主体の構成と重要性、そしてその開発協力に対する影響力に変容が生じている。ここでは、開発協力を取り巻く新たな状況について、次の「五つ」の側面を取り上げる。

1. 新興成長市場の台頭
2. 貧困像の変化
3. BRICS＋（ブラジル、ロシア、インド、中国、南アフリカ、その他）の台頭
4. 新たな政府間フォーラムの出現（G20）
5. 低所得国と脆弱国における貧困の残存

1.1.1 新興成長市場の台頭

新たな成長市場の台頭が開発協力の状況に変化を引き起こしている。このことは、現在の世界経済における成長の源泉（**グラフ1**）と、サハラ以南アフリカ諸国との貿易比率の急拡大（**グラフ2**）に表れている。

グラフ1

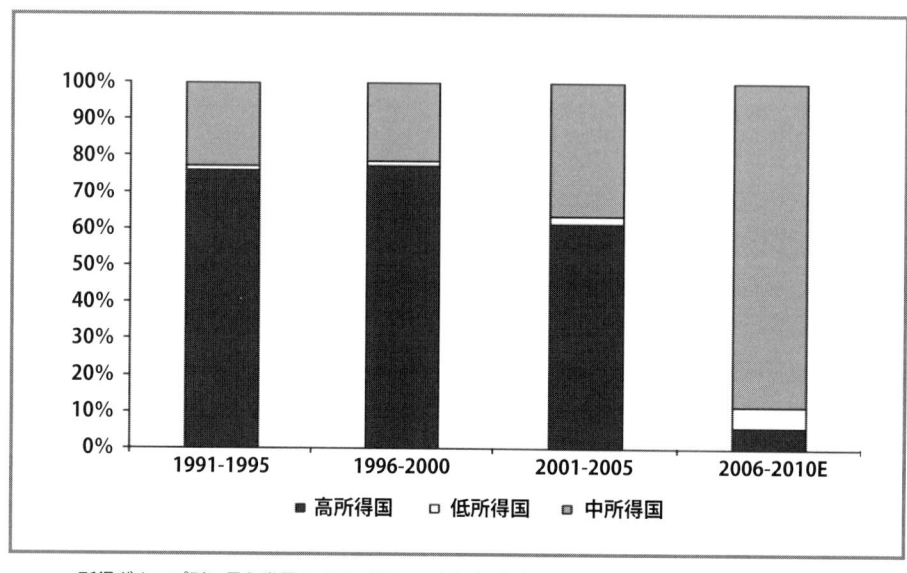

所得グループ別に見た世界のGDP成長への寄与率（5年単位、2005年の米ドル価で換算）

出典：世界銀行 WDI データ

グラフ2

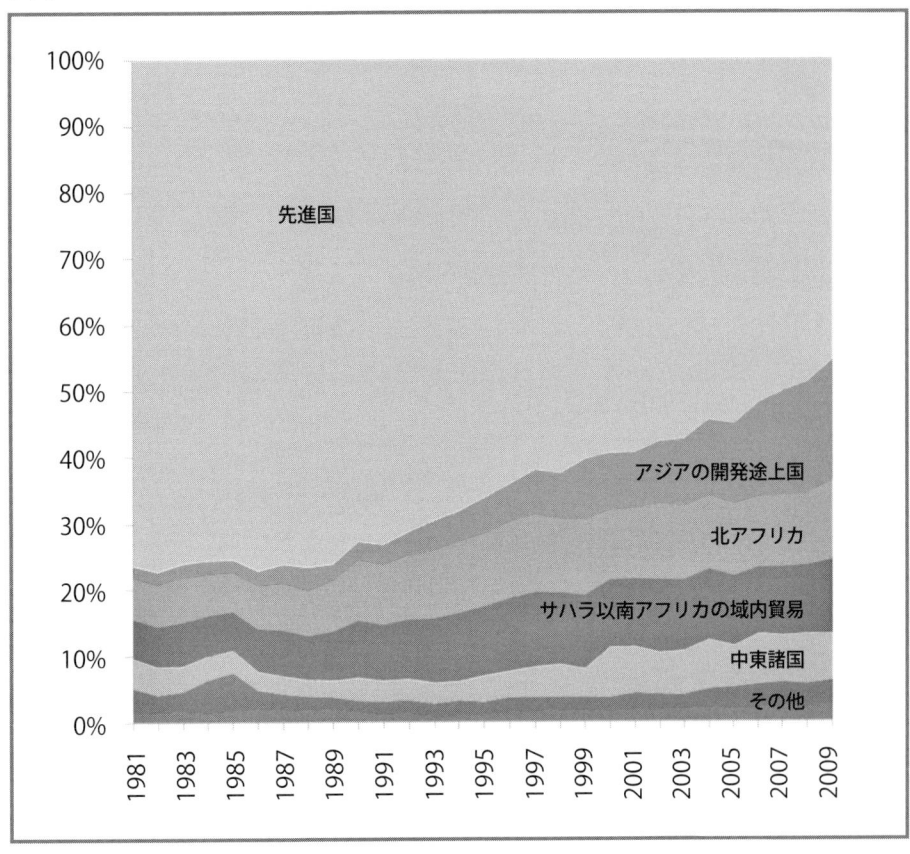

サハラ以南アフリカとの貿易の割合
出典：IMFのDOTSデータベースをもとにPedro Conceicaoが作成

現在の世界経済における成長市場の役割と重要性の拡大が、開発協力の目的と性格に変容を引き起こしている。そのきわめて重要な一側面として、「貧困像」の変化と世界的な「中間所得層」の拡大がある。

1.1.2　貧困像の変化

この20年間に大きく取り上げられたニュースの一つは、世界で膨大な数の人々が「貧困」から抜け出したことである。この点は［**グラフ3**］にはっきり表れている。

この変化の内訳は［**表1**］のとおりである。1日2〜20ドルで生活する人々を「中間層」とする定義には大きな疑問の余地がある。しかし、そうした現行の分類方法の妥当性は別にして、全体像を示すために［**表1**］を提示する。

ここで示されているのは、歴史的な規模の変容プロセスという現実である。そして、その開発協力に及ぼす影響は、副次的なものでも付加的なものでもない。これまで数十年間、開発はほぼ直線的に進行するプロセス（過程）と見な

グラフ3

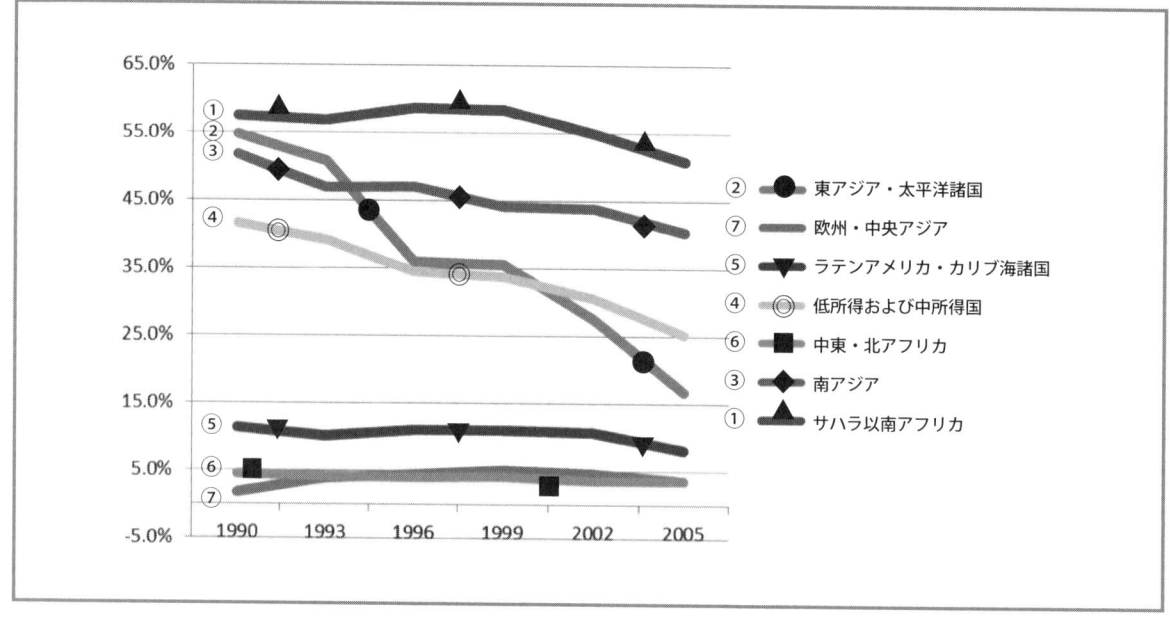

1日1.25ドル未満で生活する貧困人口の割合（購買力平価で換算）

出典：世界銀行 WDI データ

表1

	単位：百万人 1990	単位：百万人 2008	総人口に占める割合（%）1990	総人口に占める割合（%）2008
アフリカ	151	288	27	33
サハラ以南アフリカ	66	130	24	33
アジアの開発途上国	565	1895	21	56
中国	180	817	16	63
インド	152	274	18	25
ラテンアメリカ・カリブ海諸国	250	350	71	77

中間層の推定規模比較（1990年と2008年）[2]
出典：Carbonnier and Sumner, "Reframing Aid, in a World Where the Poor Live in Emerging Economies," International Development Policy[3]

され、開発協力もその線に沿った傾斜配分で、最も貧しい国々に最も多くを与えてきた。「後発開発途上国」「中所得国」「高所得国」といった分類もその線に沿っている。"貧しい人々"と"貧しい国々"との区別は常に認識されてはいたものの、開発政策において"おおむね貧しい人々は貧しい国々にいる"という前提に立っていた。開発プロセスを直線的に捉える旧来の考え方の妥当性

---

2 1日2～20ドルで生活する人々。世帯調査データに基づく。
3 Gilles Carbonnier and Andy Sumner, "Reframing Aid in a World Where the Poor Live in Emerging Economies," International Development Policy (2012): 13.

表2

	1990年 (またはデータが ある直近の年)		2007年 (またはデータが ある直近の年)	
	単位：百万人	単位：%	単位：百万人	単位：%
低所得国	1596	95	305	24
中所得国[7]	93	5	960	76
合計	1689	100	1266	100
脆弱国[8]			286	23
中国とインド	1138	67	673	53
PINCI's[9]	1352	80	853	67

グループ別に見た世界の貧困分布（1990年と2007年の世界の貧困人口に占める割合）[6]
出典：Carbonnier and Sumner op cit[10]

に対し、"貧しい人々"と"貧しい国々"を厳密に区別する必要があるという問題意識が広がったのは、ごく最近のことである。

いまや、変数がはるかに複雑化している。貧しい人々が絶対数で最も多いのは「中所得国」である。1990年の時点では、世界の最貧人口の95％が低所得国に集中していた。しかし、2007年時点で、最貧人口の76％は中所得国にいると推計されている。[表2]にその内訳をまとめた。過去10年間に、低所得国の数は66カ国から35カ国に減少[4]し、さらに2025年までには低所得国は31カ国前後となり、その多くを「脆弱国」が占めると予測されている。31カ国のうち、25カ国がサハラ以南アフリカ諸国となる見通しである[5]。

2007年の時点で、世界の貧困人口の67％が、中国、インド、パキスタン、インドネシア、ナイジェリアの5カ国に集中している。その内訳は[グラフ4][グラフ5]のとおりである。少数の大国が低所得国でなく、「中所得国」に分類されていることに関して、その意味合いを"どれほど重く見るべきなのか"には議論の余地がある。しかしながら、中所得国における「絶対的貧困」という現実は開発協力にとって決定的な意味をもつ。

この点に関し、まず一方の論点として、多くの低所得国と中所得国において、

4　Laurence Chandy, "Reframing Development Cooperation," *From Aid to Global Development Cooperation: The 2011 Brookings Blum Roundtable Policy Briefs* (2011).
5　Ted Moss and Benjamin Leo, "IDA at 65. Heading Toward Retirement or a Fragile Lease on Life," *Center for Global Development Working Paper 246*, March 2011. また、Andy Sumner, "The New Bottom Billion," *Center for Global Development Brief*, March 2011も参照されたい。
6　世界銀行のデータによる。1日1.25ドル未満で生活する人々。
7　世界銀行の1992年度と2011年度の国別分類に基づく。
8　脆弱国と紛争影響国。OECDの分類で43か国。
9　パキスタン、ナイジェリア、インドネシア、中国、インド。
10　前掲のCarbonnier and Sumner, 6

グラフ4

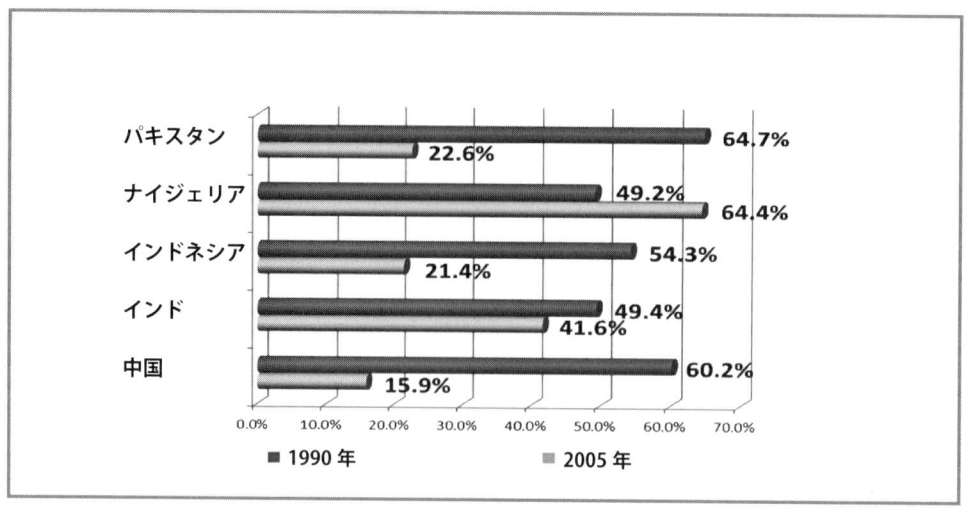

1日1.25ドル未満で生活する貧困人口の割合（購買力平価で換算）（総人口に占める割合）

出典：世界銀行データ

グラフ5

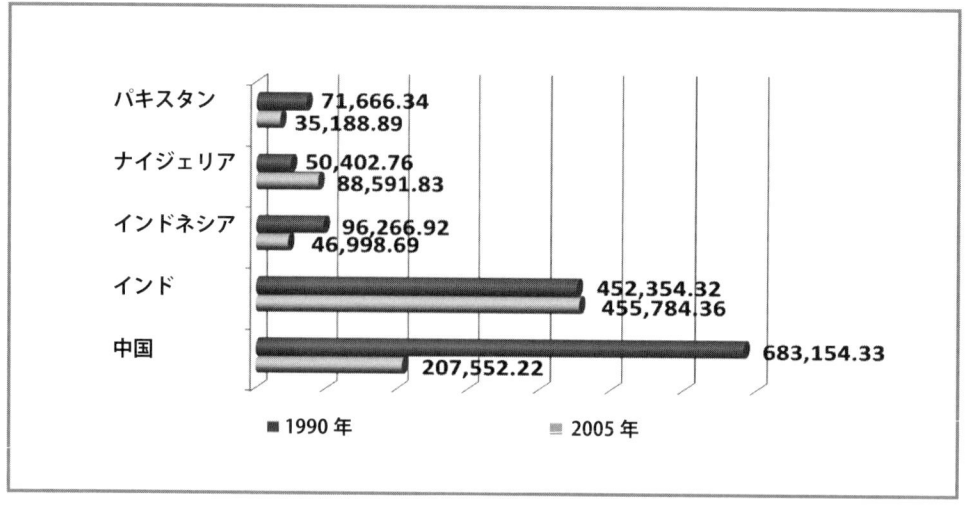

1日1.25ドル未満で生活する貧困人口（購買力平価で換算）（単位：百万人）

出典：世界銀行データ

　最も貧しい人々がきわめて貧しいままの状態にあり、他の多くの人々が貧困に"再転落"するおそれが現実的にある。さらに、中所得国に御しがたい貧困層が残存しており、国際的な配慮を必要としている。国際社会はこのような国々への関与を続けなければならないとする主張は、貧しい人々と貧しい国々を区別し、苦境にある人々に対する世界的な関与を訴えることにつながる。そしてさらに、人権、平等、分配の重要性、社会的保護の必要性へとつながっていく。

　これに対し、他方の論点は、大半の中所得国について、過去の経験に照らし、経済規模から見た援助規模を根拠に、その開発には資金不足よりも「政策の一貫性」のほうがはるかに重要であるとする。たとえばマーチン・ラベイロン

(Martin Ravaillon. アメリカ・ジョージタウン大学経済学教授）は、1人当たり所得が4000ドルを超えている国々の場合、ごくわずかな税収増で貧困を根絶できる、と論じている[11]。この観点においては、貧困との闘いは内政問題としての性格を強く帯びた政策課題として明確に浮かび上がる。つまり、中所得国の貧困に対する取り組みは、国内の国際開発協力の課題というよりも「内政課題」と見なされる。

根本的な問題は、開発協力の中核は、どこに住んでいるかにかかわらず、絶対的貧困層に関与するのか。あるいは、国際社会は当該国の解決能力に照らして関与するのか否か。自国の財源を活用できる立場にある中所得国において、国際社会の関与は今後も性格的に資金援助として理解されるべきなのか、それとも別の形で捉えられるべきなのか——。

過去20年間の開発をめぐるこのような分析は、開発協力の今後に革命的な難関が待ち受けていることを意味している。「中所得国」においては、旧来の開発協力概念に未来はない。この点は開発関係者にとって歓迎すべきことである。その一方で、中所得国側は、明らかに世界的な集団的対応を必要とする新たな問題に対して、決定的に重要な役割を負うことになる。現在生じている変容の性格をめぐる議論において、この課題の推進は政治的に不可能であると見なされることが多い。それというのも、この問題は中所得国側にとっては「負け・負け」（lose-lose）を意味する課題として往々に見なされているからである。中所得国は従来の援助を失う上に、グローバル公共財の提供にさらなる責任を負わされる。

しかし、こうした考えは視野の狭い捉え方である。すでに明白になっているように、今後の世界開発協力の実施において決定的な〈力〉となるのは、公的資金と市場金融を得ることを可能とする「グローバル公共財」（GPG）[12]という新たな議題である。グローバル公共財は、新たな資金調達源の確保に決定的意味をもつ。現実的な選択肢は二つに一つ、新たな財源を確保するか、それとも資金の流れの大幅な縮小を選ぶかである。

11　Martin Ravaillon, "Do Poorer Countries Have Less Capacity for Redistribution?" *Journal of Globalization and Development* 1(2) (2010).
12　公共財とは、排除不能性と非競争性によって特徴づけられる財またはサービス。つまり、その便益から誰も排除されず、1人の消費によって他者の消費が縮減されることのない財またはサービスである。グローバル公共財はそれに加え、その提供が多数の国、あるいはすべての国に便益をもたらす。つまり便益が国境を超え、さらには世代を超える場合もある。グローバル公共財の例としては、気候安定、世界的金融安定、感染性疾患のコントロール、平和と安全保障、国際貿易・金融制度、国際通信・交通システム、人権などの国際規範がある。詳細についてはInge Kaul, *Global Public Goods: A concept for framing the Post-2015 Agenda?* (Bonn: German Development Institute, 2013)を参照されたい。http://www.die-gdi.de/CMS-Homepage/openwebcms3.nsf/(ynDK_contentByKey)/ANES-959D4N/$FILE/DP%20 2.2013.pdf.でダウンロードできる。

1.1.3 BRICS＋の台頭

以上のような歴史的進展を受けて、成長の主動エンジンへの関心、わけても「BRICS＋」の役割と影響力への関心が高まった[13]。それは BRICS（ブラジル、ロシア、インド、中国、南アフリカの5カ国）およびその他の急成長諸国である。開発協力に深い意味をもつ議論として、現在二つの点が論じられている。

まず、すでにルールが確立されているシステム（体制）において、これら諸国の新しい声をどのようにして受け入れるのか。過去の歴史を見れば、このような場合、ルールの修正が求められることは明白である。もう一つの議論の焦点は、開発協力の実体そのものと、「南」（開発途上諸国）の台頭が、開発協力の目的と内容の捉え方に及ぼしている影響である。

台頭する「南」、とくに BRICS が国際開発システムの全側面において完全な参画者となるためには、国際開発システムに大幅な修正が求められる。たとえばガバナンス（統治）に関しては、世界銀行と IMF（国際通貨基金）や国連システムの諸機関の統治改革がよく知られている。

ガバナンス（統治）の課題の背後には、さらに大きな課題が控えている。すなわち、明確なリーダーシップ（統率力）を備えた支配的影響力が存在しない現在の混沌とした世界において、共通の価値観と基準を確立するという課題である。ジョゼフ・スティグリッツ（Joseph Stiglitz. アメリカ・コロンビア大学教授、ノーベル経済学賞受賞）は、本質的に供給が不足しやすいグローバル公共財には二通りの供給がありうる、と論じている[14]。一つは、強力な自発的リーダーシップによって、もう一つは、価値観と基準の理解に依拠した集団的責任によってである。

世界は現在、自発的リーダーシップのもとから、真の世界的リーダーあるいはリーダー集団が存在しない「G ゼロ」*状態へ移ろうとしているという識者の指摘が正しいとするなら[15]、国際開発の原則と実施の枠組みそのものが修正を迫られることになる。

このような状況のなかで、OECD（経済協力開発機構）／DAC（開発援助委員会）加盟国[16] の直面したジレンマが、DAC の将来的針路を定めるために行なわれた 2008 ～ 2009 年の見直し検討作業で浮き彫りにされた[17]。その

＊G ゼロ
世界政治における力の真空状態をさす。「G7」も、新興国を加えた「G20」も機能しない、世界的な指導力を発揮できる国が存在しない、つまり「G ゼロ」の時代である、というのが『「G ゼロ」後の世界―主導国なき時代の勝者はだれか』の著者イアン・ブレマーの主張。著者は G ゼロ後の世界として①アメリカ・中国協調の G2 ②アメリカ・中国対立の冷戦 ③機能する G20 ④地域分裂の4つのシナリオを想定している。

---

13 Jim O'Neill, *The Growth Map* (New York: Penguin, 2011); Charles Kupchan *No One's World* (New York: Oxford University Press, 2012); Ian Bremmer, *Every Nation for Itself: Winners and Losers in a G-Zero World* (New York: Penguin, 2012)を参照されたい。
14 Joseph Stiglitz, "The Theory of International Public Goods and the Architecture of International Organizations," *United Nations Background Paper 7*, (New York: United Nations Department for Economic and Social Information and Policy Analysis, 1995).
15 Bremmer の前掲書。

＊グレンイーグルズ・サミット
2005年7月イギリス・グレーンイーグルで開催された第31回主要8カ国首脳会議。主要議題として「地球規模の気候変動」「アフリカ諸国に対する開発支援」が設定された。決定事項として貧困に苦しむアフリカ諸国への国際支援を今後5年間で倍増し、2010年までに250億ドルを増額すること。地球温暖化防止では、発展途上国と協力し、省エネルギーや代替エネルギー開発を推進する「グレンイーグルズ行動計画」を採択。

＊北京アフリカ・サミット
2006年11月北京で開催された「中国・アフリカ協力フォーラム（北京サミット）」。41カ国首脳を含む48カ国とアフリカ連合（AU）が参加。「北京サミット宣言」「北京行動計画」を通じて2009年までのアフリカ支援の倍増、今後3年間での30億ドルの借款などを表明した。

論議はたちまち二分した。一方の側には、従来のDACの原則が変更されれば、国内で援助への支持が得られなくなると懸念する国々。そしてもう一方は、BRICSと台頭する「南」を含めずに開発協力の針路を定めることは無意味であり、開発協力を過去の歴史に葬ることになると主張する国々だった。

この論議に関しては、開発協力の実質はどうあるべきかという、内容の問題の重要性を認識することが重要である。加盟国の多くは、自国の開発経験から得た独自のレンズを通して、援助、貿易、公共セクター投資、民間セクターによる資金協力の相互関係を理解している。重要なのは、援助の内容に関する違いがコンディショナリティ（付帯条件）だけにとどまらないことを認識することである。この点は一連の新興国が採用している政策に見て取ることができる。一例として、イギリスの「イギリス連邦アフリカ年」（2005年）の内容を挙げよう。イギリス連邦アフリカ年はG8（主要8カ国）の「グレンイーグルズ・サミット」＊で大きな注目を浴びたが、その翌年には中国が対アフリカ政策を発表するとともに、「北京アフリカ・サミット」＊を開催した[18]。

ケネス・キング（Kenneth King. イギリス・エジンバラ大学名誉教授。同大のアフリカ研究センター長を30年以上務める）は、こう指摘している。

「少なくとも論議のレベルにおいて、中国と西側諸国が用いる言葉は非常に対照的である。中国の側は、個々のアフリカ諸国との貿易拡大を図るための互恵性、対称性、どちらにとっても有利な二国間経済協力に重点を置いている……これに対し、西側のアフリカ論の大部分は、アフリカをミレニアム開発目標（MDG's）の達成に向かわせるには、統治の改善、能力開発、貧困削減が必要であると強調している」

中国は譲許的融資（低金利融資）の役割、民間セクターとの協力、インフラ投資、そして中国の開発構想を広範な二国間の枠組みに統合することを重視している。中国の援助は通常、複数のクレジットライン（貸出し限度額）からなるプロジェクト融資のパッケージ化という形をとり、場合に応じて無償資金援助、あるいは訓練や資本財など、資金以外の援助を加えている。融資は商業レベルの金利で行なわれ、相手国の天然資源を担保にすることも多い。このようなパッケージのさまざまな要素を切り分け、それぞれがOECD（経済開発機構）のODA（政府開発援助）基準を満たしているか否かで分類することは可能だが、それはパッケージ化が意図的な政策であるという点を見逃すことにほかならない[19]。

---

16 OECD/DACには主要ドナー26か国、いくつかのオブザーバー国、世界銀行と国際通貨基金（IMF）、国連開発計画（UNDP）などの機関が参加している。OECD/DACは、持続可能な開発に寄与する開発協力とその他の政策を促進し、開発実践の評価と改善のためのフォーラムとして機能している。http://www.oecd.org/dac/ を参照。
17 Development Assistance Committee Reflection Exercise, *Organisation for Economic Cooperation and Development Development Assistance Committee*, 2009.
18 Kenneth King, "China's Aid to Africa: A View from China and Japan" (Paper presented at University of Hong Kong, 2007).

このような強調点の変化は、現在の開発協力が共通目標にもとづく包括性の高いものであることを強調した、「効果的な開発協力のための釜山パートナーシップ」に明記されている。その合意内容では、開発途上国側の主導による調整の仕組みと、公的資金管理システムを通じた開発優先課題の「オーナーシップ」*が強調されている。合意内容には、開発協力に対する成果指向型方式、強力な提携・協力、透明性、責任の共有なども盛り込まれている[20]。現在なされている議論は、20年前に主流を占めていた直線的概念よりもさらに広範な利益と必要性をもつ、はるかに差異のある「開発集団」という枠組みのなかで理解される必要がある。

1.1.4 新たな政府間フォーラムの出現（G20）

この新たな政府間フォーラムの出現には、「二つ」の源泉がある。まず一つは、プロセスとしてのグローバル化の加速と深化である。主要国は、グローバル化によって解き放たれる力をリアルタイムで管理する能力の強化を迫られている。G7（先進7カ国）とその後のG8（先進8カ国）の発足は、この点を反映していた。10年ほど前からは経済成長の新たな源泉が生まれ、世界的に中間層が急拡大し、BRICSという形の国際的リーダーシップの新たな源泉が出現した。そして、このプロセスが主要国グループの拡大へとつながった。G20（主要20カ国）発足の背景として、今日の経済を動かす力に対処していくには、主要国グループに新しいメンバーを加える必要があった。その一方で、BRICSが単独グループとしてどのような地位を占めるのか、とくに「BRICS開発銀行」の設立構想をどのように実現させるのかは、まだ先行きが見通せない。

国際開発をとり巻く状況に加わったもう一つの重要な新要素として、政府間プロセスを基調としつつ「ハイブリッド手法」を採り入れた新しいタイプの国際協力の出現がある。これはとくに「保健分野」において顕著であり、ローリー・ギャレット（Laurie Garrett）がケーススタディで詳しく取り上げている。なかでも、好例として「世界エイズ・結核・マラリア対策基金」（GFATM）と「GAVIアライアンス」（ワクチンと予防接種のための世界同盟）がある。この点に関しては、今日の開発課題に対する民間セクターの役割の急拡大という観点から後述する。

その一方でもう一つのプロセスが進行している。それは既存の国際政府間組織、ことにブレトンウッズ機関（IMF、世界銀行）と国連システムにおける

---

*オーナーシップ（Ownership）
オーナーシップとは、一般的には「所有者であること、所有権」などを指しているが、国際援助の分野では、「援助機関が考えて途上国の人々に何かをさせる」という考え方ではなく、「途上国の人々が自分で考えて、自分で実施していく」という考え方を指す。例えば世界銀行のCountry ownershipについての文言は「途上国主導で計画策定・実施・モニタリング・評価がなされること」を意味する。すなわちオーナーシップとは、「途上国（の人々）が主体的に事業を行うこと」あるいはそのような「意識」を指す。

---

19 Laurence Chandy, "Reframing Development Cooperation," *From Aid to Global Development Cooperation: The 2011 Brookings Blum Roundtable Policy Briefs* (2011), 10.
20 「効果的な開発協力のための釜山パートナーシップ」は、2011年に韓国・釜山で開かれた「第4回援助効果性に関するハイレベル・フォーラム」で打ち出された。

適応と改革への取り組みである。IMF（国際通貨基金）と世界銀行では出資基盤の拡大に向けた一連の方策がとられており、その実施と強化によって国際機関としての正当性が高まることになるはずである。このような状況の変化が国連システムにもたらしている課題については本報告書の後半で取り上げる。

1.1.5　低所得国と脆弱国における貧困の残存

世界経済に生じている変容の特異性を分析するのと同時に、開発協力に関しては、グローバル化におおむね取り残されている「低所得国」グループが存在することを忘れてはならない。そのような低所得国も、経済は十分に機能しているのだが、依然として援助への依存度が高く、ODA（政府開発援助）が死活的な重要性を帯び続けている。そしてもう一つ、それよりも大きなグループが「脆弱国」、つまり内戦状態にある国々、または内戦状態から抜け出した直後で、国際援助を強く必要としている国々である。

世界的な経済成長と技術革新が続くなか（詳しくは後述）、今後に二つの趨勢を見通すことができる。まず、今後10年ほどで、再び貧困層の大部分がアフリカの低所得国に集中すると予測されている[21]。しかし、後述する技術の進歩によって、今後10年内に、最貧層に対する社会的セーフティネットの提供が根本的に変わることになる公算が大きい。つまり、このもっとも対処が困難な課題（最も貧しい人々への支援提供）に関しても、開発のあり方が根本的に変容することになる。

21　Ted Moss and Benjamin Leo, "IDA at 65. Heading Toward Retirement or a Fragile Lease on Life," *Center for Global Development Working Paper 246*, March 2011.

1.2
国家・市場・個人の関係の変化

1.2.1　グローバル化と市場の成長

新興国の台頭と国家間の勢力分布の変化に加え、世界市場の規模と力が急激に拡大した。これは、この20年ほどにわたって世界経済に生じた変容の核心的特徴であり、「グローバル化」というプロセスの根本的部分である。この世界市場の急激な拡大が、開発協力の実施における「民間」と「公共」の役割に根深い変化をもたらしている。

現在の世界経済において「市場」が果たしている役割は、開発協力の役割と機能に深い影響を及ぼす。このことは少なくとも「三つ」の形で表れている。
第一に、市場の力学によって各国政府が協調対応を強いられていること。これには、協調に加わらないことを選択できる場合もあるが、相互依存関係には協力の拡大が伴うのがふつうである。
第二に、保健や気候変動などの分野におけるグローバル公共財の提供や資金調達に関して、市場がまったく新しいさまざまな機会を生み出していることである。その半面、自由市場は違法取引の増加という、世界的な「公共的害悪」の急拡大にもつながっている。
そして第三に、市場は政府の政策全体を評価すること。つまり、相互に矛盾するような個別政策は市場に罰せられるからである。
このような背景のなか、効果的な開発協力には市場をうまく活用し、その規模やスピードから便益を得る方法を見いだすことが求められる。この点については、本章後半であらためて取り上げる。

1.2.2　市場の規模

まずはじめに、市場規模拡大の"すさまじさ"を認識する必要がある。過去20年にわたる世界経済の歴史的な拡大に関して、アンガス・マディソン（Angus Maddison. イギリスの経済学者。1926～2010）の分析結果を引用すると、1970～1990年の間に世界GDP（Gross Domestic Product：国内総生産）は約15兆ドルから25兆ドルに増加した。また1990年から現在までに、世界GDPはほぼ3倍に増加し、70兆ドルを突破している[22]。

表3

年間輸出高（2011年の推計値）	国数
1兆ドル以上	4
5000億ドル以上1兆ドル未満	5
1000億ドル以上5000億ドル未満	30
500億ドル以上1000億ドル未満	19
10億ドル以上500億ドル未満	95
合計　年間10億ドル以上	153

輸出高

出典：US Government World Fact book 2012

「モルガン・スタンレー・キャピタル・インターナショナル」によると、世界の上場株式取引高は1987年の4.1兆ドルから1997年の13.2兆ドル、2007年の32.2兆ドルへと増加した[23]。世界の貿易高は、対GDP比で1960年に24％だったのが、2007年に50％を突破した[24]。[表3]に、現在の世界経済の「輸出高」の推計値をまとめた。

2000〜2010年の間に、商品とサービスの総輸出高は8兆ドル弱から18.7兆ドルに跳ね上がった。国境を越えて移動する通貨量は、1995〜2010年の間に7倍に増加し、1日4兆ドルに達している[25]。今日の世界経済を特徴づけるこのような資金の流れの急激な拡大、そして国内資金の重要性が国連において初めて強く認識されたのは、「モンテレー開発資金国際会議」*（Monterrey International Conference on Financing for Development）が開かれた2002年のことである[26]。

この認識から、課税政策の莫大な効果（財政的効果において援助供与を大きくしのぐ）に注目が集まり始めた。NGO（非政府組織）の「クリスチャン・エイド」*の試算によると、タックスヘイブン（租税回避地）で30％の所得課税を行なえば、税収は世界のODA総額のほぼ2倍にあたる約2550億ドルに達する[27]。より小さいレベルでも同様の指摘がなされている。たとえば、タ

*モンテレー開発資金国際会議
2002年3月メキシコ・モンテレーで開催された国連主催の開発資金会議。採択された合意文書（「モンテレー合意」）は、途上国の貧困問題に対して今後どのように対処していくのかについて総合的にその方策をまとめている。特に先進国にODAの増額と貧困国の債務緩和を呼びかけた。この会議において、国連のミレニアム開発目標達成のため革新的資金メカニズムの一環として、初めて国際連帯税の導入が検討された。

*クリスチャン・エイド（Christian Aid）
イギリスとアイルランドの教会がスポンサーとなって発展途上国の援助・開発を行なうイギリスのNGO。

22　Axel van Trotsenburg and Rocio Castro, "Overview of the Development Finance Architecture," World Bank 2012. また、Adugna, A., Castro, R., Gamarra, B., and Migliorisi, S., "Finance for Development: Trends and Opportunities in a Changing Landscape," World Bank: Concessional Finance and Global Partnerships, Working Paper 8, November 2011 も参照されたい。
23　Matthew Bishop and Michael Green, *Philanthrocapitalism: How the Rich Can Save the World* (New York: Bloomsbury Press, 2008) 15.
24　同上16。
25　Moisés Naím, *The End of Power: From Boardrooms to Battlefields and Churches to States, Why Being In Charge Isn't What It Used to Be* (New York: Basic Books, 2013), 62.
26　Monterrey International Conference on Financing for Development, 8-22 March 2002 in Monterrey, N.L., Mexico.
27　James Henry, "The Price of Offshore Revisited," *Tax Justice Network*, July 2012 も参照されたい。

表4

不正資金	世界全体 最大	世界全体 最小	開発途上国および市場経済移行国 最大	開発途上国および市場経済移行国 最小
犯罪				
薬物	200	120	90	60
偽造品	120	80	60	45
偽造通貨	4	3	2	1
人身取引	15	12	12	10
違法な武器取引	10	6	4	3
密輸	100	60	40	30
詐欺	100	50	30	20
小計	549	331	238	169
汚職	50	30	40	20
商行為				
不適正価格による取引	250	200	150	100
移転価格操作	500	300	150	100
偽装取引	250	200	200	150
小計	1,000	700	500	350
合計	1,599	1,061	778	539

国境を越えた不正資金の流れ（単位：十億米ドル）

出典：Raymond Baker: Capitalism's Achilles Heel Wiley 2005

ンザニアでの事業収益でごく少額の税金しか支払っていないカナダの天然資源会社を取り上げた調査研究がある。それによると、もし、中程度の水準で課税が行なわれれば、タンザニア政府に大きな歳入が生まれる。ところがこの企業が本国カナダで支払っている税額は、カナダの「対タンザニアODA」（政府開発援助）供与額を上まわっていた[28]。

となるとさらに、グローバル化とともに進む自由化の副産物である「違法取引」の規模にも目が向かう。[表4] に示したとおり、開発途上国および市場経済移行国で生まれている不正資金は、控えめにみても、年間約5000億ドルに達している。

さらには、グローバル化とともに国際的な「資金」の流れの拡大が注目されている。そして現実に、各国政府が利用できる資金規模も一変した。今日の開発協力をとり巻く状況の中心的特徴は、各国の資金調達・活用能力の向上であ

---

28. Lars Osberg and Amarakoon Bandara, "Running with Two Legs: Why Poverty Remains High in Tanzania and What to Do About it" Dalhousie University, Nova Scotia, Canada, May 2011.

グラフ6

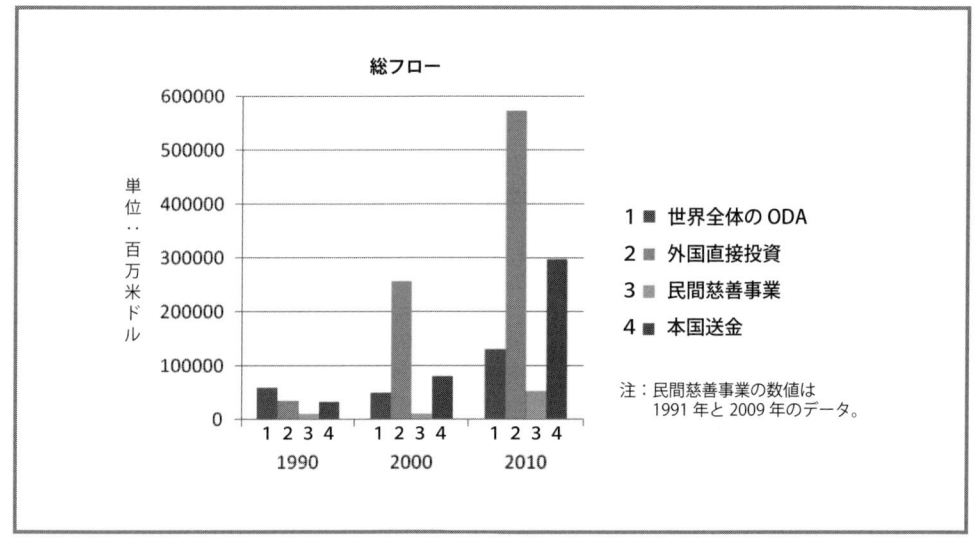

総フロー

単位：百万米ドル

1 ■ 世界全体のODA
2 ■ 外国直接投資
3 ■ 民間慈善事業
4 ■ 本国送金

注：民間慈善事業の数値は1991年と2009年のデータ。

北から南への総フロー（1990～2010年）
出典：OECD database, UNCTAD 2011 and Index of Global Philanthropy 2011

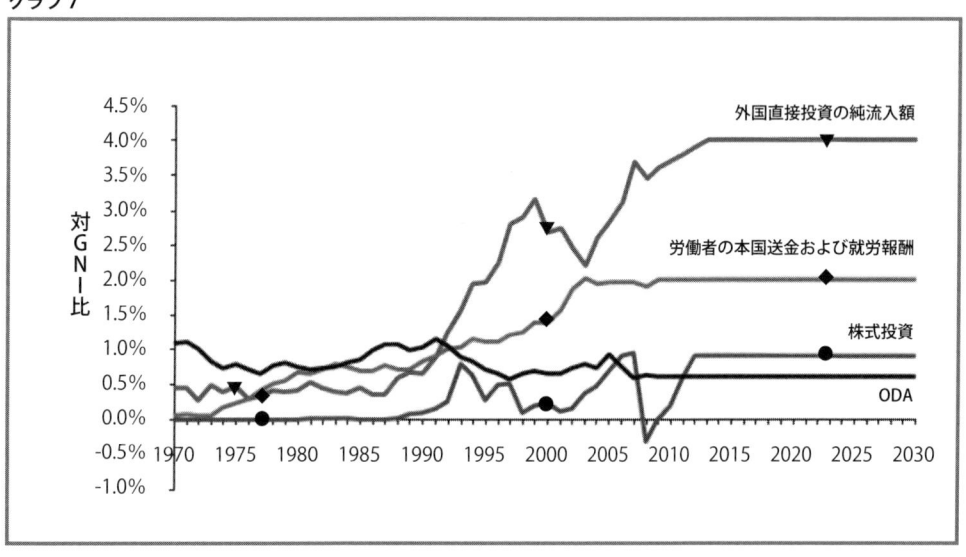

グラフ7

対GNI比

外国直接投資の純流入額
労働者の本国送金および就労報酬
株式投資
ODA

開発途上国への資金フロー
出典：コロンビア大学におけるBjorn GillsaterのUNICEF講演資料。
IMF World Economic Outlookのデータをもとに作成され、2009年以降は予測値。

る。国際的公共セクターの資金の流れの規模と役割は、今後さらに重要性を増してくる。こうした背景をふまえれば、過去20年間の大きな変化として、民間セクターの役割を開発協力の中心的要素の一つに位置づけることができる。いまや信じがたいことであるが、[グラフ6]と[グラフ7]で示されているように、ほんの20年前まで、開発途上国ではODA（政府開発援助）が外国直接投資や株式投資、移民による本国送金などの合計額を上まわっていたのである。

1.2.3　民間セクターとの関係

この10年ほどの間に、民間セクターとの協力に対する開発社会の対応は大きく様変わりした。成長源としての民間セクターの決定的重要性を見事に捉えたのが、世界銀行の『世界開発報告書2005』*である。そこには次のように記されている。

「いまや、民間企業が開発プロセスの中心に位置している。利潤の追求に突き動かされて、あらゆるタイプの企業—農家から小規模起業家、地元メーカーから多国籍企業にいたるまで—が、経済成長と繁栄の基礎を固めるため新しいアイデアと新しい設備に投資している」

このような背景から、前述の「モンテレー開発資金国際会議」以降、主要な政府間フォーラムで「民間セクター開発」（PSD）が大きく取り上げられるようになった。OECD（経済協力開発機構）／DAC（開発援助委員会）は2006年、『貧困削減に資する経済成長の促進：ドナー（援助提供者・国・機関）向けの政策指針』*と題する報告書を発表し、民間セクターが成長の主動エンジンであることを確認するとともに、「ドナーは民間セクター開発（PSD）を国際援助の中心部分ではないまでも、主要部分と見なすべきである」と指摘した。

その後、2010年9月の、国連ミレニアム開発目標サミットでは、約10のドナー機関が「開発のための民間セクターの提携を支援する二国間ドナーの声明」を発表した。この声明が注目に値するのは、「民間セクターを単なる資金提供者と見なすのではなく、民間セクターを主要な開発課題に関わる対等なパートナーとして認識し、さまざまな規模の地元企業および国際企業と提携することとする」としている点である。G20の「ソウル・サミット」*で採択された「開発に関する行動計画」も、成長と雇用創出の議題に対する民間セクターの中心的役割に関して、国際社会の決意をきわめて強く示している。

このような状況を反映して、主要援助機関の大半が、開発協力に対する取り組みの中心部分に「民間セクター」を組み入れている。

アメリカ国際開発庁（USAID）は、2001年、国際援助の新しい手法として「グローバル開発アライアンス」（GDA）というパートナーシップ方式を打ち出した[29]。

これについて、そのアンドルー・ナスティオス長官（当時）は、「第一のポイントは、アメリカの市民社会や民間組織、営利企業、非営利団体による開発の

---

*『世界開発報告書2005』
世界銀行が1978年から毎年刊行している年次報告書。経済・社会・環境など毎年異なるテーマでまとめている。2005年は「投資環境の改善」として途上国を取りまく諸問題を「投資環境」という観点から整理。

*『貧困削減に資する経済成長の促進：ドナー（援助提供者・国・機関）向けの政策指針』
経済成長による貧困削減に成功する国としない国があるのはなぜか。貧困削減をもたらす成長はなぜ重要か。それを推進するために援助提供者・国・機関は何が出来るのか。OECD開発援助委員会（DAC）が行なった研究に基づいて、こうした問題に関して援助提供者・国・機関に政策指針を提供。

*ソウル・サミット
2010年11月ソウルで開催された「G20首脳会議」。主要テーマの一つである開発についてでは、世界経済の持続的成長の実現には、低所得国の成長と貧困削減が不可欠であるとの観点から、G20が開発に取り組むことに広い支持が集まる。G20の取組の原則を示す「開発に関するソウル合意」では、発展のためには様々な方途があるとの認識に基づいたパートナーシップの推進、雇用と富の創出における民間部門の重要性がうたわれた。

---

29. US Agency for International Development, *The Global Development Alliance: Public-Private Alliances for Transformational Development,* January 2006.

取り組みを開発途上国側のそれと結びつけることである」と説明した[30]。この「グローバル開発アライアンス」の官民連携モデルは、開発プロジェクトの実施、立案、資金調達に民間セクターのパートナーを協力者として迎え入れるものだった。

カナダ国際開発庁（CIDA）も民間セクター開発の戦略策定に努力を傾け、2004年に、経済成長と民間セクター開発に関する戦略をまとめ上げた[31]。2009年にはスウェーデン政府が、民間セクター開発を含めた新経済成長戦略を打ち出した[32]。その明確な指針のもとで、スウェーデン国際開発庁（SIDA）は民間セクターや市民社会などの非国家主体と協議・協力を図ることが定められた。ノルウェーでは10年間にわたって民間セクター開発に関する政策検討が重ねられたあと、2009年の戦略に織り込まれた[33]。

イギリスでは2011年、国際開発省（DFID）に民間セクター部を新設することが発表され、担当大臣がその意図について、「貧しい人々の生活と幸福（well-being）を高めるために、国際開発省が民間企業と協力する能力を深め、また民間企業による支援活動にも道を開くうえで省内全体の変革の触媒として働くこと」と説明した。報道機関向けの発表においても、民間セクターを理解し、イギリスの開発協力にビジネス界の富と知識と創造性を引き入れる政府機関として、国際開発省は位置づけ直された[34]。

アジア開発銀行（ADB）は、2006年にまとめた戦略のなかで、アジア開発銀行が直面している中心課題の一つとして、幅広い公共セクター融資に重点を置く従来の姿勢から脱却し、「貧困削減」という総合目標の達成につながる柔軟性をもつ機関に変わることを挙げた。そして、実施の成功には、「アジア開発銀行全体が民間セクター開発に関与することが求められる」と明言した。アジア開発銀行は、域内の民間セクター開発に対する支援拡大の具体的目標として、アジア開発銀行が資金調達するプロジェクトの件数と年間活動全体に占める割合の両方を、2020年までに1.5倍に拡大するとしている[35]。

世界銀行グループは民間セクター開発に総合的に取り組んでいる。世銀本体が幅広く政策を実施しており、民間セクター開発関連のプログラムは国際復興開発銀行（IBRD）と国際開発協会（IDA）が資金調達にあたっている。世銀グループには、民間セクターと直接つながる効果的な機関として、グループ内

---

30. Bruce Jenks, "Study of How the Australian Aid Program can Strengthen Links with Business and the Private Sector." Prepared for AusAid 2011, 20-21.
31　同上22。
32　同上23。
33　同上24。
34　同上25-28。
35　同上30-31。

の融資部門である国際金融公社（IFC）と多数国間投資保証機関（MIGA）の二つがあり、ともに活動を大きく広げている。たとえば、国際金融公社は2010年、開発途上国で活動する民間企業への融資に約180億ドルを投じた。そのうち49億ドルが低所得国に向けられ、それは2002年比で5倍増の数字である。

このような拡大は、多数の開発途上国の資金調達における「需要の転換」を反映している。すなわち、各国政府は公的融資から民間融資へ、一般的な譲許的融資（低金利融資）から個々の案件に合わせた資金調達方法へ切り替えようとしている。こうした状況に合わせて、国際金融公社は3年単位で10億ドル超の収益を国際開発協会に回している[36]。

また、「世界エイズ・結核・マラリア対策基金」（GFATM）は、新しいタイプのハイブリッド型パートナーシップ（提携・協力）の一例であり、理事会に各国の政府、民間セクター、市民社会、エイズ・結核・マラリア分野関係の代表が参加している。民間セクターの代表は、この三大感染症世界ビジネス連盟（Global Business Coalition on HIV/AIDS, Tuberculosis and Malaria）が組織した企業グループから支援を受けている。国レベルでは政府が資金の大部分を負担しているが、民間セクターも拠出している。

こうしたなか、一部の国では、民間セクターが無償資金援助の実施において全面的パートナーになっており、アジアとアフリカの7カ国では、民間セクターが無償資金援助の主要受け入れ先になっている。このように「世界エイズ・結核・マラリア対策基金」は従来の前提を覆すパートナーシップ・モデルである。もう一例として「GAVIアライアンス」（ワクチンと予防接種のための世界同盟）も挙げられる。どちらも民間セクターの「ゲイツ財団」*が主要パートナーとして理事会に加わっている。

このような主要機関の方向修正の背景には、過去20年間にわたる民間資金の国際的な流れの急拡大がある。たとえば、開発途上国および市場経済移行国に対する外国直接投資（FDI）は、2009年時点で約5500億ドルに達している。いまや、世界の資金の流れの半分が開発途上国と市場経済移行国に流れ込み、外国直接投資をはじめとする民間資金供給がODA（政府開発援助）を大きく上まわっている。

［グラフ6］と［グラフ7］がこの点を示している（前掲）。第一の［グラフ6］は、過去20年間のODA（政府開発援助）と、FDI（外国直接投資）および本国送金、慈善事業（個人や企業による社会貢献活動）の推移を比較し

*ゲイツ財団
「ビル＆メリンダ・ゲイツ財団」が正式名称。マイクロソフト会長のビル・ゲイツと妻メリンダが1998年に創設した世界最大の慈善基金団体。すべての人びとが健康で豊かな生活を送るための支援を実施。2006年には投資家のウォーレン・バフェットが同財団に300億ドルもの寄付をして規模が倍増した。主な活動は国際開発プログラム、世界保健プログラム、アメリカプログラムの3つからなる。

---

[36] Laurence Chandy, "Reframing Development Cooperation," *From Aid to Global Development Cooperation: The 2011 Brookings Blum Roundtable Policy Briefs* (2011), 10.

グラフ8

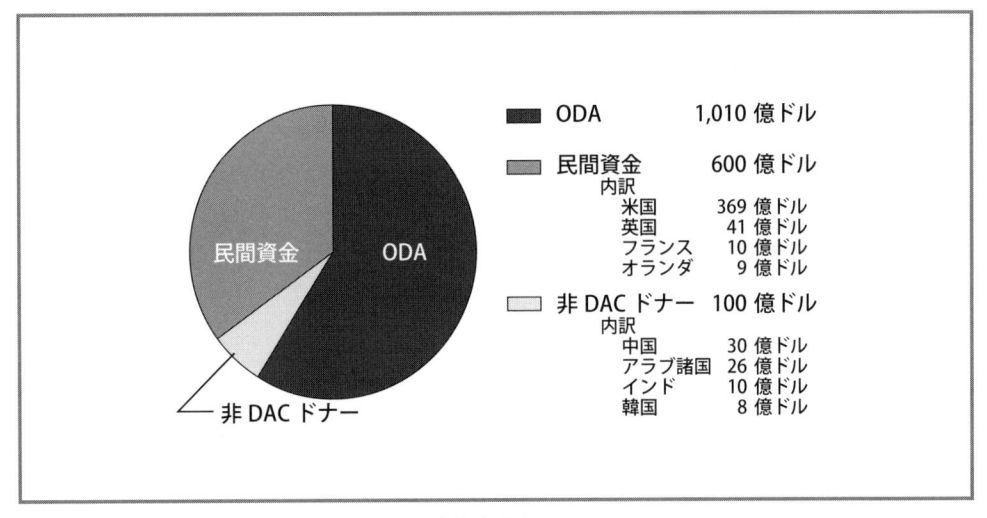

ODA	1,010 億ドル
民間資金	600 億ドル
内訳 米国	369 億ドル
英国	41 億ドル
フランス	10 億ドル
オランダ	9 億ドル
非DACドナー	100 億ドル
内訳 中国	30 億ドル
アラブ諸国	26 億ドル
インド	10 億ドル
韓国	8 億ドル

新たなドナー
出典：コロンビア大学におけるBjorn GillsaterのUNICEF講演から[37]

ている。第二の［グラフ7］はODAと、FDIおよび株式投資、本国送金をGNI（国民総所得）に対する比率で比較している。

この二つのグラフは前述のように、20年前まではODAが開発途上国への資金の流れの中心だったことを示している。それが現在、ODAは他の資金の流れを大きく下まわっており、その役割と貢献度を全体の「資金の流れ」という文脈の中で捉えて理解する必要に迫られている。

［グラフ8］は、ODA（政府開発援助）を民間資金および非DAC（開発援助委員会）援助と比較している。

つまるところ、現在の世界的な問題の大半に関して、解決策を見いだすうえで公共セクターと民間セクターは不可分に結びついている。たとえば、「世界保健」の将来にとって製薬業界との対話は欠かせない。また「低炭素社会」への移行に関しては、今後の投資の約80％を民間セクターが担うことになると推計されている[38]。あるいは、2000〜2010年の間にアフリカ諸国は石油収入だけで2000億ドルを得たと見られる[39]。こうした様相から、開発協力に対する影響としては、単独での問題解決からパートナーシップを活用した問題解決へ移行せざるを得ない傾向が強まっている。

したがって、開発協力は、特定のグローバル公共財に関する解決力を高めるためのパートナーシップを通じて、公共セクターと民間セクターのそれぞれの際立った力に恩恵を得ることができる。この捉え方については【パート5】で詳

---

[37] 出典：Homi Kharas, "Development Assistance in the 21st Century," *Brookings Institution*, November 2009.
[38] Yannick Glemarec, "Catalyzing Climate Finance," United Nations Development Programme, April 2011.
[39] Bruce Jenks, "Study of How the Australian Aid Program can Strengthen Links with Business and the Private Sector." Prepared for AusAid 2011, 20-21.

述する。

気候、エネルギー、IT（情報技術）、食糧、保健など、数々の問題の解決を図るうえで、もはや民間セクターが果たす役割の決定的重要性を認識せずに議論を進めることはできない。民間セクターだけが必要な技術をもっている、あるいは民間セクターだけが必要な規模と再現可能性を確保できる、というケースも多い。たとえば環境と気候の分野では、2002年にヨハネスブルグで開催された「持続可能な開発に関する世界首脳会議」（WSSD）*においてこの点が認識され、会議の大きな成果の一つとして、初の官民パートナーシップ創設が盛り込まれた。この点に関しては「ロックフェラー財団」元理事長のゴードン・コンウェイ（Gordon Conway）による最近の研究でも、「今後の科学的革新のシステムには官民パートナーシップの構築が必要とされる」という分析結果が強調されている [40]。

ただし、すべての国が民間の資金の流れに恩恵を受けているのではないことを認識する必要がある。本報告書でくり返し強調するが、公的援助に大きく依存し続けている国々が一部に残っている。それでも、その数は減っており、今後さらに減っていく見通しにある。この問題は優先的な配慮を必要としているが、世界の開発協力の妥当性を評価するグローバルな枠組みにはならない。

*持続可能な開発に関する世界首脳会議（WSSD）
2002年8～9月にかけて国連によりヨハネスブルグで開催された地球環境問題に関する国際会議（第2回地球サミット）。1992年のリオ・サミットの「アジェンダ21」の実施状況を点検し、今後の取り組みを強化することを大きな目的とする。この首脳会議の国際的に合意されたコミットメントを補完する目的で、持続可能な開発のための幅広い任意のパートナーシップ構想が開始された。

1.2.4　市民社会

国家と社会との関係の再調整は「市民社会」の力の拡大に色濃く表れている。市民社会の活動主体は、1990年代にその数も資金力も劇的に増した。市民社会は1945年サンフランシスコで国連人権議題の策定に参画して以来、一貫して国連活動に重要な貢献を果たしている。加えて、ジェンダー（社会的・文化的性差）、持続可能な開発、気候変動に関する議題の推進に、もはや不可欠な存在である。1990年代に市民社会が世界的な議題設定に加えられたことで、その性格と重要性はまさしく一変した。1994年、当時のブトロス・ブトロス・ガリ国連事務総長*のスピーチが、この点を端的に表している。
「ここ（国連）はあなたがたの家だと思ってほしい。つい最近まで、こんなことをいえば唖然とされたかもしれません。ここ数年で、受け止め方がそんなにも変わったのです。いまやNGO（非政府組織）は国際社会の完全な関係者と見なされているのです」

NGO（非政府組織）において開発に携わる職員数は、二国間および多国間援助機関の合計人数をはるかに上まわっている。また、2007年のアメリカにお

*ブトロス・ブトロス・ガリ国連事務総長
エジプト出身の国際法学者で、第6代国連事務総長（任期1992年1月～1996年12月）。

40　Gordon Conway, Jeff Waage, and Sara Delaney, *Science and Innovation for Development* (UK Collaborative on Development Sciences, 2010)

ける推計では、民間開発援助が約370億ドル、ODA（政府開発援助）は220億ドルとなっている[41]。アメリカの国際NGOの活動資金についても、少し前までは公的基金がかなりの部分を占めていたが、現在は約70％が民間から拠出されている[42]。これはつまり、当局者でなく、民間市民が資金の使い方を決めるようになりつつあることを意味している。

民間開発援助は、地方または国レベルよりも、地域やコミュニティの活動主体を通す可能性がはるかに高い。それゆえ、民間開発援助の拡大は、これまでよりも大幅に参画性の高いパートナーシップを生み出し、従来型の契約関係を大きく乗り越えている。

市民社会は、発言力の強化、具体的な政策改革の支援、実施、監視、説明責任と透明性の向上などに果たす役割において、今後の開発協力の未来像に不可欠な存在である。市民社会はこれまでも常に独自の主張をもっていたが、ITなどの技術の進歩とともに、その主張が瞬時に世界に広がるようになった。

この20年間に、市民社会は発言力と影響力を明らかに増したが、しかし最近の分析によると、世界的なキャンペーン（運動）に新たな課題が生じている[43]。その分析では、この5年間、市民社会による世界的なキャンペーンは過去の成功規模に達することなく終わっている。その主な原因は、国際開発をとり巻く状況の大きな変化に適応しきれていないことにある。「南」の台頭、資金面での制約、政治的な活動スペースの縮小とそれに伴う旧来の大規模なNGOの地位低下、そして今後の援助に対する自信の危機的な低下――。

このような数々の要因からNGOは、世界的な問題に関するキャンペーンをグローバルに展開するよりも、国内政策に関するキャンペーンを国内で展開する方向に動いている。いまや、デジタル革命はキャンペーンのあらゆる側面に深い影響を及ぼしている。その結果、大規模なNGOの多くが集中的な内部変革のさなかにあり、新しい環境のなかで付加価値を見極めて、新たな提携・協力関係を確立することを目指している。

この分析は、ある特定のキャンペーンにおいて複数のNGO（非政府組織）が協力する場合、三つの「構造モデル」という興味ぶかい類型を提示している。まず「事務局主導モデル」は、中央集権のリーダーシップと強力なブランド力の二つを兼ね備える。次に「協同モデル」は、戦略を共有しつつ、個々のNGOが独立的にキャンペーンを展開する。そして「船団モデル」は、協調にもとづきつつ、取引費用を最小限に抑える。

この分析によると、上述のような近年の状況において、「船団モデル」（三つのうち最も共通分母が小さい取り組み）に向かう流れが強まっている。キャン

---

41 2011年のブルッキングス研究所の会議ためにまとめられたSam Worthingtonの草稿。
42 同上。
43 Brendan Cox, "Campaigning for International Justice," May 2011.

ペーンを持続させ、その効果を保つには、戦略的な統括的リーダーシップを確立する方策が必要であるという。つまり、効果的なキャンペーンを展開するには、強力な"中心"が必要なのである。この分析は、提言として「必要なのは強力な外部的リーダーシップであり、キャンペーンの対外的な力を保つには必要に応じて内部的リーダーシップを譲り合うことが求められる」と強調している。そして最後に、キャンペーンの最優先課題に沿って「資源を配分」することの重要性を指摘している[44]。

この分析結果の大部分は、後述するように、国連開発システムが現在直面している課題とも強く響き合う。

1.2.5 慈善事業（フィランソロピー）

この20年間にわたる「慈善事業」の急速な拡大は、グローバル化に伴う歴史的な「富の蓄積」の重要な一側面である。この状況変化の性質を完全に把握することは困難であるかもしれない[45]。

1982年の『フォーブス』誌の世界長者番付400位の保有資産は9000万ドルだった。それが2006年の長者番付では10億ドルを超えている[46]。ビル・ゲイツ（Bill Gates）*とウォーレン・バフェット（Warren Buffet）*は、2009年5月、最上位層の資産家に積極的な「慈善」を呼びかける会合を主催したが、参加者の資産総額は1250億ドルで、すでに750億ドルを寄付に投じていた[47]。一方、アメリカ市民の寄付金総額は、2008年時点で3070億ドルに及んでいる。マイケル・ブルームバーグ（Michael Bloomberg）*は、「ビル・ゲイツの最大の課題は資金の効果的な活用方法を見いだすことである」と指摘している。

今後25年間に、世界全体で10兆～40兆ドルの資金が次世代に引き継がれる見通しにある[48]。自らも「クリントン・グローバル・イニシアチブ」*を率いるビル・クリントン前アメリカ大統領は、「現実として慈善事業の規模をはるかに上まわる富が蓄積されており、したがって世界的な課題に取り組むための資源と人材の動員に大きな機会が生まれている」と述べている。

世界的な慈善事業の拡大に伴う影響は資金調達の域をはるかに超えている。現在の状況の変化に沿った方向性を定めていくうえで、慈善事業は最も重要となる特性をいくつも備えている。慈善家たちの議論でキーワードとなっているのは、戦略的焦点、市場意識（マーケット・コンシャス）、結果（インパクト）

*ビル・ゲイツ
アメリカの実業家。マイクロソフト社の共同創業者・会長、元CEO、ビル＆メリンダ・ゲイツ財団共同会長。1975年マイクロソフト社を設立し、パソコンのOSであるWindowsやWord、Excel、Outlookを中心としたパッケージのOfficeの開発などで知られる。アメリカの雑誌フォーブスの世界長者番付でたびたび1位となる。

*ウォーレン・バフェット
アメリカの著名な投資家、経営者。世界最大の投資持株会社であるバークシャー・ハサウェイの筆頭株主で、会長兼CEO。2006年に資産の85％にあたる約374億ドルを5つの慈善財団に寄付すると発表。このうち約310億ドルは友人であり2004年からバークシャーの社外取締役を務めるビル・ゲイツの「ビル＆メリンダ・ゲイツ財団」に寄付された。

*マイケル・ブルームバーグ
アメリカの実業家、政治家。前ニューヨーク市長。1981年通信会社ブルームバーグを設立し、ウォール街の企業へ金融情報端末を販売して巨万の富を築き上げた。数多くの慈善や文化教育基金への多額の寄付でも知られ、2009年の寄付総額は2億ドル以上で全米トップ。2002年1月にニューヨーク市長に就任、2013年12月任期満了で退任。

---

44 Brendan Cox, "Campaigning for International Justice," May 2011.
45 Matthew Bishop and Michael Green, *Philanthrocapitalism: How the Rich Can Save the World* (New York: Bloomsbury Press, 2008) 15.
46 同上17。
47 同上 ix.
48 同上28。

指向、知識原理（ナレッジ・ベース）、そして最も強調されているのが、高い「レバレッジ」（テコ力）だろう。

慈善事業の世界で「テコ」の力（テコの原理のように小さな力を大きく活かすこと）ほど重視されている概念はない。たとえばビル・ゲイツは、複雑性を乗り越えて解決策を発見するのに「4段階」のプロセスを用いている。その最初の2段階は「目標」を定めることで、その次の2段階では目標達成に向けて「テコ力」のいちばん高い取り組み方を見いだすことである。ビル・ゲイツは常に、規模と再現可能性、つまり最大の問題に対処できる力を追い求めている。

慈善事業は新たな大規模財源であることのほかに、いくつもの形で現状に影響を及ぼしている。上述のように、慈善事業は特定の機能、つまり「テコ力」に的を絞っている。そこで重視されるのは、世界的な認知が瞬時に得られるようになった現在の世界における個人と、そのネットワークの決定的役割である。慈善家たちは往々にして、才能があり信頼獲得能力に優れたマネジャーに力点を置く投資方法を採っている。つまり、実質的な人材投資である。それとともに公共と民間の区別が薄れるようになった。さらに「社会的起業」という概念が、営利と非営利の垣根を打ち崩している。そして、「価値をどのように測るか」という議論に拍車がかかっている。

*クリントン・グローバル・イニシアチブ
前アメリカ大統領ビル・クリントンが大統領を引退した後、2005年に世界の保健と経済の発展、衛生と健康の促進、環境保護を目的として、クリントン財団を設立。クリントン・グローバル・イニシアチブは政府、民間、NGOセクターのリーダーを一同に集め、地球上の問題に対する解決策を話し合い、行動に移すという目的のために立ち上げたフォーラム。

このような現状を、おそらく何よりも端的に物語るのは、21世紀の開発資金調達をテーマにしたG20の「カンヌ・サミット」*に、ビル・ゲイツが報告者として招かれたという事実であろう[49]。このサミットに、ゲイツ財団と世界エイズ・結核・マラリア対策基金（GFTAM）、GAVIアライアンス（ワクチンと予防接種のための世界同盟）の理事会が参加したことは、資金貢献度の高さを反映している。ゲイツ財団は国連システムに対する資金貢献度も高く、WHO（世界保健機関）への拠出金だけで2億ドルを超えている（詳しくは後述）。

*カンヌ・サミット
2011年11月フランス・カンヌで開催された「G20首脳会議」。欧州債務問題を始めとした世界経済の諸問題が議論された。議題となった開発に関してはビル・ゲイツ氏が開発資金について発表。G20が食料安全保障、インフラおよび開発資金確保に取り組むことで合意。一部の首脳より革新的資金調達、とりわけ金融取引税の重要性が指摘された。

1.2.6　技術、コミュニケーション（情報伝達）、ソーシャルメディア

グローバル化とともに、民間セクターや市民社会といった社会的活動主体の役割、そしてそれらと国家との関係が変容した。これは技術革新によってさらに増幅されている。とくに顕著なのが、従来型コミュニケーションの分野や、新型のソーシャルメディアの拡大である。1990年の世界の携帯電話普及率は100人あたり0.2人だったが、2010年時点では78人に達している[50]。ITU（国

49　Bill Gates, "Innovation with Impact: Financing 21st Century Development"（2011年11月のカンヌ・サミットでのG20首脳に対する報告）。
50　Moisés Naím, *The End of Power: From Boardrooms to Battlefields and Churches to States, Why Being In Charge Isn't What It Used to Be* (New York: Basic Books, 2013), 62.

際通信連合）の 2010 年の発表では、携帯電話の利用者数は 60 億人を突破して、世界人口の 87％に及んでいる。こうした新たなコミュニケーション手段の発達は、グローバル化の大きな特徴の一つに挙げられることが多い。本報告書では「ソーシャルメディア」の普及による影響に焦点を合わせる。

話題を呼んだ『Here Comes Everybody』（邦訳『みんな集まれ！ネットワークが世界を動かす』）の著者クレイ・シャーキー*（Clay Shirky）は、「新しい社会的手段の登場と、そのすさまじい普及が画期的変化につながりつつある」と指摘した[51]。また、ゲイリー・ハメル（Gary Hamel. アメリカの経営コンサルタント）によれば、「私たちはいま、人間の能力を組織化する新しい方法の広がりを目の当たりにしている[52]」という。歴史を振り返ると、これまでそうした組織化は官僚支配を通じて、あるいは市場を通じて起こった。この 10 年で、そこにネットワークを通ずるという「第三」の方法が加わった[53]。

＊クレイ・シャーキー
ネット世界に関するアメリカの文筆家・コンサルタントとして、インターネットの社会や経済への影響について研究。

本報告書では、「ネットワーク」の発達が 21 世紀の国際協力の未来像と実践の両面に深く影響するという見解をとる。グーグルやフェイスブック、あるいはウィキペディアの「ミッション・ステートメント」（運営理念）を一瞥するだけでも、この点は理解できる。グーグルは、世界中の情報をまとめ上げて、世界の誰もがアクセス・利用できるようにすることを目標に掲げている[54]。マーク・ザッカーバーグ（Mark Zuckerberg）*は、「人びとが自らの意思でまとまり合うことを助けるのが自分の中核的信条だ」としている[55]。ザッカーバーグは、フェイスブックを「人間社会のまったく新しい普遍的な結びつき」へ向かう動きに貢献するものと見なしている[56]。ウィキペディアは、「最良の知識は自発的に組織化した人びとによって生み出される」という前提に立っている。こうした知識の創出、世界的なつながりの広がり、知識へのアクセス拡大――。これらはいずれも、世界を変える世界的な使命である。

＊マーク・ザッカーバーグ
1984 年生まれのアメリカのインターネット起業家。世界最大手のソーシャルネットワークサービス「フェイスブック」の CEO。

これらには共通の特徴がいくつかある。まず、いずれも並外れた規模で運営されていることである。フェイスブックのユーザー数は約 10 億人。市民の 30％がフェイスブックを利用している国は 30 カ国を超える。このような規模は並外れた「テコ力」によって実現されている。技術の力に乗った人々の自発的な組織化は、きわめて大きな「テコ力」を生み出すことが実証されている。どういうことかというと、フェイスブックは外国語版の提供を決定した際、ユーザー・コミュニティに必要な作業をまかせた。スペイン語版の作成

51　Clay Shirky, *Here Comes Everybody: The Power of Organizing Without Organizations* (New York: Penguin, 2008).
52　David Kirkpatrick, *The Facebook Effect* (New York: Simon and Schuster, 2010), 298.
53　同上。
54　Ken Auletta, *Googled*, (New York: Penguin, 2010).
55　David Kirkpatrick, *The Facebook Effect* (New York: Simon and Schuster, 2010), 298.
56　同上。

は 1500 人のユーザーによる四週間の作業となったが、のちのフランス語版はユーザー 4000 人がわずか二日で完成させた。ユーザー側の反応はとてつもなく速い。フェイスブックでは、ユーザーに関心のある情報が速報的に掲出される「ニュース・フィード」(The News Feed) によって、ほとんど瞬間的に大規模なグループが形成される[57]。

規模、テコ力、スピード——。この三つが「新技術」の中心的特徴である。この三つが相まって、国家と社会と個人の力関係に変容を引き起こしている。さらに新技術には、世界に共通する「公共的価値観」の創出という課題に直接的に関わる「四つ」の特徴がある。

1. 知識の創出、世界的なつながり、情報へのアクセスは典型的な公共財である。
2. その公共財が私的に生み出されている。
3. その公共財を無償で利用することができる。つまり、納税者や消費者の負担を伴わずに運営されている。
4. その公共財が世界的に生み出されて、広められ、消費されている。

このような新技術が開発協力に及ぼす影響はすでに明白である。たとえば、ウガンダでは 2005 年 4 月、ウェブサイト「Kiva.org」で小口の事業資金融資の受け付けが開始され、同月内に 7 件の融資申し込み（平均額 500 ドル）が寄せられた[58]。その後、融資総額は 2009 年初頭時点で、毎週 100 万ドル、18 万人の起業家が利用するに至った。累計融資残高は 2014 年までに、10 億ドルに達する見通しにある。また、デニス・ウィトル（Dennis Whittle）*は世界銀行で「開発市場」という概念を提唱し、それをさらに推し進めて「グローバル・ギビングキャンペーン」*につなげた。この種の取り組みが発展するカギとなったのは、解放性と透明性である。

「災害時」の対応に関しては、国連の報告書『ディザスターレリーフ 2.0』（災害救済 2.0）は、ハイチ地震*での「人道援助」の呼びかけに対する一般大衆の反応を明細に記録している[59]。世界銀行の「オープン・エイド・パートナーシップ」は、民間の地図作成者を動員し、世界各国から技術者を呼び寄せた[60]。グーグルは保健分野での取り組みに乗り出し、効果的な予防対策につながるデータサーチのパターンの割り出しに乗りだした。国連事務総長室の主導による革新的取り組み「グローバル・パルス」は、緩やかに進行する災害などの

*デニス・ウィトル
グローバル・ギビングの共同創始者で 2000〜2010 年 CEO を務める。共同創始者のマリ・クライシとともに世銀在職中、デベロップメント・マーケットプレースと呼ばれるプロジェクト資金調達の新しいモデルを創造。

*グローバル・ギビングキャンペーン
貧困や環境などの問題に取り組む団体を集めたサイトで、寄付をしたいと考える世界中の人々と、資金を必要としている団体を結んでいる。

*ハイチ地震
2010 年 1 月 12 日にハイチ共和国で起こったマグニチュード(M) 7.0 の地震。地震の規模の大きさや社会基盤の脆弱さが相まって、20 万人以上が死亡し、約 230 万が住居を失うなど単一の地震災害としては、スマトラ島沖地震（2004 年、マグニチュード 9.1）に匹敵する近年空前の大規模なものとなった。

---

57 David Kirkpatrick, *The Facebook Effect* (New York: Simon and Schuster, 2010), 298.
58 Matthew Bishop and Michael Green, *Philanthrocapitalism: How the Rich Can Save the World* (New York: Bloomsbury Press, 2008), 239。
59 "Disaster Relief 2.0: The Future of Information Sharing in Humanitarian Emergencies," report from the United Nations Office for the Coordination of Humanitarian Affairs, United Nations Foundation, and Vodafone Foundation, 28 March 2011.
60 International Herald Tribune. Editorial by Caroline Anstey January 14-15, 2012を参照。

危機的状況に対して、住民の集団的行動を変えるタイミングをリアルタイムのデータで見つけ、対応にあたる当局者を助けている[61]。このグローバル・パルスは、国際協力の内容を変えさせうる、ソーシャルメディアのきわめて大きな潜在力を物語っている。

このように、技術が開発協力の様相を変えようとしている。興味ぶかい事実として、広く注目されているゴールドマン・サックスの「成長環境スコア」（GES）*でも、ミクロ経済8指標のうち、3つがインターネット・通信技術関連となっている[62]。

*成長環境スコア（GES）
アメリカの投資銀行ゴールドマン・サックスが1997年から毎年出している経済成長環境を指数で表して評価するもの。世界各国の持続可能な成長性と生産性を把握する上での有益な目安となる。13の異なる変数を設定し、0から10まで各変数に関するスコアを採点して均等加重したものを指標としている。インターネット・通信技術関連指標としては電話普及率、パソコン普及率、インターネット普及率を組み入れている。

61　www.globalpulse.org
62　Jim O'Neill, *The Growth Map: Economic Opportunity in the BRICs and Beyond* (New York: Penguin, 2011), 36.

1.3
グローバル化と開発協力——分析のための枠組み

過去20年にわたるグローバル化の加速が世界経済に劇的な影響を及ぼしたことは明白である。では、グローバル化は開発協力の妥当性に、どのような具体的影響を及ぼしているのか。それは、ODA（政府開発援助）の役割を後退させているだけなのか？　それとも、開発協力のビジョン再生に新たな機会を開いているのか？　表面的には両者とも妥当と思われる。では、開発協力を必要としている国々に対するグローバル化の影響を、それぞれ「類型化」することは可能なのか？

本報告書では、開発協力の分析の枠組みとして、国々が必要とする四つの「支援業務分類」を提起する。留意点として、この四類型は完全に独立したものではなく、複合する場合もある。しかしそれでもなお、大まかな特徴を指す枠組みとして役立ちうる。

第一の類型は、グローバル化に取り残されている国々である。といっても、ごく少数の例外を除いて完全に隔絶された状況ではない。しかし現時点で、グローバル化による影響が変容を引き起こすには至っておらず、依然としてODA（政府開発援助）に大きく依存している。これらの国々はさらに、二つのカテゴリー（範疇）に分けられる。一つは、幅広い分野で国際社会の強力な支援を必要としている脆弱国で、もう一つは、政府が十分に機能しており、なお支援を必要としながらもトンネルの先に光が見えている国々である。この第一の類型には35カ国前後が該当し、うち20カ国あまりが脆弱国である。

第二の類型は中所得国の典型的状況で、援助に依存せず、グローバル化へ積極参加する機会を求めており、その実現に向けていくつかの分野で重要な支援を必要としている。その支援は概して「能力開発」に関係する。この点、グローバル化に伴うリスクやショックに対して、政府が適応能力を高めるための政策提言が重要である。さらに、たとえば国際天然資源会社との契約交渉などといった、特定の政策分野に絞られることもありうる。あるいはまた、製品を市場に送り出すためのインフラ投資（たとえば貿易のための援助）や、世界資本市場の利用促進などである。ここではODA（政府開発援助）は実施の促進に役立ちうるが、資金利用は根本的課題ではない。それより重要なのは、政策の一貫性と民間資金の「テコ力」（レバレッジ）である。

第三の類型は、国として新たに直面した課題を解決するには「集団的対応」が必要であると認識するに至った場合である。この場合、新たに浮上した一連のグローバルな課題に関して、"他の国々と合意を交わすことが最善の国益につながる"という考え方に移る必要がある。グローバル公共財は賢明なリーダーシップを通じて提供されるか、責任分担に関する共通理解を通じて提供されるか、二つに一つである（「スティグリッツ」の前掲書）。そのためには共通の認識と価値観を確立するため多大な投資が必要であり、そうした投資のために多国間機関は専門的能力を備えるべきである。

グローバル公共財に関してスコット・バレット（Scott Barrett. アメリカ・コロンビア大学教授）は、その提供に対する既存のインセンティブ（誘因）を分析している[63]。バレットは「グローバル公共財」について、単独あるいは片務的に提供されるグローバル公共財、国家に最も依存しないグローバル公共財、すべての国の集団的努力に依存するグローバル公共財の三つに分類し、それぞれを「単一最大努力」「最弱結合」「集団努力」と言い表している。

ここでは論考の目的上、問題の状況を二つに大別することができる。一つは、一国の問題がすぐにすべての国の問題になるおそれのあるケース。この場合、その一国の問題を解決することがすべての国の利益につながる。明白な例が「世界保健」で、グローバル化とともに一国における「疾病」がすべての国の問題となる状況にある。次にもう一つは、問題の発生地やその後の所在地に関係なく、すべての国の問題となりうる状況。この明白な例が「気候」である。

このような状況には重大な結果がかかっていることを認識する必要がある。たとえば、知的財産、技術移転、投資ルールなどといった分野において、適正な解決策を見いだすか否かが非常に重要である。複雑に進化した交渉環境のなかで、正しい選択を見極めて条件をまとめ上げる能力がカギを握る。各国が集団的責任の問題に対処するうえで、開発協力はいくつもの側面において対処の支援につながりうる。たとえば、課題の特定に対する支援、各国が受け入れる責任レベルの決定に対する政策的支援、対話の開始と交渉入りを実現するための国際的討論の場や国際的仕組みの設定などである。

第四の類型は、集団的対応の促進に関わるかたちで、グローバル化とグローバル公共財の株主として世界的な「ルール」（規則）管理にたずさわることに関連する。たとえば、国際取引に関する専門性の高い会議が増加の一途をたどっているが、この種の会議で定められるルールは多分野に影響が広がるため、そうした会議への参加は必須となる可能性がある。「コンプライアンス」（法令順

---

[63] Scott Barrett, *Why Cooperate: The Incentive to Supply Global Public Goods* (Oxford and New York: Oxford University Press, 2007).

守）と「モニタリング」（監視）に関する問題にも目を向ける必要がある。好例として、WTO（世界貿易機関）の規則維持への参加が挙げられる。自国の利益を保護・促進するための効果的な参加に関して支援を必要としている国々が多数ある。

最後に、国際協力の対象範囲は、世界的に認識された普遍性をもつ一連の原則と価値観にも及ぶ。その最たるものが「世界人権宣言」*にうたわれた「人権」であり、そのために確立された法的枠組みである。人権の履行状況はグローバル化に大きく影響されているのかもしれないが、その原則自体に世界共通の普遍性がある。

開発協力の輪郭を定める枠組みを確立しようとすれば必然的に、ローレンス・チャンディ（Laurence Chandy. アメリカ・ブルッキングス研究所）が開発協力の長年の神話のひとつと指摘したもの、すなわち「開発協力は明確に絞り込まれた目的をもつ」という捉え方とぶつかることになる[64]。この点については、国連開発システムにおける「開発協力の進化」を取り上げる次のセクションで詳述するが、開発協力が意味するものは時代とともに大きく変わる。現在明確なのは、この10年ほどの間に生じた変化によって、これまで長らく「援助」という言葉と結びつけられてきた領域、さらには「開発協力」として理解されている領域を大きく超える概念と定義が必要になっているということである。

セベリーノ（Jean-Michel Severino. フランス政府財務省）は二つの大いに考えさせられる論文において、「開発協力の目的そのものに革命が起きている」と論じている[65]。そして、世界経済の一極集中の加速、人間の基本的福祉の促進（ミレニアム開発目標）、グローバル公共財の提供の三つを引き合いに出し、「想定される仕事は伝統的な援助の枠を超える」と結論づけている。チャンディも同様の捉え方で、前述した中所得国への「貧困の集中」という現象を例示している。

貧困像の変化から、中間所得層が拡大するなかでの「貧困の残存」という現実をめぐる論議が高まっている。この背景には、統計のレンズを通して見れば根本的変化が生じているように映っても、"貧困の実態は変わっていない場合が少なくない"という見方が広がっている。この論にもかなりの真実性があると考えられる。しかし同時に、貧困と闘う国々が用いることのできる手段という

*世界人権宣言
1948年12月10日の第3回国連総会で、すべての人民とすべての国が達成すべき人権の共通基準として採択。宣言の内容は、(1)自由権的諸権利（第1～20条）、(2)参政権（第21条）、(3)社会権的諸権利（第22～27条）、に分類できる。この宣言はその後の各国憲法や地域人権条約に影響を与え、日本も51年の対日平和条約前文でこの宣言の目的実現のため努力する意思を宣言。

64　Laurence Chandy, "Reframing Development Cooperation," *From Aid to Global Development Cooperation: The 2011 Brookings Blum Roundtable Policy Briefs* (2011). 4.
65　Jean-Michel Severino and Olivier Ray, "The End of ODA: Death and Rebirth of a Global Public Policy," *Center for Global Development*, March 2009; Jean-Michel Severino and Olivier Ray, "The end of ODA (II): The birth of Hypercollective Action," *Center for Global Development*, June 2010.

点で、中所得国の場合には、低所得国とは違い、さまざまな別の手段が適用できることもまた事実である。これまでODA（政府開発援助）は一貫性のある政策の実現のために大切であったが、今後はODAは資金の流れとして比較的限られたものになる。したがって、賢明な政策の成果を有効利用するための開発協力がきわめて重要な効果を生み出すことになる。

セベリーノ（Severino）は、「いまやODAを超えて踏み出すべき時が来た」と説得力豊かに主張している。概念的手段として、ODAは過大評価したり過小評価したり、また間違ったものを評価したりする。チャンディ（Chandy）は結論として、「開発協力の第二の神話（すなわち、開発協力とは本質的に援助供与である）を捨て去らなければならない」としている[66]。すでに説明したように、援助規模は頭打ちとなっている。

今日の議論における「断片化」（フラグメンテイション）と「細分化」（マージナリゼイション）という意識に対する主要な対応は、援助効果に関する「パリ宣言」*の骨子原則に明記されている[67]。すなわち、オーナーシップ、協調、調和化、簡素化という概念が「パリ宣言」での公約の本質である。

「パリ宣言」は、過去の経緯から突きつけられた課題、すなわち"行き過ぎた断片化"という現実に対する強い対応である。しかし皮肉にも、パリ宣言は少なくとも「三つ」の重要な側面で十分に先行きを見通していない。
まず第一に、ODA（政府開発援助）が資金移転の性格を弱めるなかにあって、「パリ宣言」は移転メカニズムの効率性に大きな重点を置いている。第二に、グローバル化とともに複雑性と差異化が強まるなかにあって、「パリ宣言」は数が減りゆく国々のグループの状況に焦点を合わせている。両極の一方には数を増す中所得国が位置し、ここではもはやODAによる資金の流れは主眼を置かれるほどの重要性をもたなくなっている。その対極には、「パリ宣言」に明記された諸原則を実現できるシステムを完備していない脆弱国が位置する。あと残るのが成果を上げている低所得国で、「パリ宣言」はこの数が減りゆくグループに対して真の重要性をもつ。そして第三に、開発協力が広範な活動主体との包含的なパートナーシップ（提携・協力）を必要としているにもかかわらず、「パリ宣言」は内向きな性格を帯びていることである。

今日、世界は開発協力の枠組みの見直しを必要としている。開発協力の目的を正しく定義づけることのできる"新しい言葉づかい"を探るべき時が来ている。その新しい言葉づかいには「人権」のように、完全に世界共通と認識され

＊パリ宣言
2005年パリで開催された第2回「援助効果向上に関するハイレベル・フォーラム」で採択された宣言。ミレニアム開発目標（MDGs）の達成に向けて、援助国と被援助国が一体となって援助効果を上げるための取り組事項をまとめたもので、援助効果向上の5原則――被援助国の自助努力（オーナーシップ）、被援助国の制度・政策への協調、援助の調和化、開発成果管理、相互説明責任――が示されている。

---

[66] Laurence Chandy, "Reframing Development Cooperation," *From Aid to Global Development Cooperation: The 2011 Brookings Blum Roundtable Policy Briefs* (2011). 5.
[67] *Paris Declaration*, OECD/DAC 2005

る価値観と原則が求められる。ODAの概念に支配された言葉づかいから、「グローバル公共財」の言葉づかいへと移行する必要がある。開発協力は政府によるすべてのアプローチに見いださなければならない。また、問題解決よりも「テコ力」（レバレッジ）に重点を置く必要もある。

私たちは直線的な受給権中心の開発概念から離れ、問題解決とグローバル公共財の提供を図る提携へと向かう必要がある。さらに、活動成果の測定といった偏向から、共通の意識と規範と基準の確立に向かう進歩に焦点を当てるよう、修正されなければならない。そして最後に、開発協力における民間セクターと公共セクター、公式と非公式といった識別を意識させないような"言葉づかい"を見つけなければならない。この点は、ひとえに政府間組織である多国間援助機関にとって大きな課題となる。今日の技術は昨日の厳然たる区別の多くを無用にしているのだ。

1.3.1 国連開発協力の概観と歴史

上述のような変化はODA（政府開発援助）と国連開発システムをとり巻く環境を大きく変容させている。ロバート・ゼーリック世界銀行総裁の退任が発表された際（2012年）、『フィナンシャル・タイムズ』紙は開発問題専門家のコメントとして、「途上国援助における中心的役割が薄れた世界銀行は新たな方向性を探しあぐねている」と指摘した。OECD（経済協力開発機構）／DAC（開発援助委員会）は2009年に、今後の自らの役割を再検討する2年間の見直し作業を終えたが、この作業が行なわれたのは約15年ぶりのことだった[68]。同様に、環境の変化が国連の開発活動に及ぼす影響も深く広い。

かなりの数の学者や専門家が、現在生じている変化の影響は深く、多国間組織を"かたわら"に追いやることになると捉えている。新技術の力を背景にした新たなパワーの台頭や市場、市民社会、そして個人の力の著しい拡大といったすべてが既存の多国間機関の基礎に真正面からぶつかっており、多国間機関は状況の変化に適応できず、妥当性を保つことができなくなる。

アメリカ国家情報局（NIS）の報告書『世界潮流2025』は、「既存の多国間機関（現在とは異なった地政学的秩序にもとづいてつくられた大きく煩わしい組織）は、新たな使命を担い、メンバーシップの変化を受け入れ、その資源を増強するという課題への速やかな適応に窮することになるだろう」と予測している[69]。

フィリップ・ボビット（Philip Bobbitt．アメリカ・コロンビア大学法科大学院教授）はさらに踏み込み、国民国家から市場国家へという国家システムの進

---

[68] Development Assistance Committee Reflection Exercise, *Organisation for Economic Cooperation and Development Development Assistance Committee,* 2009.
[69] US National Intelligence Council, "Global Trends 2025: A Transformed World," November 2008.

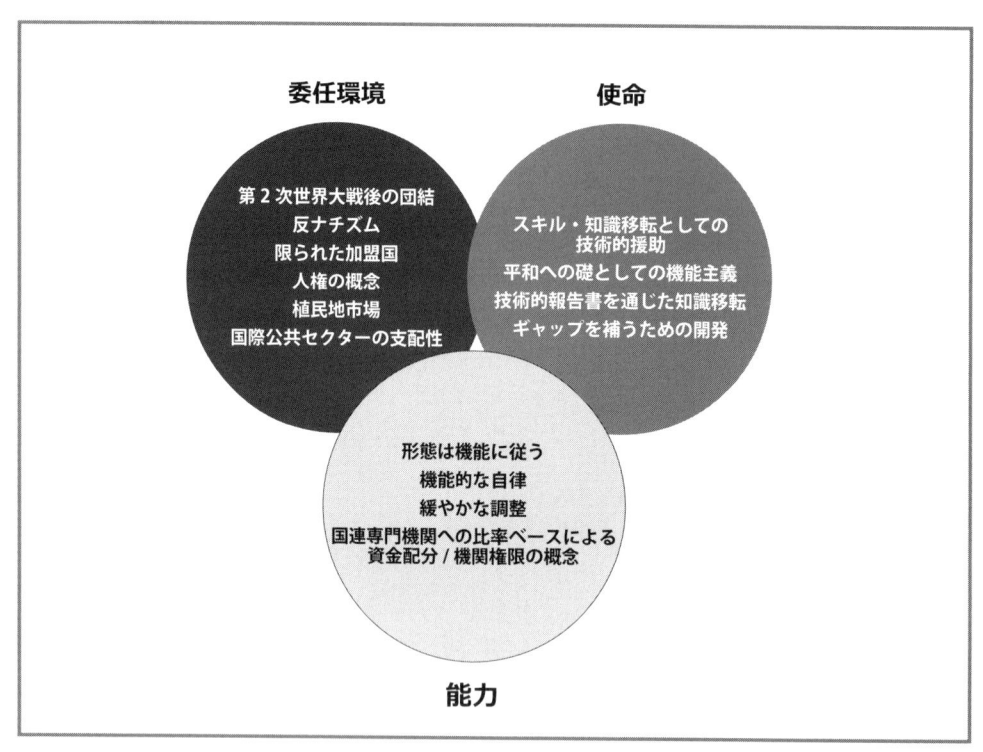

```
        委任環境              使命

   第2次世界大戦後の団結      スキル・知識移転としての
       反ナチズム              技術的援助
      限られた加盟国        平和への礎としての機能主義
       人権の概念         技術的報告書を通じた知識移転
       植民地市場          ギャップを補うための開発
    国際公共セクターの支配性

              形態は機能に従う
               機能的な自律
                緩やかな調整
            国連専門機関への比率ベースによる
              資金配分/機関権限の概念

                    能力
```

国連開発システムの第1段階

化を分析したうえで、核心にある課題を次のように説明している。
「国民国家によって構成された組織は、各国が直面している新たな課題に対して脆弱である。そうした課題が国民国家の秩序にとって致命的であれば、それらは国民国家が支配する国際機関にも致命的になる」[70]

多国間開発機関が直面する課題の根底にあるのは、開発協力におけるODA（政府開発援助）の役割を戦略的に位置づけ直す必要性である。となると国連開発活動も、これまでより広範な開発協力の環境に沿っていかなければならない。この点はすでにある程度まで認識されており、たとえば2011年の「効果的な開発協力のための釜山パートナーシップ」に反映されている。その［第28項］にこうある。
「我々は、援助が開発の触媒となるように、合意された国際的な権利、規範及び基準に整合した方法で、援助が何に対してどのように支出されるべきか再考する」

過去10年間、開発協力に関わる総合的環境に根本的変化が生じており、また国連開発活動の位置づけを大きく見直すべき時であるとする捉え方に、さしたる異論は出ていない。真の改革が必要という点で、大半の識者の見解が強く一

---

[70] Philip Bobbitt, *Terror and Consent: The Wars for the Twenty-first Century*, (New York: Knopf, 2008).

致している。さらにまた、改革の妨げとなる政治的障壁があまりにも強い現状では、十分な分析にもとづく改革構想に着手するよりも、まず周辺部分から手直ししたほうが賢明であるという点でも、強い意見の一致がある。

しかし、国連開発システムの改革など"不可能"という昨今の考え方は、じつは歴史的経験にまったく反している。国連開発システムは、少なくとも「三つ」の明確な段階を経て進化してきた。本報告書の提言と信頼性に決定的意味をもつ点として、まず政策立案者は変化への適応力という遺産そのものが、国連開発システムの歴史であることを理解することから始める必要がある。その歴史のあらましを振り返ることが、今日の国連開発の置かれた立場を理解する基礎となる。この10年ほどの間に国連開発に生じた変化は、過去の全体的環境の大きな変化に匹敵するものなのか？

国連開発システムの変化への対応能力を評価・測定するうえで、一貫した分析の枠組みを定めるために、ここではマーク・ムーア（Mark Moore. アメリカ・ハーバード大学教授）の「戦略的トライアングル」をレンズに用いて歴史を概観する[71]。すなわち、「委任環境」「国連開発システムの使命と価値観」「国連の使命達成能力」という三つの側面から、歴史的進化をたどることにする。原則として、健全な政治経済論には、委任環境に対する期待、明示された使命と組織の価値、実現能力の三つが強く収斂する必要がある。

ここでは主要な［三段階］からなる50年間の歴史を通じて、三つの際立った「政治経済論」が順を追う形で入れ替わってきたことを示したい。その三つは順に取って代わったのではなく、累積的に重なり合った部分もある。しかし、それぞれに独自の論理をもっていた。

まず、［第一段階］は国連開発システムの創設であり、これは第二次世界大戦の経験という文脈においてのみ理解される。機能主義の概念が、大戦終結後の国連システムの設計にインスピレーションを与えた。デイヴィッド・ミトラニー*（David Mitrany）は、機能主義運動に最大の影響を与える書となった『機能する平和システム』（1943年）において、「国際組織は民族自決の要求（Self-determining Needs）を満たすために存在する」と論じた[72]。

世界は共通認識する問題に対して団結できるはずである。当時の状況でミトラニーは、政治や憲法の問題を超えた技術的性格の「民族自決の要求」が生まれていると捉えた。その要求が国際協力の形態を決める――。つまり、ミトラニーの名言「形態は機能に従う」である。ミトラニーは、第二次世界大戦が「政治を超えた団結」を生み出したことを見てとった。機能主義は、ナチズムを経験

*デイヴィッド・ミトラニー
ルーマニアのブカレスト生まれの政治学者、歴史学者。専門は、国際組織論、ルーマニア近代史。1912年、イギリスに移住。国際機関における機能主義（国際機構による機能的な協力を通じて平和の実現を図ろうとするもの）の提唱者として知られ、機能主義の理念は、戦後における国連の専門機関・関係機関や世界銀行に取り入れられた。

71　Mark Moore, *Creating Public Value: Strategic Management in Government*, (Harvard, 1995).
72. David Mitrany, *A Working Peace System*, (Welwyn: Broadwater Press, 1943); David Mitrany, The Functional Theory of Politics, (London: London School of Economics, M. Robertson, 1975).

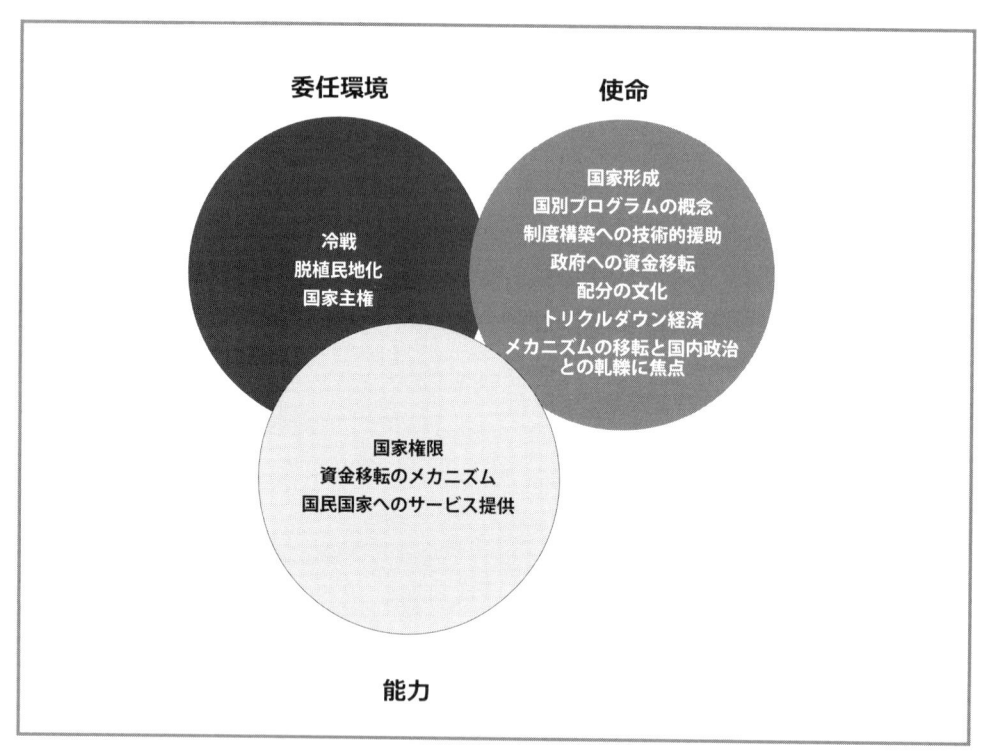

```
          委任環境         使命

                    国家形成
                    国別プログラムの概念
                    制度構築への技術的援助
           冷戦       政府への資金移転
           脱植民地化   配分の文化
           国家主権    トリクルダウン経済
                    メカニズムの移転と国内政治
                    との軋轢に焦点


                国家権限
                資金移転のメカニズム
                国民国家へのサービス提供


                    能力
```

国連開発システムの第 2 段階

したあとで世界の共通意思が従来の政治的対立を超越するという前提に立脚し、その意味において時代を反映していた。「民族自決の要求」という概念は、この中心的前提にもとづいている。

このような背景のなか、国連システムは、共通の目的と利益の追求を通じて「平和」への礎を築き上げるための「実践集団」（Communities of Practice）という概念のもと設計された。すでに 1919 年、国際労働機関（ILO）が労働と社会正義に関する問題を扱うフォーラムとして設立されていた。そして、国連食糧農業機関（FAO）、国連教育科学文化機関（UNESCO）、世界保健機関（WHO）など、一連の専門機関が実践集団のネットワークを目指し、設立された。このようなネットワークが「機能型協力」の共通利益にもとづく委任環境に礎を生み出していった。

さらに、国連システムは機能本位の「分権型構造」として設計され、労働、食糧、保健、教育など、数々の分野に個別の専門機関が設置された。各専門機関がそれぞれに管理構造をもち、活動の説明責任を全面的に負った。そのため、国連経済社会理事会（ECOSOC）に与えられたのは緩やかな調整機能に過ぎず、今日に至るまで、国連事務総長は各専門機関に対し何らの最終権限をもっていない。このような設計の結果、それぞれの専門機関が個別の「地盤」を抱えることになった。こうした各地盤は、自国の外務省よりも、当該機関に組み入れられた国際的な実践集団と強くつながることになる。この点こそ、国連シ

＊拡大技術援助計画 1966年に国連特別基金（United Nations Special Fund）と合併し、国連開発計画（UNDP）となる。

ステムを設計した機能主義者たちの意図だった。機能主義者たちは各国の外務省に任されている政策過程と、世界的な利益共同体構築との間の緊張に、強い疑いの目を向けていた。

また、国連システムの使命と価値観の中核には、各活動分野における専門知識と技術の活用があった。この時期には専門家による多数の会議が行なわれ、膨大な量の専門報告書がまとめられた。専門家と彼らのレポートの目的は、技術移転とそのギャップ（隔たり）を補うことだった。そこでは普遍的原則がうたわれ、共有された。統治構造そのものに、政府の代表としてではなく、専門家としての立場から見解を明示できるような仕組みが採り入れられていた。

したがって、1949年発足の「拡大技術援助計画」（EPTA）＊が実践集団を通じて援助を提供する計画として打ち出されたことも、理の当然だった[73]。拡大技術援助計画の資金は、比率ベースで各専門機関が援助対象国において各種プログラムを管理できるように配分された。

ここで認識すべき点は、世界大戦の経験、機能主義原則の採用、そして組織構造と資金調達の仕組みに反映されていた委任環境は、首尾一貫していたことである。

その後、冷戦、開発途上国の新たなニーズ、脱植民地化という現実が相まって、国連活動の委任環境が変容した。国連の妥当性を保つためには、新たな委任環境に合わせて国連の価値観と使命を抜本的に位置づけし直すしかなかった。幅広い社会的な力と多数のステークホルダー（利害関係者）に及ぶ国際的リーダーシップは、冷戦の論理と脱植民地化の論理とにいずれも真正面からぶつかった。冷戦は世界を二分し、国際的リーダーシップの行動範囲を著しく狭めた。中道と共通の利益を見いだそうとする努力は深い疑念を向けられ、あからさまな敵意に遭った。また、脱植民地化の趨勢のなかで、加盟国全体に尽くそうとすることが植民地主義の名残りと見られ、国際主義に反すると見なされたのである。
この結果、国際開発の議題は国家開発の「基本的プロセス」に焦点を合わせるようになった。国連システムの全体を通じて、国際的リーダーシップというビジョン（未来像）から、加盟国への「サービス提供」というビジョンへの抜本的な移り変わりが起きた。

新たに誕生した開発途上国の大多数が国連に加盟したことは当然の理であり、「国づくり」という課題が国連開発活動の焦点になった。そのため、経済政策

---

73 Stokke The UN and International Development From aid to cooperation Bloomington, Indiana 2009

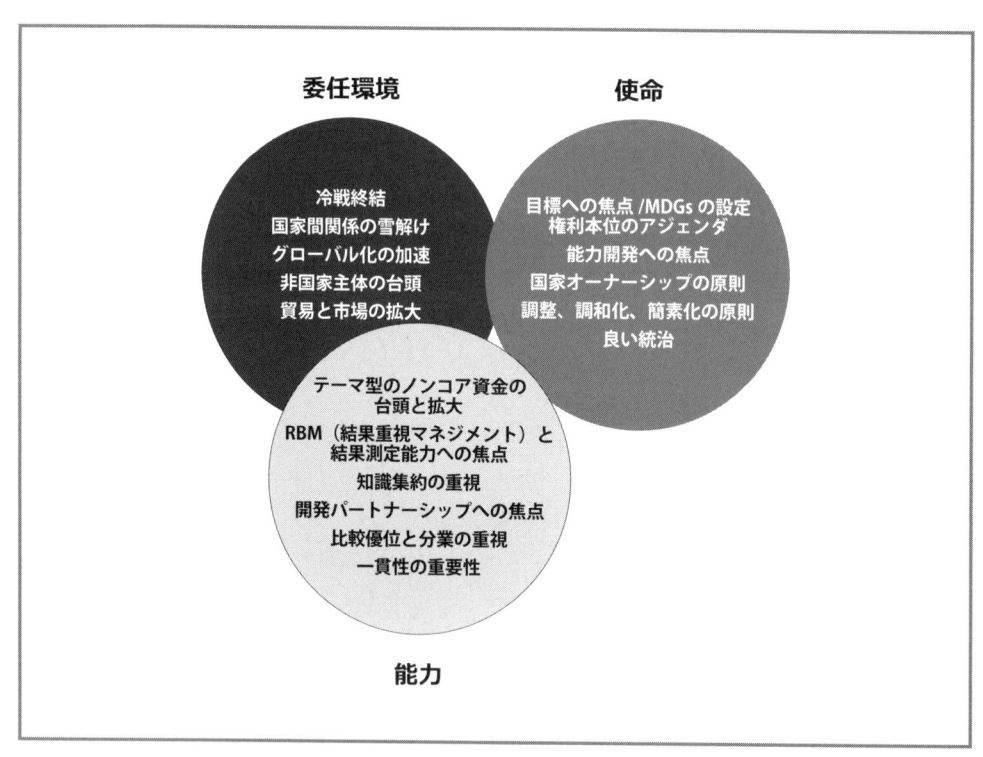

委任環境
- 冷戦終結
- 国家間関係の雪解け
- グローバル化の加速
- 非国家主体の台頭
- 貿易と市場の拡大

使命
- 目標への焦点/MDGsの設定
- 権利本位のアジェンダ
- 能力開発への焦点
- 国家オーナーシップの原則
- 調整、調和化、簡素化の原則
- 良い統治

能力
- テーマ型のノンコア資金の台頭と拡大
- RBM（結果重視マネジメント）と結果測定能力への焦点
- 知識集約の重視
- 開発パートナーシップへの焦点
- 比較優位と分業の重視
- 一貫性の重要性

国連開発システムの第3段階

においては政府計画の利点が強調され、国連システムは取り組みの大部分を国家計画の策定能力の構築に対する支援に向けるようになった。分析報告においても、組織づくりの重要性が当然のごとく指摘されていた。国連がこの時期にまとめた報告書の大半が、新たに誕生した国々における最初期の国家報告書や開発計画書であった。

このようなプロセスがすべてのセクター（分野）に広がっていったことから、イニス・クロード（Inis Claude. アメリカ・バージニア大学国際関係論名誉教授）は、国連の機能が「国家が無事に存在するための支援」に変わったと論じた[74]。その結果、国連開発システムの使命の中核ビジョンに180度の転換が起きた。すなわち、実践集団を通じて各国が密接に協力し合うことから、各国が自国の権利を確立し、行使できるようにすることへと——。

この段階（1970年代前半）において、開発プログラムの焦点の確立よりも「サービス」の概念が重視されるようになった。国連開発は、各国政府の省庁が掲げる数々の優先課題に対応する数多くの、しかも往々にして小規模な介入となった。またこの時期は、国連の人権機構に大きなほころびが生じた時期でもあった。

この変容が国連システムの進化に抜本的な転換をもたらした。創設時の国連シ

74　Inis Claude, *Swords into Ploughshares*, (New York: Random, 1964), 17.

ステムには主として遠心力が作用していたが、それが「求心力」へと変わったのである。それは国連システム内部からではなく、各国政府を源にしていた。加盟国が国連システムの優先課題を定め、国連専門機関が加盟国が見極めたニーズに対応することになったのである。1949年の「拡大技術援助計画」（EPTA）発足を境に、責任は援助受益国政府に移された。1952年には国別計画策定の促進を視野に入れて「常駐代表事務所」が創設され、1955年までに国別計画の初期版といえるものが導入された。

1966年の「国連開発計画」（UNDP）の創設、わけても国連総会で国連開発計画の資金配分に5年単位の予算配分予定額（Indicative Planning Figures）システムが採用されたことにより、機能主義から「国別原則」へと向かう国連システムの進化は頂点を迎えた[75]。1972年の予算配分予定額システムの導入とともに、開発援助の配分は専門機関ベースから国ベースへ移行し、それまで各専門機関に所定の比率で配分されていた資金が、一連の客観的基準にもとづいて援助対象国に振り分けられるようになった。すなわち、国連開発システムが「国連機関権限システム」から「国家権限システム」へ移行したのである。

この変容は、国際協力の性格と目的の捉え方の根本的な変化と重なっていた。当初、援助は知識と技術を移転する"手段"と見なされていた。つまり、世界共通にあてはまる知識を開発途上国に移転し、途上国側は単純にそれを活用するという図式だった。これに対し、新しい方式は、国際協力を新しく出現した国々への「資源移転」の仕組みとして捉えていた。

グローバル化と冷戦の終結は、国連を開発協力の新時代へ導いていった。冷戦時代には、援助は外交政策の道具、同盟国への報奨と見なされていた。これは、植民地時代の終焉直後の時代に新しく独立した国々は「資源移転を受ける権利がある」という意識により増幅された。このシステムは成果ベースではなかったが、測定の基準（つまり資金の移転量）に照らせば、かなり効果的なシステムだった。1950～1990年の間、援助額は10年ごとにほぼ倍増するペースで増加した。外交政策の必須部分として、このような資金の配分は援助供与国側に強い支持層を持っていた。援助は外交政策の道具であり、したがって国益に欠かせなかった。資金配分は社会的・経済的目標の達成という、世界的なビジョンの一環としてなされていたのではない。

その後、冷戦終結とグローバル化の加速が「援助配分」の理論的根拠を一変させた。1990年代を迎えた時点で、国際開発社会は冷戦終結に伴う「平和の配

---

[75] United Nations General Assembly Consensus Resolution 2688 (XXV), "The Capacity of the United Nations Development System, 1970. また、UN Development Programme/Study of the Capacity of the UN Development System (New York, 1969) も参照されたい。

当」とともに、援助予算の急増を見込んでいた。ところが現実には、外交政策としての「対外援助」という理論的根拠が急激にしぼみ、2000年までの間に世界の援助総額は名目ベースで1990年前後とほぼ同水準にとどまった（総額は540億ドル）。これは実質ベースではかなりの減少を意味し、名目値で倍増した冷戦時代と対照的である。

このような状況を受けて、開発協力はその使命と理論的根拠の抜本的再考を迫られた。この時期に世界共通の新しい開発議題を明確に浮かび上がらせたのが、1990年代を通じて開催された一連の国連を通じた国際会議であり、そしてその総仕上げとなったのが2000年の「国連ミレニアム・サミット」*だった。

こうした一連の国際会議を結びつけた中核的要素は、世界的な目標と目的の明確化を図るものだったことである。個々の目標は各国の行動に置き換えられる必要があるものの、目標そのものは世界的に定義され、確立されている。そして驚くまでもなく、このことは人権議題への拡大にもつながった。このようなかたちで、開発協力の概念をそれまで支配していた旧来の理論的枠組みに革命的な変化が起きた。

こうした目標の明確な定義と数値目標設定への移行は、開発協力に新たな理論的根拠が求められたことの必然的帰結だった。外交政策上の明確な目標が消えたことで、援助の必要性の再確認に成果や効果の測定が必須となった。そして史上初めて、援助供与国側の有権者の共感と支持を得る正当性とともに、世界的な「開発目標」がまとめ上げられた。明確な意図によって実現されたこの移行は、OECD（経済協力開発機構）の開発援助委員会がまとめた報告書『21世紀に向けて：開発協力を通じた貢献』の承認に明確に反映されている[76]。この報告書は史上初めて、15～20年先までのさらなる前進のために「七つの目標」*を明示した。そしてこれが国連ミレニアム・サミットを経て、「ミレニアム開発目標」（MDGs）の採択につながった。

国連システムの歴史の［第三段階］は、開発協力の価値提示に自信を失いつつあった委任環境に、「資金調達」の理論的根拠を確立した時期である。その成功の代価は、動員された資金の性格が反転したことである。10年足らずの間に、資金全体に占める「コア資金」（特定のプロジェクトに充てられていない通常資金）の割合が、80～90％から10～25％に急減したのである[77]。このように「垂直的資金」*が中心を占める状況に変わったことで、開発関連機

---

76 OECD/DAC, "Reshaping the 21st Century – The Contribution of Development Cooperation," 1996.
77 本書パート4の「資金に関する考察」を参照。

*国連ミレニアム・サミット
2000年9月にニューヨークの国連本部で開催された147の国家元首を含む189の国連加盟国の首脳が一堂に会した国連設立以来最大規模の会議。21世紀の国際社会の目標として、国連ミレニアム宣言を採択。このミレニアム宣言と、1990年代に開催された主要な国際会議やサミットで採択された国際開発目標を統合し、一つの共通の枠組みとしてまとめたものが、「ミレニアム開発目標」である。

*七つの目標
① 極端な貧困状態におかれた人々の比率を2015年までに少なくとも半減させる。
② 2015年までにすべての国で初等教育を普及させる。
③ 2005年までに初等・中等教育における男女格差を解消することによって、男女平等と女性の地位向上（エンパワメント）に向けた進歩を示す。
④ 2015年までに各途上国の乳児および5歳未満の幼児の死亡率を1990年の水準の3分の1に低下させる。
⑤ 2015年までに妊産婦死亡率を1990年の水準の4分の1に低下させる。
⑥ 2015年までのできるだけ早い時期に、適切な年令のすべての個人が基礎保健システムを通じて性と生殖に関する保健医療サービスを受けられるようにする。
⑦ 2005年までに全ての国が持続可能な開発のための国家戦略を策定して実施に移す、これは2015年までに

関は資金が得られやすい課題や問題を追うようになり、個々の問題に対する関心度が時の経過とともに、増えたり減ったりすることになった。さらにこうした資金の垂直化は、必然的にさらなる断片化を導くことになる。

開発市場において成功を収めるためには、サービスと製品が市場に対応するスピードと柔軟性を求められる。しかし、たとえ個々の国連専門機関が市場で成功を収めても、国連開発システムは"かたわら"に退くことになりうる。国連開発を戦略的に位置づけるうえで、市場での成功と運営効率は必要な条件だが、十分な条件ではない。さらに、現実に断片化は開発活動の焦点と戦略的位置固めの追求にとって、重大な阻害となる。

1990年代を特徴づける断片化が急加速するなか、論理的な対応は運営効率の問題に焦点を合わせることだった。このような背景から、1990年代の開発協力を特徴づけたその枠組みはOECD(経済協力開発機構)の援助効果議題として捉えられ、「パリ宣言」に反映されることになった。[78]

新しいキーワードは、「オーナーシップ」「能力開発」「調和化」「簡素化」だった。断片化に対する揺り戻しとして、開発協力活動に対する援助受益国政府のオーナーシップとリーダーシップの必要性が、以前よりもはるかに強調されるようになった。国連開発活動において、この点は「ひとつの国連としての援助提供」＊(Delivering as One)という対応として打ち出され、国連開発活動の妥当性、有効性、そして効率の強化と完全なる援助受益国のオーナーシップが強調されるに至った[79]。

この第三段階は、国連開発システムが外部環境の大きな変化への対応に努力を傾けた時期である。この調整には想像力豊かで大胆な部分もあった。しかし、第三段階はいまなお進行中である。なおかつ、深い矛盾も残されている。上述のごとき資金の垂直化は、開発活動の焦点と一貫性を損なうような深い歪みを国連開発システムに生じている。

以上のように、国連開発は現在、新たな難題に直面し、再び機能を変容させる能力の発揮を求められている。国連開発は「三層」の構造を受け継いでいる。すなわち、
 ①機能に沿って設計されたもの
 ②加盟国へのサービス提供のために方向修正されたもの
 ③国際的に合意された目的を達成するためのもの
である。それでは、今日の課題に対応する「第四の層」は何なのだろうか？

（傍注）

現在進行している環境資源の減少傾向を世界レベルでも国家レベルでも効果的に逆転させるためである。

＊垂直的資金
ノンコア資金のこと。特定のドナーが特定の援助受益国に特定の目的で国連機関を通じて供与する資金。

＊ひとつの国連としての援助提供
ひとつの国連プログラム、ひとつの国連活動基金、ひとりの国連リーダー、ひとつの国連事務所の4部構想。

---

[78] *Paris Declaration*, OECD/DAC 2005.
[79] Report of the Secretary-General's High-Level Panel on UN System-wide Coherence in the Areas of Development, Humanitarian Assistance, and the Environment, 2006.

Part 2

国連開発システムの現況 [80]

データの解釈にあたって

ここで示す［表］と［グラフ］はある程度"注意"して解釈してほしい。ある場合には、正確な結論を下すには国レベルのさらなるデータを必要とする部分も含まれているからである。しかし、その点をふまえたうえで、ここに挙げたデータから仮の結論を得ることができる。つまり、こうしたデータは決定的結論を導くというよりは「仮説」を可能にしてくれる。

G20の開発協力の概要

［表1］は、「G20」（主要20カ国）各国の開発協力全般と、国連開発システムの活動像と参画状態を示している。国々を「OECD」（経済協力開発機構）／「DAC」（開発援助委員会）加盟国と非加盟国の二つに分類した。なお、不自然な比較を避けるために小計は記載していない。

［表1］のデータから、すぐにいくつかの点を見てとることができる。まず明白な点として、新興国の台頭が指摘されるなかにあっても、国連システムに対する財政支援では、依然としてごく少数のOECD加盟国が突出している。むしろ、新興国の多くはなお被援助額が援助供与額を大きく上まわっている。また、それにも増して意外といえることは、G20メンバーでOECD非加盟の新興諸国の国連システムへの任意拠出金がなおも低水準にとどまっており、さらにそれは世界銀行の「IDA」（国際開発協会）への拠出額を大きく下まわっている場合すらある。一部のケースでは、かなりの水準の「ノンコア拠出」（特定プロジェクトに充てられる資金の拠出）がG20メンバーの新興国自身によってなされ、実質的に自己資金調達となっている。つまり、そうした資金は国連システムを通じて拠出国自身のプロジェクトに充てられている資金である。このような場合の国連システムの機能に関しては、その妥当性がかねて議論の的になっている。

もう一つの大きな点として、「平和維持活動」（PKO）に対するOECD加盟国の財政貢献と、OECD非加盟国の人的貢献がほぼ比肩している。この分業状態は実際問題として、合理性が高く、国連加盟国の選好にかなっているのかもしれない。しかし、今後の国連諸活動に対するG20の広範な取り組みの観点から、持続可能で、政治的に望ましいあり方かどうかを問う必要がある。

80　本章をまとめるにあたっては、Cesar Contreras Gonzalezから貴重な意見を受け、ここに謝意を表す。

表1

	国	1人当たりGDP/a (国際ドル換算)	被援助総額/b (単位：百万米ドル)	ODAタイプの援助供与総額/c (単位：百万米ドル)	IDAへの拠出金/d (単位：百万米ドル)	国連割り当て分担金/e (単位：百万米ドル)	平和維持活動分担金/f (単位：百万米ドル)	平和維持活動への貢献 (兵員)/g	国連諸計画・基金に対する任意コア拠出額/h (単位：百万米ドル)	ノンコア拠出額/h (単位：百万米ドル)	自国出身の国連専門職員数/i
OECD加盟国	オーストラリア	37,647		3,826	230	52	151	9	144	333	547
	カナダ	39,050		5,252	455	86	250	21	228	685	1,169
	フランス	34,124		14,375	565	164	590	1,425	166	89	1,851
	ドイツ	37,421		14,386	725	215	625	240	258	339	1,151
	イタリア	31,911		3,180	265	134	390	1,706	115	176	1,300
	日本	33,946		18,828	1,223	336	977	258	421	1,052	786
	メキシコ	14,559	649	1,206	33	63	37		31	28	220
	韓国	28,798			112	61	176	605	42	43	203
	EU	31,742		12,821					153	1,472	N/A
	トルコ	15,624	1,449	967	7	17	10	475	9	24	124
	英国	35,704		13,401	1,350	177	636	275	361	816	1,491
	米国	46,702		31,159	1,359	590	2,120	13	778	3,509	2,819
OECD非加盟国	アルゼンチン	15,941	157		23	8	4	978	9	194	252
	ブラジル	11,202	825		33	43	25	2,196	30	147	306
	中国	7,568	2,645	381	54	86	307	1,891	52	45	509
	インド	3,373	4,695		14	8		7,550	22	36	770
	インドネシア	4,312	3,526		6	4		1,608	4	9	74
	ロシア	19,941			58	43	154	142	28	62	510
	サウジアラビア	22,790		3,494	37	22	39		19	92	15
	南アフリカ	10,540	1,137		12	10	6	2,005	5	14	208
	合計	13,322	15,083	123,277	6,540	2,129	6,510	21,397	2,876	9,165	14,305

G20（主要20か国）（付記のない数字は単位：米ドル）

/a 1人当たりGDP。2010年の購買力平価で換算。合計欄の数字はEUを除く19か国の加重平均値（購買力平価換算のGDP/総人口）。
/b 金額は2010年の米ドル価で単位は百万ドル。2010年のODAと支出の総額。
/c 金額は2010年の米ドル価で単位は百万ドル。2010年のODAと支出の総額で、2国間政府開発援助と多国間政府開発援助を含む。
/d 金額の単位は百万ドル。IDA第16次増資に対する拠出額の3分の1にあたる金額を示した。
/e 金額の単位は百万ドル。国連の2010年通常予算に対する加盟国割り当て分担金の比率と、国連の2010/11年度通常予算53億6700万ドルをもとに算出した。
/f 金額の単位は百万ドル。2010年の平和維持活動割り当て分担金の実効比率と、2010/11年の平和維持活動予算78億ドルをもとに算出した。
/g 兵員数は2010年末現在。2010年の各国における兵員と治安要員の派遣数。
/h 金額の単位は百万米ドル）*国連システムの開発活動に対する資金拠出の分類は2010 Statistical Annex（July 2012）*に基づく。2010年における開発事業活動に対する拠出、活動の種類（開発および人道支援関連）、資金の種類（コアおよびノンコア）（Table A-3）。
/i 国籍、組織、カテゴリー、資金源に基づく2010年末現在の職員数。

グラフ1

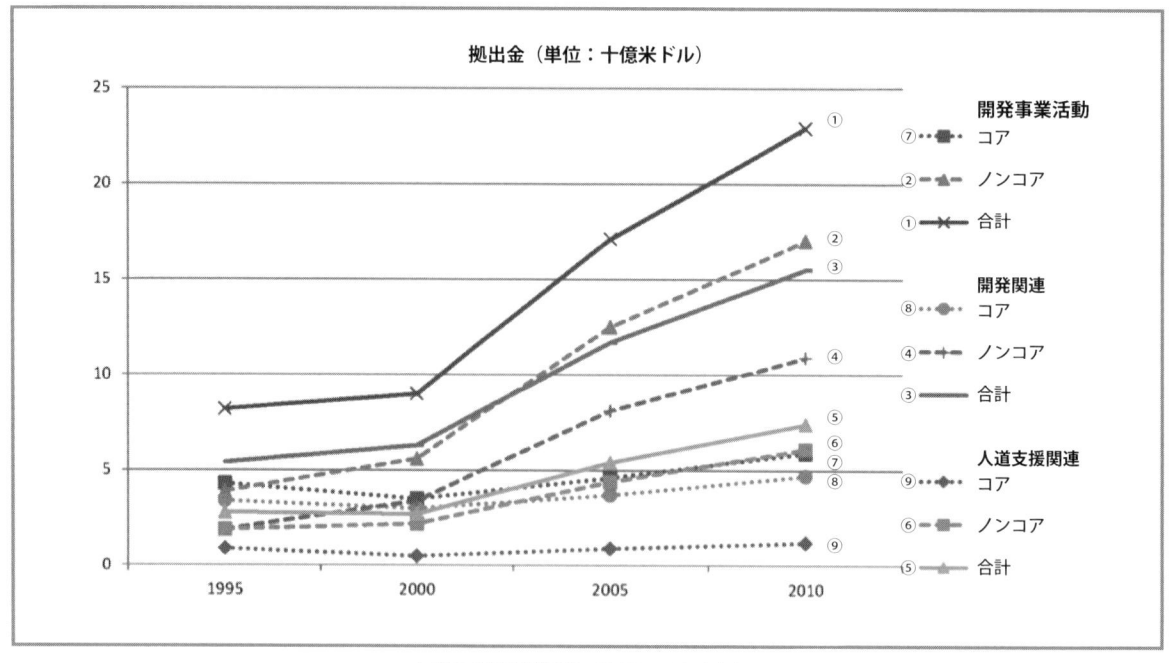

拠出金（単位：十億米ドル）

開発事業活動
⑦ コア
② ノンコア
① 合計

開発関連
⑧ コア
④ ノンコア
③ 合計

人道支援関連
⑨ コア
⑥ ノンコア
⑤ 合計

国連の開発事業活動（1995～2010年）

出典：United Nations (2012), *Analysis of* funding of *operational activities for development of the United Nations system for the year 2010*. Development of Economic and Social Affairs, May 31,

グラフ2

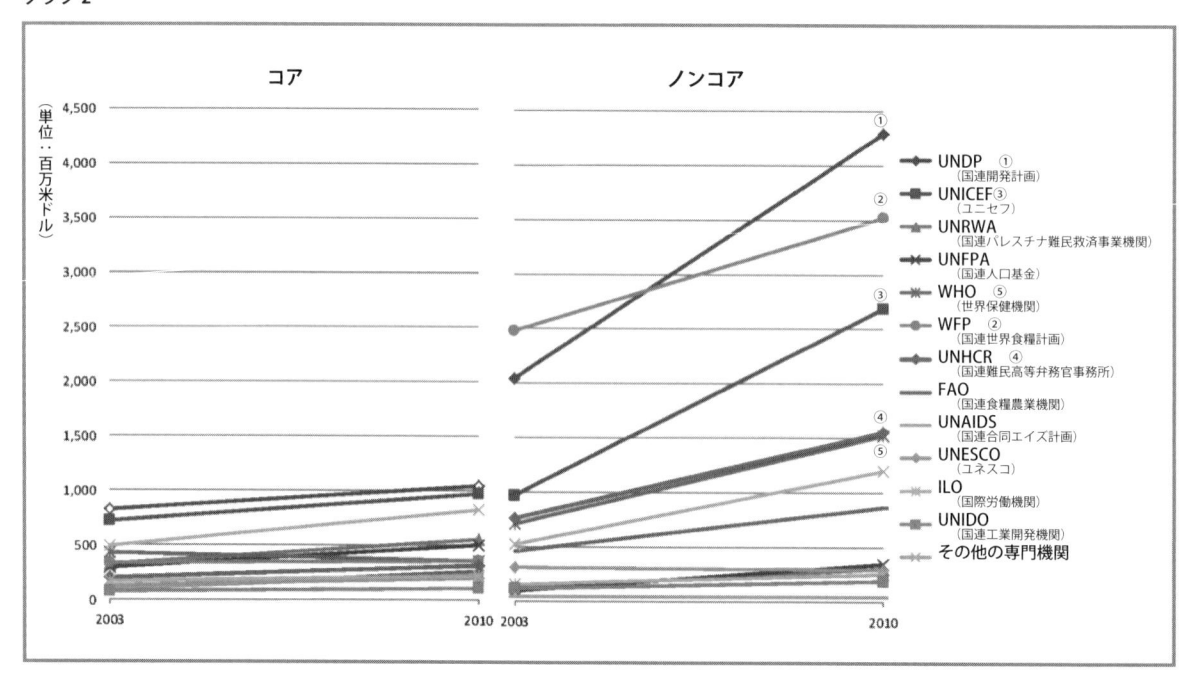

コア　　　ノンコア

（単位：百万米ドル）

- UNDP ①（国連開発計画）
- UNICEF ③（ユニセフ）
- UNRWA（国連パレスチナ難民救済事業機関）
- UNFPA（国連人口基金）
- WHO ⑤（世界保健機関）
- WFP ②（国連世界食糧計画）
- UNHCR ④（国連難民高等弁務官事務所）
- FAO（国連食糧農業機関）
- UNAIDS（国連合同エイズ計画）
- UNESCO（ユネスコ）
- ILO（国際労働機関）
- UNIDO（国連工業開発機関）
- その他の専門機関

国連開発専門機関の事業支出

国連の事業活動と事業支出

［グラフ1］と［グラフ2］は補完的データとして、国連の事業活動に対する貢献の全体的傾向と、代表的な国連開発専門機関に対する「コア拠出」と「ノンコア拠出」の最近のデータをまとめたものである。さらに詳しいデータと分析は、後の「資金に関する考察」（〔4.3〕）にまとめる。ここでは、データからいくつか重要な点を読みとることができる。すなわち、資金拠出の総規模、タイミングの問題、ノンコア資金の増加とコア資金、各開発専門機関特有の趨勢などである。

過去15年間の国連システムに対する「資金拠出」の動向に関しては、金額そのものは名目ベースでかなり増加している。実質ベースでは増加率は小さくなるが、それでもかなりの増加である。しかし、本書の冒頭で分析したように、他の資金の流れとの比較で相対的に捉えると、このバラ色の構図もかなり色褪せる。またここにきて、この増加は過去10年間の特異的現象だったという観が強まり始めている。新たな1000年紀の幕開けとともに国連の財政規模は拡大し始めたが、過去2年間は明らかに頭打ち状態となり、現在は縮小に転じている。また、きわめて重要な点として［グラフ2］からわかるように、国連の財政規模拡大は「ノンコア資金」の増加による部分が大きく、「コア資金」はさほど増加していない。開発専門機関別の分析からは、財政規模の拡大が「ノンコア資金」に大きく偏っているのみならず、比較的少数の大規模な専門機関と開発計画機関に限られていることもわかる。

各開発専門機関に対する個別的な拠出金の増加によって広範な戦略的動向が見えにくくなり、「ノンコア資金」への依存がシステムのプロジェクト選びを強いている。この2年間、新たな現実が根を下ろすなかで、「資金調達モデル」に根本的疑問が突きつけられている。この点については後に詳述する。

それにより、現在の国連開発システムの国別のプログラムの量的規模、そして能力と展開状況を探るための大きな枠組みを得ることができる。

資金の流れ

［表2A］から［表2D］、および［グラフ3］と［グラフ4］は、国レベルでの「資金」の流れを示している。国別データの解釈に際しては、特定の細部が説明要因となる場合も少なくないので注意を要する。しかしそれでも、いくつかの経験的観察を得ることができる。

表 2A

国 脆弱国/a	GDP/b (購買力平価で国際ドル換算)(単位：百万)	1人当たり GDP/b (購買力平価で国際ドル換算)	国連の事業支出/c (単位：百万米ドル)	開発支出/人道支出 (単位：%)	世界銀行 2010年/d (単位：百万米ドル)	2010年のODA総額/e (単位：百万米ドル)	2000年のODA総額/e (単位：百万米ドル)	1990年のODA総額/e (単位：百万米ドル)
アフガニスタン	$37,216	$1,082	$1,283	81.2/18.8	$214	$6,555	$223	$204
アンゴラ	109,318	5,729	90	94.8/5.2	11	296	486	438
ボスニア・ヘルツェゴビナ	32,470	8,635	44	84.6/15.4	115	519	1,203	0
ブルンジ	4,862	580	146	63.3/36.7	108	645	183	435
中央アフリカ	3,440	782	96	60.9/39.1	18	274	136	388
チャド	16,628	1,481	381	28.6/71.4	15	541	231	482
コートジボワール	37,026	1,876	94	84.3/15.7	225	955	773	1,320
コンゴ民主共和国	23,125	351	643	55.1/44.9	1,938	5,962	300	1,506
東ティモール	1,641	1,436	48	86.3/13.7	4	292	426	0
エリトリア	2,850	542	59	75.2/24.8	6	165	275	7
グルジア	22,423	5,036	49	60.2/39.8	68	672	238	
ギニア	10,818	1,084	72	80.2/19.8	0	268	328	484
ギニアビサウ	1,786	1,179	38	77.8/22.2	16	304	141	199
ハイチ	10,986	1,099	564	21.6/78.4	105	3,931	327	269
イラク	113,362	3,539	323	54.7/45.3	60	2,192	167	133
コンボ			24	100/0	0	592		
リベリア	2,160	541	114	76.2/23.8	107	1,858	104	181
ミャンマー			137	69.8/30.2	0	399	146	265
ネパール	35,944	1,200	181	65/35	174	961	633	662
コンゴ共和国	17,072	4,223	62	54.9/45.1	232	1,607	83	365
イエメン	63,225	2,629	140	36.6/63.4	174	805	500	794
シエラレオネ	4,821	822	120	84.7/15.3	57	475	311	96
ソマリア			375	44/56	0	499	175	791
スーダン	96,953	2,226	1,325	40.5/59.5	0	2,120	391	1,354
ジンバブエ			408	67.3/32.7	0	738	348	589
合計	$648,126	$1,947	$6,819	56.4/43.6	$3,647	$33,624	$8,128	$10,960

脆弱国（2010 年末現在）

/a 脆弱国は世界銀行の定義による。
/b 出典：世界銀行。コンゴ、ミャンマー、ソマリア、ジンバブエはデータが報告されていない。
/c 出典：United Nations. Report of the Secretary-General: Analysis of the funding of Operational activities for Development of the United Nations System for the Year 2010 - Statistical Annex (July 2012),Office for ECOSOC Support and Coordination. Retrieved on August 10, 2012, from http://www.un.org/esa/coordination/pdf/statistical_annex_to_funding_report (2010) .xls
/d 国際開発協会 (IDA)。ODA と支出の総額。金額は 2010 年の米ドル価で単位は百万ドル。出典：OECD Database. ODA by Recipient. Retrieved on August 10, 2012, from：http://stats.oecd.org/Index.aspx?DataSetCode=ODA_RECIP#
/e ODA と支出の総額。金額は 2010 年の米ドル価で単位は百万ドル。出典：OECD Database. ODA by Recipient. Retrieved on August 10, 2012, from：http://stats.oecd.org/Index.aspx?DataSetCode=ODA_RECIP#

表 2B

低所得国 (2010 年末現在)

国 低所得国/a	GDP/b (購買力平価で国際ドル換算) (単位:百万)	1人当たり GDP/b (購買力平価で国際ドル換算)	国連の事業支出/c (単位:百万米ドル)	開発支出/人道支出 (単位:%)	世界銀行 2010年/d (単位:百万米ドル)	2010年のODA総額/e (単位:百万米ドル)	2000年のODA総額/e (単位:百万米ドル)	1990年のODA総額/e (単位:百万米ドル)
バングラデシュ	$245,138	$1,649	$331	87/13	$352	$2,109	$2,336	$3,408
ベニン	13,959	1,577	75	92/8	86	711	452	435
ブルキナファソ	20,725	1,258	112	84/16	192	1,101	613	531
カンボジア	30,824	2,180	131	87.6/12.4	41	768	594	66
北朝鮮			75	50.6/49.4	0	83	124	12
エチオピア	85,660	1,033	749	30.7/69.3	669	3,544	1,110	1,574
ガンビア	3,284	1,900	19	89.9/10.1	12	132	86	165
ケニア	66,664	1,646	474	37.4/62.6	221	1,891	951	2,597
キルギス	12,229	2,245	73	44.9/55.1	58	429	306	
マダガスカル	19,938	963	96	92.1/7.9	81	497	571	865
マラウイ	12,881	864	113	90.4/9.6	133	1,036	702	786
マリ	16,462	1,071	90	84.5/15.5	155	1,131	677	789
モザンビーク	21,317	911	137	81/19	169	2,014	1,806	1,631
ニジェール	11,172	720	313	34.9/65.1	72	765	372	620
ルワンダ	12,675	1,193	101	84.8/15.2	146	1,044	524	466
タジキスタン	14,770	2,147	64	86.1/13.9	66	447	183	
ウガンダ	42,550	1,273	198	59.1/40.9	329	1,744	1,410	1,054
タンザニア	62,336	1,432	183	72/28	696	2,979	1,716	1,921
合計	$692,581	$1,373	$3,335	58.1/41.9	$3,476	$22,425	$14,533	$16,921

/a 低所得国は世界銀行の定義による。脆弱国は除外。
/b 北朝鮮のデータは報告されていない。出典:世界銀行。
/c 金額は米ドルで単位は百万ドル。出典:United Nations. Report of the Secretary-General: Analysis of the funding of operational activities for development of the United Nations System for the Year 2010 - Statistical Annex (July 2012).Office for ECOSOC Support and Coordination. Retrieved on August 10, 2012, from:http://www.un.org/esa/coordination/pdf/statical_annex_to_funding_report(2012).xls
/d 国際開発協会(IDA)。ODA と支出の総額。金額は 2010 年の米ドルで単位は百万ドル。出典:OECD Database. ODA by Recipient. Retrieved on August 10, 2012, from:http://stats.oecd.org/Index.aspx?DataSetCode=ODA_RECIP#
/e ODA と支出の総額。金額は 2010 年の米ドルで単位は百万ドル。出典:OECD Database. ODA by Recipient. Retrieved on August 10, 2012, from:http://stats.oecd.org/Index.aspx?DataSetCode=ODA_RECIP#

表 2C

国 中所得国 /a	GDP/b (購買力平価で国際ドル換算（単位：百万））	1人当たり GDP/b (購買力平価で国際ドル換算)	国連の事業支出 /c (単位：百万米ドル)	開発支出 / 人道支出 (単位：%)	世界銀行 2010年 /d (単位：百万米ドル)	2010年のODA総額 /e (単位：百万米ドル)	2000年のODA総額 /e (単位：百万米ドル)	1990年のODA総額 /e (単位：百万米ドル)
アルバニア	$27,656	$8,631	$24	98.5/1.5	$26	$248	$219	$13
アルジェリア	297,200	8,379	40	15.6/84.4	0	224	184	407
アルゼンチン	642,960	15,910	208	97.9/2.1	0	131	146	252
アルメニア	16,785	5,428	20	81.5/18.5	36	212	185	0
アゼルバイジャン	89,389	9,873	21	82.6/17.4	46	86	89	0
ベラルーシ	131,456	13,852	24	93.3/6.7	0	84	0	0
ベリーズ	2,283	6,624	4	100/0	0	12	14	31
ブータン	3,999	5,508	20	97/3	9	77	55	32
ボリビア	47,844	4,818	50	88.3/11.7	46	575	552	583
ボツワナ	27,706	13,805	15	81.8/18.2	0	113	40	196
ブラジル	2,179,558	11,180	252	98.5/1.5	0	743	475	301
ブルガリア	104,668	13,892	8	89.2/10.8	0	0	0	0
カーボヴェルデ	1,909	3,848	17	98.5/1.5	25	255	119	125
チリ	276,175	16,138	24	86/14	0	180	104	179
中国	10,105,031	7,553	171	89.9/10.1	0	2,316	2,383	2,385
コロンビア	434,842	9,393	180	70.2/29.8	0	848	356	200
コスタリカ	53,944	11,579	14	85.9/14.1	0	152	109	324
キューバ			32	94.7/5.3	0	88	54	56
ジブチ			31	38.1/61.9	2	100	66	137
ドミニカ共和国	92,230	9,290	33	79.2/20.8	0	141	144	116
エクアドル	115,382	7,977	48	72/28	0	205	264	207
エジプト	498,146	6,141	129	91.3/8.7	10	928	1,961	5,188
エルサルバドル	41,007	6,622	58	55.4/44.6	0	326	263	483
フィジー	3,961	4,602	19	100/0	0	64	47	79
ガボン	22,698	15,077	14	83.1/16.9	0	108	79	241
ガーナ	39,948	1,638	87	90.2/9.8	321	920	566	849
グアテマラ	68,483	4,759	108	85.2/14.8	0	382	358	236
ガイアナ	2,594	3,438	9	100/0	3	64	72	98
ホンジュラス	29,625	3,898	77	75.6/24.4	109	281	457	595
インド	4,122,293	3,366	284	98/2	1,067	3,260	1,708	1,850

中所得国（2010年末現在）

表2C 続き

インドネシア	$1,032,324	$4,304	$203	82.8/17.2	$142	$3,025	$2,466	$3,149
イラン			49	51.8/48.2	0	101	182	152
ジャマイカ	35,164	5,815	10	100/0	0	54	69	406
ヨルダン	197,376	12,092	202	12/88	0	567	543	706
カザフスタン	15,885	2,562	25	89.7/10.3	0	132	195	0
ラオス	35,698	15,943	61	82.7/17.3	52	288	271	80
ラトビア	59,094	1,3978	0	100/0	0	0	0	0
レバノン	3,455	1,591	216	27/73	0	280	151	108
レソト			33	81/19	41	96	35	129
リビア	59,557	18,120	17	84.4/15.6	0	17	0	11
リトアニア	22,838	11,083	3	100/0	0	0	0	0
マケドニア（旧ユーゴスラビア共和国）	431,199	15,183	17	84.6/15.4	0	100	169	0
マレーシア	2,585	8,182	16	51.5/48.5	0	193	202	850
モルディブ	8,445	2,441	10	100/0	17	57	19	18
モーリタニア	17,429	13,607	47	70.2/29.8	39	120	139	169
モーリシャス	1,649,618	14,544	9	100/0	0	71	42	130
メキシコ	11,052	4,010	58	97.5/2.5	0	596	163	245
モンゴル	8,195	12,977	29	92.8/7.2	33	239	190	9
モンテネグロ	152,085	4,682	13	76.7/23.3	3	46	0	0
モロッコ	14,847	6,503	36	95.1/4.9	0	917	746	958
ナミビア	20,834	3,599	31	84.3/15.7	0	217	154	63
ニカラグア	374,994	2,367	69	91/9	45	395	488	455
ナイジェリア	460,937	2,655	239	96.7/3.3	1,000	861	118	338
パキスタン	49,237	14,000	1,030	32.8/67.2	371	2,470	712	1,341
パナマ	16,845	2,456	89	95.5/4.5	0	139	66	172
パプアニューギニア	33,077	5,125	26	94.6/5.4	8	461	559	613
パラグアイ	275,560	9,477	24	100/0	0	123	135	109
ペルー	367,829	3,944	121	98.9/1.1	0	698	587	542
フィリピン	44,355	2,263	120	61.5/38.5	0	1,321	1,195	1,880
カメルーン	11,022	3,094	64	55.9/44.1	84	385	463	835
モルドバ	311,408	14,526	31	95.9/4.1	67	96	89	0
ルーマニア	2,829,930	19,940	8	67.6/32.4	0	0	0	0
ロシア			56	75.2/24.8	0	0	0	0

中所得国（2010年末現在）

表 2C 続き

国　中所得国/a	GDP/b（購買力平価で国際ドル換算）（単位：百万）	1人当たりGDP/b（購買力平価で国際ドル換算）	国連の事業支出/c（単位：百万米ドル）	開発支出／人道支出（単位：%）	世界銀行2010年/d（単位：百万米ドル）	2010年のODA総額/e（単位：百万米ドル）	2000年のODA総額/e（単位：百万米ドル）	1990年のODA総額/e（単位：百万米ドル）
セントルシア	$1,971	$11,330	$0	100/0	$11	$5	$13	$10
サモア	789	4,311	4	100/0	24	89	33	48
サントメ・プリンシペ	326	1,973	9	97.2/2.8	2	33	31	55
セネガル	23,938	1,925	84	72.1/27.9	115	557	537	1,175
セルビア	83,277	11,421	49	48.2/51.8	25	334	985	0
セーシェル	2,103	24,309	1	100/0	0	54	6	53
南アフリカ	525,910	10,520	64	79.6/20.4	0	928	544	0
スリランカ	105,259	5,097	173	45.3/54.7	153	710	490	696
スリナム	4,140	7,891	2	100/0	0	82	45	86
スワジランド	6,245	5,917	21	81.6/18.4	0	33	18	66
シリア	107,378	5,252	229	13.1/86.9	0	150	184	118
タイ	587,507	8,500	48	69.6/30.4	0	349	1,232	1,274
トンガ	476	4,575	1	100/0	7	58	27	42
チュニジア	99,427	9,425	11	91.2/8.8	0	597	457	505
トルコ	1,151,653	15,830	52	83.6/16.4	0	1,113	538	1,359
トルクメニスタン	41,016	8,135	7	93.7/6.3	0	14	13	0
ウクライナ	306,343	6,678	45	89.9/10.1	0	399	0	0
ウルグアイ	47,005	14,004	34	100/0	0	45	30	67
ウズベキスタン	87,122	3,050	29	88.5/11.5	32	120	184	0
バヌアツ	1,043	4,353	2	100/0	0	108	52	74
ベネズエラ	350,484	12,155	35	88.4/11.6	0	39	115	121
ベトナム	276,849	3,185	109	99.7/0.3	902	2,217	1,621	143
ザンビア	20,065	1,552	120	82.7/17.3	35	595	769	1,162
合計	$31,862,970	$6,756	6,121	68.2/31.8	$4,908	$35,816	$29,140	$35,685

中所得国（2010年末現在）

/a 中所得国は世界銀行の定義による。脆弱国は除外。
/b キューバ、ジブチ、イラン、ジャマイカ、リビアはデータが報告されていない。出典：世界銀行。
/c 金額は米ドルで単位は百万米ドル。出典：United Nations. Report of the Secretary-General: "Analysis of the funding of operational activities for development of the United Nations System for the Year 2010 - Statistical Annex (July 2012).Office for ECOSOC Support and Coordination. Retrieved on August 10, 2012, from:http://www.un.org/esa/coordination/pdf/statistical_annex_to_funding_report (2010).xls
/d 国際開発協会（IDA）。ODAと支出の総額。金額は2010年の米ドル価で単位は百万ドル。出典：OECD Database. ODA by Recipient. Retrieved on August 10, 2012, from：http://stats.oecd.org/Index.aspx?DataSetCode=ODA_RECIP#
/e ODAと支出の総額。金額は2010年の米ドル価で単位は百万ドル。出典：OECD Database. ODA by Recipient. Retrieved on August 10, 2012, from：http://stats.oecd.org/Index.aspx?DataSetCode=ODA_RECIP

表 2D

	脆弱国	低所得国	中所得国
国連開発支出の割合（対上位 10％の国）	83%	82%	50%
国連開発支出の割合（対下位 50％の国）	12%	21%	11%
世界銀行支出の割合（対上位 10％の国）	93%	88%	87%
ODA 支出の割合（対上位 10％の国）	80%	83%	52%

	脆弱国	低所得国 /d	中所得国
国連開発支出総額 /a	$6,818.76	$3,334.71	$6,121.19
国連開発支出平均額	272.75	185.26	71.18
国連開発支出上位 10％の国の平均額	562.94	274.12	304.34
国連開発支出下位 50％の国の平均額	66.01	78.42	15.30
世界銀行の 2010 年の支出総額 /b	3,646.71	3,476.15	4,908.28
世界銀行の 2010 年の平均支出額	145.87	193.12	57.07
2010 年の ODA 総額 /c	33,624.30	22,425.08	35,815.81
2010 年の ODA 平均額	1,344.97	1,245.84	416.46

国連活動に関する主要指標（2010 年末現在）

/a 金額の単位は百万米ドル。出典：United Nations. Report of the Secretary-General: "Analysis of the funding of operational activities for development of the United Nations System for the Year 2010 - Statistical Annex (July 2012). Office for ECOSOC Support and Coordination. Retrieved on August 10,2012 from: http://www.un.org/esa/coordination/pdf/statistical_annex_to_funding_report(2010).xls
/b 国際開発協会（IDA）。ODA と支出の総額。金額は 2010 年の米ドル価で単位は百万ドル。出典：OECD Database. ODA by Recipient. Retrieved on August 10, 2012, from：http：//stats. oecd. org/Index.aspx?DataSetCode=ODA_RECIP#
/c ODA と支出の総額。金額は 2010 年の米ドル価で単位は百万ドル。出典：OECD Database. ODA by Recipient. Retrieved on August 10, 2012, from：http：//stats. oecd. org/Index.aspx?DataSetCode=ODA_RECIP#
/d 脆弱国は除く。

第一に、脆弱国のデータは絶対値でもODA（政府開発援助）全体との相対水準でも、かなりの数字に達している。予想されるごとく、国際情勢の焦点となっている国（具体的にはアフガニスタンとスーダン）への大きな集中が見られる。その一方で、脆弱国グループの下位50％の国々には国連開発支出の12％しか充てられていない。

第二に、低所得国に対する国連開発支出は、とくに全体の流れとして、世界からのものはさらに限られている。その背景にはおそらく、よく機能している低所得国の多くでは（国際金融機関およびその他の金融機関からの）直接予算支援が資金調達の重要部分となり、資金経路としての国連の役割は限られたものになっている。

第三に、中所得国に関しては、国連開発支出規模の上位国と下位国の間に大きな格差がある。上位10％の国々に対する支出が平均3億400万ドルである一方、下位50％の国々（40カ国強）は平均1500万ドルにとどまっている。これは中所得国全体に対する総支出額のわずか11％が配分されていることになる。

国連経済社会理事会（ECOSOC）に対する2011年の「国連事務総長報告

グラフ3

国連の開発事業活動（2010年）

グラフ4

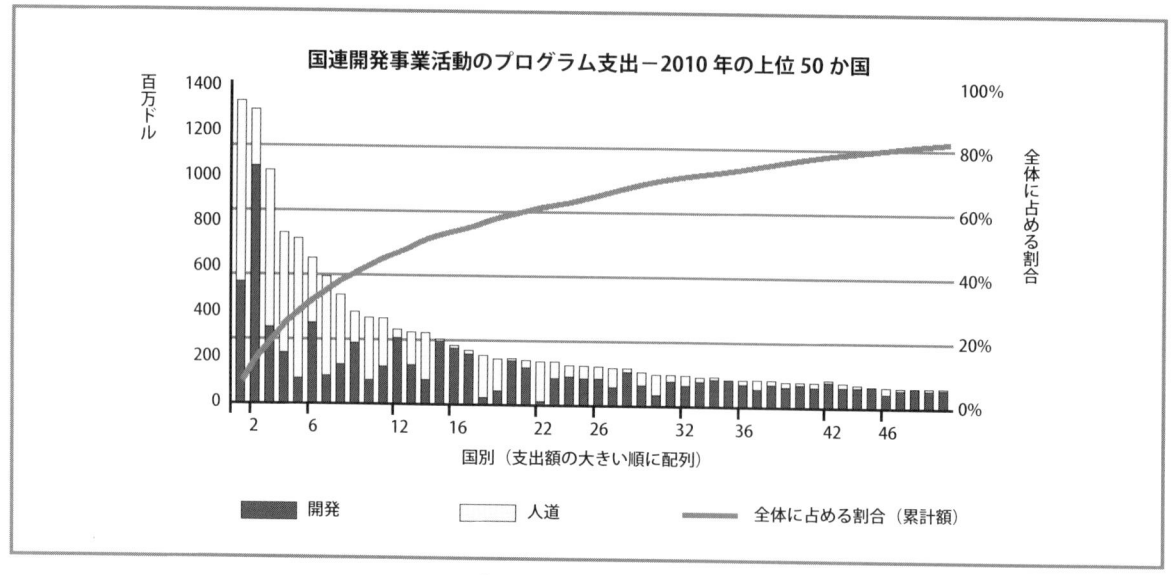

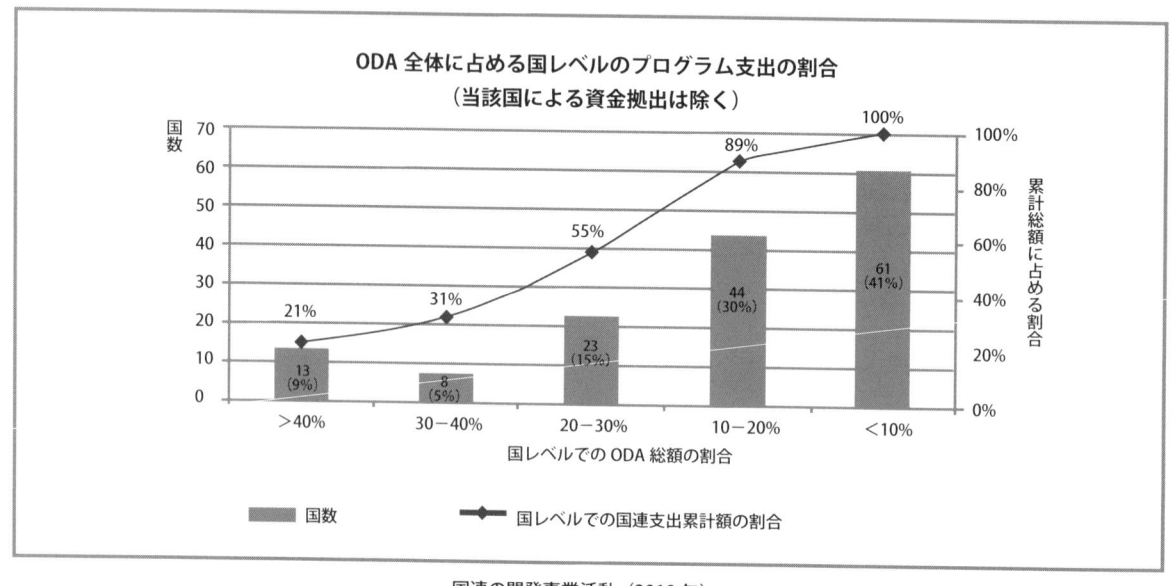

国連の開発事業活動（2010年）

書」（国連システムの開発事業活動の資金配分に関する分析）でも、集中と断片化に関する分析で同様に指摘されている[81]。[グラフ3]と[グラフ4]にその分析結果が示されている。国連開発専門機関とプログラム対象国の資金的関係のうち、約半数が、同報告書が採用した定義（特定の国において国連開発機関からの資金供与が全体のODAに占める割合）に照らすと、重要なものでないとしている。

---

[81] Reports of the Secretary-General, "Analysis of funding of operational activities for development of the UN system," 2011, 12, 13 (draft)を参照。

グラフ5

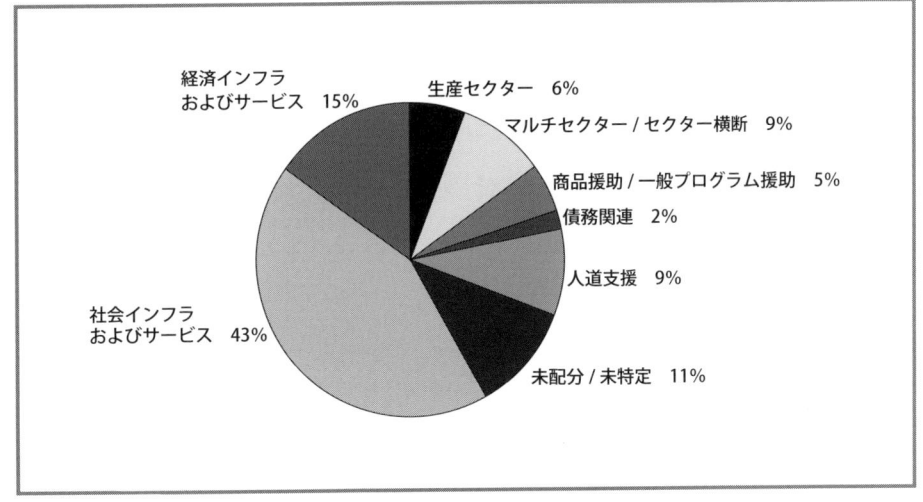

OECD/DAC 援助のセクター別内訳（2009 年）
出典：OECD(2009). *Aid(ODA)by Sector and Donar.* Total ODA in 2009 from DAC countries, Current prices(USD millions).

グラフ6

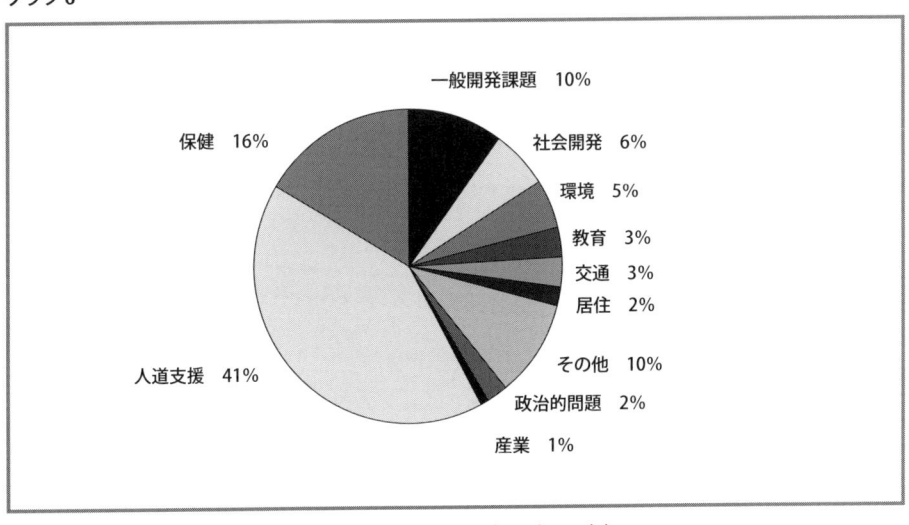

国連支出のセクター別内訳（2009 年）
出典：United Nations (2009), *Statistical Annex to SG report on funding.* Table B-7, Rrtrieved on March 08, 2013, from: http://www.un.org/esa/coordination/statistical_annex_2009.xls

ODA 援助のセクター別配分

そして第四に、ODA のセクター（部門）別配分は［グラフ5］と［グラフ6］のとおりである。国連システムが「人道支援」に大きな重点を置いていることが強く目を引く。もう一つの点として、支出配分は当然のことながら、社会部門をカバーする広域な国連システムの地盤を反映している。

端的にいうなら、国連開発システムのプログラムは各カテゴリー（範疇）の最上位に位置する少数の国々に「支出」が大きく集中しており、下位に位置する

表 3A

脆弱国 /a	総職員数 専門職員数 /b	総職員数 /c	常駐事務所をもつ国連機関の数
スーダン	1,241	7,691	13
コンゴ民主共和国	655	4,368	13
アフガニスタン	373	2,215	11
ハイチ	347	1,921	13
リベリア	247	1,654	10
東ティモール	218	1,311	9
コートジボワール	201	1,293	13
チャド	218	1,134	10
ブルンジ	114	698	11
ネパール	147	604	12
イラク	62	557	10
コンゴ共和国	174	548	9
コソボ	98	474	8
ミャンマー	84	373	11
ジンバブエ	139	312	13
シエラレオネ	86	299	9
イエメン	69	265	9
中央アフリカ	81	242	8
ソマリア	57	227	8
アンゴラ	55	210	8
ギニア	35	185	10
ギニアビサウ	54	182	9
グルジア	25	117	8
エリトリア	23	109	9
合計	4,803	26,989	244

脆弱国における国連職員数（2010年末現在）

/a 世界銀行の定義による。脆弱国のうち国連職員総数の上位25か国を掲出。
/b 専門職員には専門職レベル、部次長レベル、部長レベル、高官クラス（事務次長補、事務次長または同等の役職者）、および一部の機関のプロジェクト・スタッフのすべてが含まれる。
/c 総職員数は、職員規定に基づき1年またはそれ以上の期間でスタッフとして国連機関に任命されているすべての人員の数。したがって、1年未満の期間で任命されたスタッフや特別な契約関係で雇用されている人員は含まれない。つまり専門職員と一般職員の合計。
出典：United Nations System. Chief Executives Board for Coordination. Personnel Statistics Matrix Retrieved on June 30, 2012.

国々への支出はごく少なく"長い尾"のような分布になっている（ことに中所得国グループの下位50％の国々に関して顕著である）。このことは、その"長い尾"の部分にある国々にとって、その国レベルで国連の開発構造基盤（インフラ）を維持する費用を正当化することはかなり難しいことを示している。

国連開発システムは過去半世紀にわたって出来上がった世界的なネットワークであり、その意義は歴史的文脈においてのみ理解できる。国連開発システムは「脱植民地化」の時代に続々と誕生した国々を支援するために創設され、その世界的な広がりは「平等の原則」と、すべての開発途上国が何らかの水準で「資金」を見込めるようにするという考え方にもとづいている。援助提供のための世界的構造基盤という考え方は歴史的遺産であり、明らかにそういった時

表 3B

低所得国 /a	総職員数 専門職員数 /b	総職員数 /c	常駐事務所をもつ国連機関の数
ケニア	1,146	2,677	17
エチオピア	417	1,504	15
タンザニア	134	818	14
ウガンダ	197	673	11
カンボジア	163	442	14
バングラデシュ	108	391	11
ブルキナファソ	97	293	11
ルワンダ	80	269	11
モザンビーク	88	255	10
ニジェール	69	232	11
マダガスカル	56	219	10
マリ	47	212	12
マラウイ	52	193	9
ベニン	31	141	9
タジキスタン	22	118	8
キルギス	31	103	10
ガンビア	12	73	8
北朝鮮	39	48	6
合計	2,789	8,661	197

低所得国における国連職員数（2010年末現在）

/a 世界銀行の定義による。脆弱国は除外。
/b 専門職員には専門職レベル、部次長レベル、部長レベル、高官クラス（事務次長補、事務次長または同等の役職者）、および一部の機関のプロジェクト・スタッフのすべてが含まれる。
/c 総職員数は、職員規定に基づき1年またはそれ以上の期間でスタッフとして国連機関に任命されているすべての人員の数。したがって、1年未満の期間で任命されたスタッフや特別な契約関係で雇用されている人員は含まれない。つまり専門職員と一般職員の合計。
出典：United Nations System. Chief Executives Board for Coordination. Personnel Statistics Matrix Retrieved on June 30, 2012.

代は過ぎ去ろうとしている。今後5～10年内に、その大部分が前時代の「遺物」と見なされることになるおそれがある。したがって、なんらかの形で世界的構造基盤を維持することに価値があるとするなら、その根拠をあらためて確立し直す必要がある。

国連の職員力と開発機関の展開状況

これに引き続き、一連の［表］（表3Aから3D）で、国レベルにおける国連の職員力と開発専門機関の展開状況をまとめてある。とくに［表3D］に示した分析から、いくつかの経験的観察を得ることができる。

国連専門職員の平均国別人数に関しては、脆弱国の154人、低所得国の77人、中所得国の54人という、明白な展開を見てとれる。脆弱国から「スーダン」を除外しているのは、その突出した規模が全体図を歪めてしまうからである。また、低所得国から「ケニア」と「エチオピア」、中所得国から「タイ」と「レバノン」を除外しているのは、それらの国に国事務所と同時に地域事

表 3C

中所得国 /a	総職員数 専門職員数 /b	総職員数 /c	常駐事務所をもつ国連機関の数
レバノン	287	1,580	12
タイ	587	1,365	15
インド	164	785	14
エジプト	272	765	16
ヨルダン	317	675	13
セネガル	344	648	16
パキスタン	115	624	12
チリ	203	583	10
ナイジェリア	100	575	16
南アフリカ	269	451	12
フィリピン	122	411	12
スリランカ	97	386	11
シリア	67	379	9
インドネシア	108	365	14
パナマ	187	360	12
ガーナ	95	288	14
マレーシア	54	273	9
ブラジル	70	257	12
ベトナム	86	249	13
カメルーン	72	238	14
コロンビア	84	223	12
ペルー	65	222	12
中国	77	218	14
ザンビア	64	217	11
メキシコ	81	213	13
トルコ	100	205	10
イラン	29	192	11
フィジー	63	168	8
ラオス	60	168	8
ロシア	50	159	11
アルゼンチン	29	129	10
アルジェリア	23	121	10
エクアドル	34	121	11
ガボン	58	120	9
モーリタニア	27	115	7
モロッコ	32	112	11
ドミニカ共和国	56	111	10
ボリビア	28	107	8
コスタリカ	34	105	11
グアテマラ	32	105	10
ホンジュラス	22	104	11
ジブチ	23	101	8
ナミビア	32	99	11
ジャマイカ	36	98	8
カザフスタン	32	95	10
セルビア	22	95	8

表 3C 続き

中所得国 /a	専門職員数 /b	総職員数 /c	常駐事務所をもつ国連機関の数
ウルグアイ	28	94	10
レソト	27	93	8
ニカラグア	22	90	8
パプアニューギニア	41	90	7
ウズベキスタン	23	83	7
ウクライナ	25	82	8
ボツワナ	29	79	9
チュニジア	23	74	9
ブータン	12	72	7
ベネズエラ	19	69	8
スワジランド	21	67	8
アゼルバイジャン	14	66	9
トルクメニスタン	14	64	6
エルサルバドル	20	63	8
モンゴル	14	62	6
アルバニア	15	60	7
アルメニア	11	60	9
キューバ	16	60	7
モルディブ	8	54	4
モルドバ	13	51	7
サモア	21	51	5
パラグアイ	14	50	8
マケドニア（旧ユーゴスラビア共和国）	9	43	6
ルーマニア	6	42	5
カーボヴェルデ	8	41	5
リビア	11	41	6
ガイアナ	15	39	7
ベラルーシ	6	38	5
サントメ・プリンシペ	5	34	5
モンテネグロ	5	32	4
ブルガリア	3	20	6
スリナム	6	20	5
モーリシャス	2	15	2
セーシェル	6	14	2
ベリーズ	3	13	4
バヌアツ	5	10	2
リトアニア		3	2
トンガ	1	3	1
ラトビア		1	1
セントルシア	1	1	1
合計	5,331	16,924	753

中所得国における国連職員数（2010年末現在）

/a 世界銀行の定義による。脆弱国は除外。
/b 専門職員には専門職レベル、部次長レベル、部長レベル、高官クラス（事務次長補、事務次長または同等の役職者）、および一部の機関のプロジェクト・スタッフのすべてが含まれる。
/c 総職員数は、職員規定に基づき1年またはそれ以上の期間でスタッフとして国連機関に任命されているすべての人員の数。したがって、1年未満の期間で任命されたスタッフや特別な契約関係で雇用されている人員は含まれない。つまり専門職員と一般職員の合計。
出典：United Nations System. Chief Executives Board for Coordination. Personnel Statistics Matrix Retrieved on June 30, 2012.

表 3D

	1国当たりの平均専門職員数 /c	常駐事務所1か所当たりの平均専門職員数	1国当たりの平均常駐事務所数
脆弱国 /a	200.1	19.7	10.2
脆弱国（スーダンを除く）	154.9	15.4	10.0
脆弱国上位10か国（スーダンを除く）	271.9	24.1	11.7
脆弱国下位50％の国々	60.8	6.7	8.7
低所得国 /b	154.9	14.2	10.9
低所得国（ケニアとエチオピアを除く）	76.6	7.4	10.3
低所得国上位10か国（ケニアとエチオピアを除く）	104.4	9.2	11.5
低所得国下位50％の国々	39.9	4.3	9.0
中所得国 /b	63.5	7.1	8.8
中所得国（レバノンとタイを除く）	54.4	6.1	8.6
中所得国上位50％の国々（レバノンとタイを除く）	93.2	7.9	11.5
中所得国下位50％の国々	14.2	2.0	5.8

国連職員と国連機関の展開状況（2010年末現在）

/a 世界銀行の定義による。脆弱国のうち国連職員総数の上位25か国を掲出。
/b 世界銀行の定義による。脆弱国は除外。
/c 専門職員には専門職レベル、部次長レベル、部長レベル、高官クラス（事務次長補、事務次長または同等の役職者）、および一部の機関のプロジェクト・スタッフのすべてが含まれる。

務所があるためである。それでも、脆弱国の上位10カ国の専門職員数が平均272人に及んでいることは、重大な危機下にある国々への集中度をはっきりと物語っている。対照的に、中所得国では、国連専門職員数で下位50％の国々は平均14人となっており、一方、上位50％の国々の平均は93人である。

また、低所得国グループの駐在事務所1カ所あたりの専門職員数は平均7.4人、中所得国グループの上位50％の国々では平均7.9人となっている。これに対し、脆弱国の様相は異なり、平均専門職員数が約2倍の水準に及んでいる。中所得国グループの下位50％の国々では相互に差があり、1事務所あたりの専門職員数は平均2人となっている。

このような差に比べると、1国当たりの平均駐在事務所数は3グループを通じてかなり似通っている。脆弱国、低所得国、中所得国のグループ別に見た1国当たりの「平均事務所数」はそれぞれ10.0、10.3、8.6である。各グループ上位50％の国々で見ると、中所得国では平均事務所数が11.5に上がり、低所得国も11.5、脆弱国は11.7となる。これは意外な発見と言えるだろう。また、各グループの下位50％の国々の平均値では変差がさらに大きくなり、ことに中所得国グループで著しい。

表 3E

	総職員数	
高所得国 /a	専門職員数 /b	総職員数 /c
スイス	5,318	9,722
米国	5,112	9,502
イタリア	2,065	4,039
オーストリア	1,678	3,652
フランス	747	1,495
デンマーク	309	768
カナダ	336	735
オランダ	67	636
ハンガリー	101	339
英国	169	321
上位10か国の合計	15,902	31,209

高所得国における国連職員数（2010年末現在）

/a 世界銀行の定義による。
/b 専門職員には専門職レベル、部次長レベル、部長レベル、高官クラス（事務次長補、事務次長または同等の役職者）、および一部の機関のプロジェクト・スタッフのすべてが含まれる。
/c 総職員数は、職員規定に基づき1年またはそれ以上の期間でスタッフとして国連機関に任命されているすべての人員の数。したがって、1年未満の期間で任命されたスタッフや特別な契約関係で雇用されている人員は含まれない。つまり専門職員と一般職員の合計。
出典：United Nations System. Chief Executives Board for Coordination. Personnel Statistics Matrix Retrieved on June 30, 2012.

考察

ここでの総括として、「三つ」の主たる考察を挙げる。

第一に、国連システム全体に関する分析データが得られるのは、ごく稀なことである。こうした分析データは、国連開発機関加盟国レベルでも、また国連システム内レベルでも使われていない。意思決定は、ほぼ全面的に国連システム内の個別組織体レベルで行なわれている。ドナー（援助資金供出国）は、ほぼ全面的に個別組織体レベルでのみ成果の評定を行ない、意思決定を行なっている。国連開発システムの戦略的な位置づけに関する問題を追究するには、まず国連開発システム全体の国レベルでの資金量、人員数、事務所数のデータが欠かせないというのが、私たちの見解である。つまり、国連システム全体のデータをテーブルに載せることが、国連開発システムの戦略的な位置づけを本格的に追究するうえで必要な最初のステップになると考える。「一貫性」が「改革」の同義語となったこの10年間にあって、国連開発システム全体の実態が"いったい何であるか"の分析が行なわれていなかったということは、むしろ異常な事態である。

第二に、十分な現実性を帯びた提言をするためには、分析のレベルを大幅に深

表4

脆弱国における国連援助機関別職員数（2010年末現在）

脆弱国 /a	国連	国連難民高等弁務官事務所	ユニセフ	国連開発計画	国連世界食糧計画	世界保健機関	国連人口基金	国連食糧農業機関	国際労働機関	ユネスコ	その他の国連機関 /c	合計
スーダン	6,464	361	269	216	236	31	21	30		5	58	7,691
コンゴ民主共和国	3,394	263	247	158	100	105	23	31	13	6	28	4,368
アフガニスタン	1,424	295	192	90	87	42	19	35	2	5	24	2,215
ハイチ	1,628	2	142	46	39		17	14	8	5	20	1,921
リベリア	1,358	37	53	60	108	22	10	4	1		1	1,654
東ティモール	1,162	2	47	53	11	9	7	2	18			1,311
コートジボワール	1,059	39	72	39	21	25	9	8	15		6	1,293
チャド	630	312	81	29	15	44	12	6			5	1,134
ブルンジ	322	121	54	59	87	21	9	9		1	15	698
ネパール	153	75	121	88	76	23	22	12	22	6	6	604
イラク	396	77	43	10	20	7	1	1			2	557
コンゴ共和国		44	20	24	11	429	11	4		4	1	548
ラオス	354	66	16	26		6	4		1		1	474
ミャンマー	5	56	120	45	51	36	17	12	7		24	373
ジンバブエ	9	15	73	25	24	103	13	24	11	10	5	312
シエラレオネ	49	19	76	42	61	28	15	7			2	299
西サハラ・アラブ民主共和国	255	19									2	276
イエメン	6	101	47	42	30	16	14	8	1			265
中央アフリカ	61	44	60	28	18	17	9	5				242
ソマリア	4	38	106	23	40	7	5				4	227
アンゴラ	1	17	82	33		59	8	9			1	210
ギニア	2	45	45	35	14	22	11	7			4	185
ギニアビサウ	82	3	22	31	20	10	8	5			1	182
グルジア	1	54	21	21	10	3	4		3			117
エリトリア	1	10	32	28	9	16	8	4			1	109
合計	18,820	2,115	2,041	1,251	1,088	1,081	277	237	102	42	211	27,265

/a 世界銀行の定義による。脆弱国のうち国連職員総数の上位25か国を抽出。
/b 総職員数は、職員規定に基づき1年末またはそれ以上の期間でスタッフとして国連機関で雇用されているすべての人員の数。したがって、1年未満の期間で任命されたスタッフや特別な契約関係で雇用されている人員は含まれない。つまり専門職員と一般職員の合計。
/c 国連プロジェクト・サービス機関（UNOPS）、国連合同エイズ計画（UNAIDS）、米州保健機構（PAHO）、国連工業開発機関（UNIDO）、国際農業開発基金（IFAD）、国際電気通信連合（ITU）、国際貿易センター（ITC）。
出典：United Nations System. Chief Executives Board for Coordination. Personnel Statistics Matrix Retrieved on June 30, 2012.

める必要がある。これはとくに、次の二点において必要である。

まず一つは、資金構成を具体的な細部まで理解する必要性である。これは提言の実現可能性の見極めに決定的に影響する。

もう一つは、国連が個々の状況で発揮しうる技術的・本質的能力を評価することである。この作業は、2006年に開始された「ひとつの国連としての援助提供」（The Delivering as One）の試行構想の一つとして、8カ国で実施された。

しかしながら、このような技術的・本質的評価が国連システム能力の詳細な分析のために用いられたことは一度もない。ハイレベルの政策提言機能はごく少数の人員で行なうことができる。しかし、国連開発システムは実際に国レベルで充分存在を発揮しているのだということを確実に示す必要がある。

第三の点は、むしろ「仮説」として示すべきであろう。さまざまなデータが示唆しているのは、70年近くにわたって進化してきた国連システムの姿である。それは歴史の、そして何よりも政治の産物である。その構造には、進化の分岐点となった歴史的な段階と階層が組み込まれている。そして驚くまでもなく、高度の断片化と多様化が進んだ結果、国連システムは「一貫性」の欠如と「活動効率改善」の必要性に的を合わせるに至った。

そもそも国連システムの「戦略的な位置づけ」という発想につながるデータと基準点が存在していない。そのため、これは現行の国連システムのガバナンス（統治）のもとでは唯一の論理的な反応である。この点で「ひとつの国連としての援助提供」構想の最大の欠点は、国連システムの戦略的な位置づけに関して"130余りの個々の国においてなされるのが最善である"という考え方を前提にしていることにある。そうではなく、国連システム改革の最大の課題は、単に個々の部分の効率性を図るのではなく、国連システムを一つの「システム」として概念的に分析する過程に着手することである。

最後に、補足データとして［表3E］と［表4］に、高所得国における国連職員数、脆弱国における援助機関別職員数を、それぞれまとめておく。

Part 3

国連開発システムの新たな課題

3.1 国連機関の主要課題への取り組み

このセクションは、本報告書の執筆協力陣がまとめた【ケーススタディ】の抄録である。テーマは、「気候」「エネルギー」「食糧安全保障」「持続可能な開発の概念」「世界保健」「脆弱国」、さらに国のケーススタディとして「モザンビーク」を取り上げている。どのケーススタディも CIC（ニューヨーク大学国際協力センター）のウェブサイトで全文をダウンロードできる。

いずれのテーマについても、問題に対する考え方がこの10～15年間で「どのように変化したか」を分析し、その変化過程における国連開発システムの位置決めの評価に焦点を置いている。具体的には、

- 外部環境の変化、
- 新たな課題、
- 新たな活動主体、
- 新たな市場と技術、
- 新しく浮上した課題に対して、新しい種類の共同の取り組みがどの程度必要とされるのか、

を論証する。さらにこの枠組みのなかで、外部環境に対する国連機関の役割と位置の変化について評価する。10～15年前と比べて、新たな活動主体が台頭するなかで「国連機関の比較優位性はどのように変わったのか」を論じる。そして最後に、現在と将来の国連機関の「あるべき姿」と「果たすべき役割」について論じる。

なお、それぞれのケーススタディは独立して行なわれた。このセクションの締めくくりとして、我々の得た意味合いをまとめてみた。

3.2 【ケーススタディ】（抄録）

【ケーススタディ執筆者略歴】

アレックス・エバンス
(Alex Evans)

ニューヨーク大学国際協力センター（CIC）・シニアフェローとして、気候変動、資源枯渇、国際協力、グローバル公共財などの問題を研究。2011年には「地球の持続可能性に関するハイレベル・パネル」の執筆者として国連事務総長室に出向。国際協力センターに加わるまでイギリス国際開発省で大臣特別顧問を務めていた。

ローリー・ギャレット
(Laurie Garrett)

外交問題評議会シニアフェローで、専門はグローバルヘルス。ジャーナリズム界で「三大P賞」と称される「ピーボディ賞」「ポーク賞」「ピュリツァー賞」のすべてを獲得した唯一のライター。ベストセラーとなった『The Coming Plague: Newly Emerging Diseases in a World Out of Balance（「迫りくる疫病：バランスなき世界に出現した新たな病気」）』『Betrayal of Trust: The Collapse of Global Public Health（「信頼の裏切り：世界の公衆衛生の崩壊」）』の著者としても知られる。近著の『I Heard the Sirens Scream: How Americans Responded to the 9/11 and Anthrax Attacks（「けたたましいサイレンを私は聞いた：アメリカ人は9.11と炭疽菌テロにどう反応したか」）』は、2011年Eリテラチャー・アウォードのサイエンスライティング賞に輝いた。

ルイス・ゴメス・エチェヴェリ
(Luis Gomez-Echeverri)

国際応用システム分析研究所（IASA）上級研究員。2007年にグローバル・エナジー・アセスメント（GEA）のアソシエイト・ディレクターとしてIASA入り。2012年のGEA完了後、「すべての人のための持続可能なエネルギー」構想の国連事務総長官房上級顧問となり、70カ国以上の開発途上国における同構想のプログラム開始を指揮した。IASA入りするまで国連開発計画（UNDP）と国連気候変動枠組み条約（UNFCCC）事務局で長くキャリアを積んだ。

アレハンドラ・クビツチェク・ブホンス
(Alejandra Kubitschek Bujones)
ニューヨーク大学国際協力センター（CIC）のプログラムオフィサーとして、ポスト2015年アジェンダ（議題）と新興国プログラムについて研究している。国際協力センターに加わるまで、イギリス国際開発省の開発顧問としてブラジルに駐在。ユニセフ（国連児童基金）、アメリカ国際開発庁（USAID）、国連人道問題調整事務所・経済社会局（DESA）、ブラジル政府などの組織でキャリアを積んだ。ノースイースタン大学卒業（政治学）、コロンビア大学国際公共政策大学院修士課程修了（公共行政）。

ハンス・ペイジ
(Hans Page)
2010年から国連改革プロセスの一貫性アジェンダに関する上級コンサルタントとして、常駐調整官システムに関する国連事務総長報告書や「ひとつの国連としての援助提供」構想のパイロットプログラムの評価などを担当。国連システムでのキャリアは37年に及び、欧州、アフリカ、アジアで開発や危機後の支援、プロジェクトおよびプログラム立案、国連システム全体の一貫性、援助調整の管理、本部での監視などを手がけてきた。

ベンジャミン・トートラニ
(Benjamin Tortolani)
ニューヨーク大学国際協力センター（CIC）のアソシエイト・マネジングディレクターとして、センターの運営に幅広く関わっている。安全保障・開発・平和活動の関連性を重視。国連開発計画（UNDP）のコンサルタントを経て国際協力センターに加わり、いくつかのポジションを歴任した。

気候

ルイス・ゴメス・エチェヴェリ

現在までの動向

「気候」の科学と知識は、1992年以降、大きく進歩した。世界的な経済危機によって気候変動対策を重視する流れに陰りが見えているとはいえ、「気候変動」は現在多くの国で重要な優先課題に位置づけられ、社会的意識と緊急性の認識も強まっている。また気候変動の緩和には、開発戦略にセクター横断的対応が組み込まれ、国際的な行動と協力を拡大する必要があることも認識されている。そして、気候変動に対する行動の機会と便益についても、その費用に見合うものとして認識されるようになった。

また、気候変動の「地政学」も変化した。もはや先進国と途上国という、単純な「南北」の対立軸は存在しない。複雑な問題の協議に応じて旧来の分割線をまたぐ連携が組まれ、これまでの地域的連携が、共通感覚にもとづくグループ形成に取って代わられている。たとえば、BASIC(ブラジル、南アフリカ、インド、中国)やSIDS(小島嶼開発途上国)がそれである。さらに、「草の根」の解決策を見いだそうとする、新しい活動主体が続々と現れている。その背景には多くの場合、「トップダウン型」の対応が前進を生み出していない現状への不満がある。

エネルギー需要の二大要因である「人口」と「所得」は、どちらも1992年以降、急激に増加している。世界人口は16億人増加し、今後20年間でさらに14億人増す見通しにある。その増加の大部分を占めるのが開発途上国である。世界経済の規模も87%拡大し、今後20年間に倍増することが見込まれる[82]。「エネルギー」についても、供給とインフラ(構造基盤)のみならず、需要とサービスに関わる問題として拡大している。「クリーンエネルギー」入手の普遍化が開発途上国の「保健」に多大な恩恵を及ぼすことになるため、21世紀の主要課題の一つとして認識されている。

「安全保障」の概念も、もはや地政学上の問題にとどまらず、社会と個人にまで拡大している。大規模なエネルギー投資の決定に関しては、エネルギー源

---

[82] British Petroleum, "BP Energy Outlook 2030," London, January 2011.

（原子力から再生可能エネルギーに至るまで）の「安全性」に対する一般市民の受け止め方が重みをもつようになっている。

「開発協力」もまた、この20年の間に変わった。各国政府に加えて「ビル＆メリンダ・ゲイツ財団」のような民間慈善団体も関与するようになり、活動主体が数を増した。新興国も本格的な投資を行なうようになっている。こうした新たな資金の流れがODA（政府開発援助）を大きく上回るペースで拡大した。エネルギーと気候変動対策の分野においても──。いまや、官民パートナーシップ（提携・協力）が規範となり、公共セクターが枠組みと規制を定め、民間セクターが資金とともに管理と技術面のノウハウを提供している。

こうした動向の開発協力に対する意味

上述のように、開発協力をとり巻く環境の変化は大きな意味合いを帯びている。気候変動とエネルギーに関する一つの変化は、「京都議定書」*の［附属書Ⅰ国］〔OECD〈経済協力開発機構〉とEU〈欧州連合〉加盟国〕の温室効果ガス排出削減に、法的拘束力がかけられたことである。この［附属書Ⅰ国］は、それらの国々が投資して開発途上国で行なった排出削減を自国の削減分に含めることができるが、開発途上国が自力で排出削減を行なう場合よりも低費用で実施することが条件となる。この京都議定書の「クリーン開発メカニズム」（CDM）*が排出量取引制度の主柱となっている。開発途上国にとって、その厳しい排出削減条件は難題である。

その一方で、「クリーン開発メカニズム」は、たとえばEU域内の排出権取引制度などの立ち上げを促した。「クリーン開発メカニズム」に関しては、プロジェクトの大部分が一握りの新興大国に集中していることや、必ずしも適正なセクター（経済分野）で行なわれていないことに対する批判もある。これは妥当な批判だが、すでに制度の柔軟性を高めて、セクターや国の対象範囲を広げるための改善策が導入されつつある。「炭素市場」*は、全体としては厳しい状況の時期を迎えており、気候変動対策の有効な仕組みとして存続するためには改革を必要としているが、その手法と原則は今後も残り続ける公算が大きい。

これ以外にも、気候変動対策を開発戦略に組み込むうえで、重要な役割を果たしている仕組みがある。「地球環境ファシリティ」（GEF）*は「国連気候変動枠組み条約」（UNFCCC）*の資金調達を担う機関として1991年に設立され、これまでに100億ドル超の無償援助資金を提供している。また「国連気候変動枠組み条約」は、二国間、地域、多国間チャネルを通じても気候変動対策の資金調達を促している。最近設立された「グリーン気候基金」（GCF）*も「国連気候変動枠組み条約」の仕組みである。「グリーン気候基金」は近い将来の活動開始を見込み、気候変動対策の支援に1000億ドルを調達する目標

*京都議定書
1997年12月に国立京都国際会館で開かれた第3回気候変動枠組条約締約国会議（地球温暖化防止京都会議、COP3）で採択された、気候変動枠組条約に関する議定書。地球温暖化の原因となる、温室効果ガス6種について、先進国における削減率を1990年を基準として各国別に定め、共同で約束期間内に目標値を達成することが定められた。

*クリーン開発メカニズム（CDM）
温室効果ガスの削減を補完する柔軟性措置のひとつ。先進国が途上国に技術、資金等を提供して、温室効果ガスの削減・抑制対策など、相手国の持続可能な開発を支援する事業を実施することにより得た温室効果ガスの削減量の一定量を、自国の削減目標に参入、充当できる仕組み。

*炭素市場
CO₂排出権取引市場のこと。気候変動を緩和するためCO₂削減を市場原理を生かして実践しようとするもの。これによって、社会全体としての削減費用が最も少ない形で温室効果ガスを削減することができると期待されている。

*地球環境ファシリティ（GEF）
開発途上国及び市場経済移行国が、地球規模の環境問題に対応した形でプロジェクトを実施する際に追加的に負担する費用につき、原則として無償資金を提供する国際的資金メカニズム。GEFは、4つの環境関連条約の資

を掲げている。

このように、資金の拡大が見込まれるなかで、いくつかの国が資金管理にあたる専門機関を設立していることから、制度と能力の構築に需要が生まれている。ただし、資金の拡大そのものは見込めても、打ち出された目標まで到達しない可能性があるうえに、目標に達した場合でも十分な水準には届かないのが現実である。「国連気候変動枠組み条約」の推計によると、世界の温室効果ガス排出量を2030年までに2005年水準で安定させるには約2000億〜2100億ドルの投資が必要とされる[83]。

1992年の「地球サミット」は気候変動と開発の関係について、世界の関心を一気に高め、気候とエネルギーへの配慮が開発プロジェクトの主流化を導いた。そしてそこから、いろいろな異なった技能を要する複数のセクターによる統合的対応の必要性が生じた。こうした様相から、世界、地域、国の政策課題として「気候変動」の優先度は大幅に上がり、プロジェクトの資金もそれに従い増加した。開発協力における意思決定は労働集約的性格を強めている。

気候変動の緩和には費用を要するが、とくに2006年に「スターン報告書」＊が発表されて以降、何もしないことに伴う負の経済的費用と、対応策をとることに伴うビジネスチャンスに強い関心が向かうようになった。こうした関心を背景として、企業は新たな「ビジネスモデル」を模索している。リサイクルなど、環境保全のさまざまな手段も輪を広げている。そのための新しい連携が組まれ、官民パートナーシップが解決策となっている。

また気候政策は、知的財産権などの問題に関する国際協議の"交渉カード"にもなっている。開発途上国側は、「気候変動を引き起こしたのは先進国なのだから、問題解決のための新技術に対する入手手段を拡大してほしい」と主張している。たとえば原子力エネルギーや、原生自然地域での資源開発などが解決策として改めて検討されている。

「エネルギー需要」もまた、この20年間で変容した。人口増加と経済成長により、世界の一次エネルギー消費量は45％増加し、さらに今後20年で39％増加すると予測されている[84]。一方、2050年までに二酸化炭素（CO_2）排出量を2005年比で半減させるには316兆ドルの投資を要する。この数字は、世界のニーズを満たすのに必要なエネルギー投資という基準シナリオよりも、17％上まわる[85]。このような要因から、エネルギーシステムに大規模な転換が求められている。問題は、各国政府や国連などの国際機関が、この課題に立

＊国連気候変動枠組み条約
1992年の地球サミットで、大気中の温室効果ガスの濃度を安定化させることを究極の目標とする「国連気候変動枠組み条約」を採択し、地球温暖化対策に世界全体で取り組んでいくことに合意。1997年に京都で開催された気候変動枠組み条約第3回締約国会議（COP3）において、先進国の拘束力のある削減目標（2008年〜2012年の5年間で1990年に比べて日本−6％、米国−7％、EU−8％等）を明確に規定した「京都議定書」が採択された。

＊グリーン気候基金
開発途上国の地球温暖化対策の推進を支援するための基金。2010年の国連気候変動枠組み条約第16回締約国会議（COP16）で採択された「カンクン合意」の中で、新たに設立することが合意された。先進国の出資により設立され、出資額は2020年をめどに計1000億ドルとされている。

＊スターン報告書
イギリスの経済学者、元世界銀行上級副総裁ニコラス・スターンによる地球温暖化に関するイギリス政府のレポート。結論のまとめとして、直ちに確固たる対応策をとれば、気候変動の悪影響を回避する時間は残されてい

金メカニズムとして世界銀行に設置されている信託基金で、世銀、UNDP、UNEP等の国際機関がGEFの資金を活用してプロジェクトを実施。

---

83 Global Environment Facility, www.thegef.org/gef
84 UK Trade and Investment, *Climate impacts mean big business for UK firms*, March 2011
85 International Energy Agency, *Did you know?*, IEA 2010

ち向かう準備を整えているかどうかである。

「気候変動緩和」の目標も「ミレニアム開発目標」（MDGs）も、国際協力なしには達成できない。国連システムはエネルギー問題をもっと優先させてもよい状態にあったが、この点も徐々に変わりつつある。国連事務総長が打ち出した「すべての人のための持続可能なエネルギー」構想は、エネルギーに対する普遍的入手を促進するとともに、2030年までに世界のエネルギー効率と再生可能エネルギー比率を「2倍」に高めることを目標に掲げている。こうした面で、国連の正当性と役割は増してきた。

国連は、エネルギーが単に電力の問題だけではなく、たとえば人々を呼吸器疾患から救い、女性や少女の人間開発向上にもつながるクリーンな炊事用エネルギーでもあることを示すことができる立場にある。同様に、エネルギーは教育や保健、福祉（well-being）のために、言い換えれば「ミレニアム開発目標」達成のために優先利用されるべきであるということも示すことができる。このような点を伝えることにおいて、国連はもっと成果を上げる必要がある。

「エネルギー」の意味するものに対する認識の変化は、深い含みをもっている。認識の変化は生じ始めたところであり、広がるまでにはまだ時間を要する。発言の裾野も広がっているが、参加者のすべてが対等な発言力をもつには至っていない。したがって、貧しい人々が恩恵を受けるには新たな活動主体の組織化が必要である。エネルギーの新たな概念は、その真の必要性および「ミレニアム開発目標」達成の遅れは「エネルギーの入手不足」に起因する部分が大きいという認識から生まれている[86]。

エネルギーに関する説明の拡充に成功した「事例」をよく調べ、それをより広めていく必要がある。「エネルギー入手の拡大」という課題を受けて、政策立案者たちは需要の問題に対処を迫られている。しかし現状は、問題全体への対処にはつながらない大規模なインフラプロジェクトや、問題全体を見すえていない単体的な投資になお偏っている。

20年前の状況では、豊かな国々と貧しい国々が交渉で向かい合い、エネルギーと開発のありようを明確に見定めることができた。しかし、現在の世界はもっと複雑多様である。たとえば、中国とインドのみでエネルギー需要の増加分の70％を占めており[87]、アフリカとラテンアメリカの一部の国はエネルギー資源の新発見で力を得ている。豊かな国々がエネルギー技術を支配する時代は終わり、中国がクリーンエネルギーの先陣に立っている。NGO（非政府組織）と市民社会が影響力を増し、技術開発市場にも変容が生じた。

それとともに、気候変動とエネルギーの「地政学」も変容している。1992年

る。気候変動は、経済成長と開発に悪影響をもたらし得る。気候安定化のための費用は決して低くはないが拠出可能な額である。しかし、対応の遅延は危険なだけではなく非常に高くつく、としている。

86　Vijay Mody, Susan McDade, Dominique Lallement, and Jamal Saghir, *Energy Services for the Millennium Development Goals*, Millennium Project, UNDP, World Bank, Energy Sector Management Assistance Program, 2005.
87　International Energy Agency, *Did you know?*, IEA, 2010.

＊気候投資基金
国際開発金融機関（世銀グループほか）により設立された途上国への支援を拡大し、開発コミュニティの知識基盤を強化するための暫定的手段。低炭素技術への投資を拡大するクリーン・テクノロジー基金（CTF）、気候対策の革新的なアプローチの試験的実施のための様々なプログラムを支援する戦略気候基金（SCF）、官民両セクターによる気候変動対策の可能性を探る様々な金融手段、を通じて多くの途上国が実現した歩みを生かそうとする試み。

＊ UN Energy
2004年、国連システム事務局長調整委員会により設置されたエネルギーの分野における主要な機関間メカニズム。持続可能な開発に関する国際首脳会議に対して国連システムが一貫した対応をとれるようにし、かつ首脳会議のエネルギー関連の決定を実施するにあたって、民間セクターや非政府組織の主要な主体をその活動に効果的に従事させることをその任務とする。

の「地球サミット」とともに一つの新しい「世界秩序」が姿を現したが、その構造と機構の多くが依然として存続している。いまや、現在の世界に合った新しい構造が現れる必要がある。現状は、気候変動とエネルギー分野における意思決定プロセスは「参加型」の性格を強め、機関のガバナンス（統治）も改善されてはいるが、まだ十分な域に達していないと思われる。

国際機関の基金のガバナンスは点検のさなかにあり、「気候投資基金」＊のような新しいパートナーシップが生まれている[88]。もはや国際交渉は、豊かな国々と貧しい国々の間ではなく、課題に応じて組み変わる新たな連携が現れている。しかしながら、気候変動の影響を最も被っているのは開発途上国であるが、状況の進展についていくための資金を欠いている。

変化する状況への対処

過去20年間の急速な変化は、国連を含む開発協力機関に大きな課題を引き起こし、開発協力機関や学者が対応策を見定めようとしている。ここでの目的は、状況の変化によって新しい対応が求められている部分と、開発協力機関が適応に問題をかかえている部分を示すことである。

まず、取り上げるべき「成功事例」がいくつかある。OECD（経済協力開発機構）／DAC（開発援助委員会）は、自己評価にもとづく大がかりな改革を実行した。具体的には地球サミット後の、環境問題の重点化、ひも付き援助（ノンコア援助）の制限、直接的な開発予算援助の提供、援助から協力への移行、民間セクターとの協力拡大、ジェンダー（社会的・文化的性差）に重点を置く「ミレニアム開発目標」（MDGs）の設定、援助効果および後発開発途上国（LDCs）と脆弱国の重視などである。

「国連開発フォーラム」をはじめとする国連組織も改革に取り組んでいる。「UN Energy」（国連エネルギー）＊は2007年に、役割と責任の分割を見直す組織再編成を行ない、組織としての力を増した。その取り組みから「エネルギーと気候変動に関する諮問グループ」が生まれ、さらに国連事務総長による「すべての人のための持続可能なエネルギー」構想へとつながった。この成功事例はもっと外部に示されるべきである。

また、「気候投資基金」と「地球環境ファシリティ」も特記に値する。しかしながら、開発協力の効果を高める努力がなされる一方で、断片化や協調の不足、供給サイド偏重といった問題が依然残されている。気候の科学と解決策に関する知識が蓄積されたことで、統合化された対応が必要性を増した。気候変

---

88 この重要な新財源の経緯と内容については、http://www.climateinvestmentfunds.org/cif/home を参照。気候投資基金は気候変動への適応も対象としており、全面的にエネルギー関連ではない。また、同基金は世界銀行の主導で設立されたが、同時に国際開発銀行（米州開発銀行、アフリカ開発銀行、欧州復興開発銀行、アジア開発銀行）とのパートナーシップにも基づいている。この2つの点から、新たなタイプのグローバルパートナーシップであると言える。

動に対する最も効果的な対応策と技術に関して、私たちの理解は深まっている。そうした知識の深まりに足並みをそろえていくことが、開発の実践に欠かせない。このような状況のなかで、総じて国連システムの給与水準以上の報酬を要する多能な専門家への需要が増している。

「気候変動」についての世界の政治と統治も進化を続けている。そのため、気候変動に取り組む開発協力機関は、政治的状況の変化に追いついていくことも必要条件である。さらに、開発協力機関は、気候変動対策のためのきわめて動的な資金調達に対し、柔軟性をもって対処できなければならない。国連システムはこの点にハンディをかかえ、柔軟性がなく、官僚的と見なされている。その例外が「国連開発計画」（UNDP）で、新たな資金調達構造を確立しつつある。国連諸機関間での情報共有は改善されているが、協調にはまだ問題をかかえたままである。

また、プロジェクトやプログラムの策定と資金の組込み方に関する新たな「分析指標」も必要である。たとえば、「費用対効果」の新たな分析指標によって「効果」の真の価値をつかみやすくなる。ノウハウの構築と維持には大きな投資を要するが、国連は競争力に弱みをかかえている。能力構築の必要もきわめて大きい。とくに「交渉技能」は必須である。

開発途上国の気候変動に対する取り組みを支援するはずの機構は弱体であり、改善の必要がある。また、2012年の「リオ＋20」＊（国連持続可能な開発会議）で約束された基金が適正に用いられるうえで、改善が求められる。しかし現時点で、このプロジェクトに資金を拠出した国はまだなく、また国連が大きな役割を担うよう求めている国もない。

国連の最大の優位性は、世界各国でその技能と絆をもとに、透明性と、情報伝達と、参加型対応の必要性を満たすことにあろう。しかし、ここでも資金が問題である。

気候変動緩和のための投資は、その大部分を民間セクターが担うことになる。したがって、民間セクターとのパートナーシップ（提携・協力）で活動できる機関が最も成功することになる。国連はこの点で改善しているが、まだ十分ではない。

＊リオ＋20
2012年6月リオデジャネイロで開催された「国連持続可能な開発会議」の通称。1992年にリオデジャネイロで開かれた国連環境開発会議（リオ・サミット、地球サミット）後の20年を検証し、今後10年の経済、社会、環境のあり方を話し合うフォローアップ会議。

エネルギー

ルイス・ゴメス・エチェヴェリ

国連総会は2012年を「すべての人のための持続可能なエネルギー国際年」に定め、国連事務総長に対し、開発のためのエネルギーに関する世界的行動をまとめ上げるよう求めた。これは、現在の世界のエネルギーシステムが気候変動につながっていること、そして貧困削減の取り組みを阻害していることに警鐘を鳴らすものだった。これを受けて国連事務総長が、「すべての人のための持続可能なエネルギー」(Sustainable Energy for All：SE4ALL*)構想を打ち出した。SE4ALLは、2030年を達成期限とする「三つ」の目標を掲げている。

① 近代的なエネルギーの普遍的入手。
② エネルギー効率の改善率を2倍に高めること。
③ 世界の最終エネルギー構成に占める再生可能エネルギーの比率を2倍に高めること。

この三つの「目標」を達成するには、持続可能なエネルギーに対する投資を数倍に引き上げる世界的な取り組み強化が求められる。2007年の「スターン報告書」によれば、対GDP（国内総生産）比で約2％の投資が必要となる[89]。しかしこの数字も、新たな需要を満たしながら現在のシステムを維持していくのに必要なエネルギー投資全体から見れば、ごくわずかに過ぎない。現在の傾向がこのまま続くとすると、エネルギーの入手を欠き、薪（まき）などの燃料に依存する人口は2030年までにほとんど減らない[90]。地球の平均気温上昇を「2℃」に抑えるという目標を達成するには、2020年までに温室効果ガス排出量の増加に歯止めをかけ、その後も減らし続けなければならない。この目標の達成にSE4ALLの三つの目標達成はつながることになる。

つまるところ、SE4ALL（すべての人のための持続可能なエネルギー）を達成するには、世界各国がエネルギーシステムを変えなければならない。そしてそのためには、世界の協力のあり方を変える必要がある。

また、より幅広い国際協力システムも試されることになる。近年の改革にもかかわらず、国際協力はなおも断片化、競合、協調の不足、透明性の不足をかか

---

*SE4ALL構想 Sustainable Energy for All（SE4ALL）構想は、2012年の国連総会で国連事務総長の元に立ち上げられた。各国政府、民間セクター、市民社会がアイディアを出し、議論し、2030年までに「すべての人に持続可能なエネルギーを」との目標のもとに行動することを目指す。国連は2012年を「すべての人のための持続可能エネルギーの国際年」とし、全加盟国、国連システムその他あらゆる主体に対し、同年を活用して、ミレニアム開発目標（MDGs）、持続可能な開発、および地球気候の保護を含む国際的に合意された開発目標の達成に向けエネルギー問題に対する認識を高めるとともに、地方、国内、地域および国際レベルでの行動を促進するよう促した。

---

89 Nicholas Stern, *The Stern Review of the Economics of Climate Change*, UK Treasury, 2006.
90 World Energy Outlook, "How to Make Modern Energy Access Universal," International Energy Agency, Paris, 2010.

えたままであり、重複と無駄が生じている。
SE4ALLはそのような欠点の是正に寄与しうるものであり、その成功には大きな報酬が伴うことになる。なぜなら、他の複雑な世界的課題にも応用できる"協働"の枠組みが生まれるからである。しかし、失敗に終われば、国連システムの信頼性を損なうことになる。

目標達成には投資の拡大が必要であることから、SE4ALLにおける民間セクターの重要性が認識されている。SE4ALL立ち上げのための高級諮問評議会では、国連側の代表と国際大手銀行の会長が共同議長を務め、委員にも国際企業のCEO（最高経営責任者）が名を連ねた。SE4ALLの活動開始とともに、戦略的な助言にあたる新評議会も組織されつつあり、国連事務総長と世界銀行総裁が共同議長に就く。メンバーには公共セクターと並んで民間セクターと市民社会の代表も加わる。全体の監督は、資金拠出者を代表する執行委員会が行なう。

テーマ別ハブ（拠点）ネットワークには、地域開発銀行、国連開発計画（UNDP）、世界銀行、欧州委員会をはじめとするいろいろな組織が加わり、エネルギー入手や再生可能エネルギー、エネルギー効率などの「テーマ」ごとに取り組みの支援と促進にあたる。

「クリーンエネルギー」に関しては、一連のハイインパクト（高効率）機会が特定されており、国際機関が責任を分担してスタッフを送り込む。「SE4ALL」は典型的な国連プロジェクトではなく、世界的なガバナンス（統治）を追求する試みである。その成功には、多くの組織が慣れている権利と権限の管理よりも、状況に応じて"機会"を捉える能力が求められる。

過去20年の間に、「気候変動」と「貧困根絶」が大きな課題として浮上するなかで、プラス要因として、国際協力が新たなレベルに高まった。さらに、直面する数々の課題を解決するために協力を拡大する必要があるという認識も広がっている。「ミレニアム開発目標」（MDGs）の取り組み、「国連気候変動枠組み条約」（UNFCCC）のもとでの気候変動に関する交渉体制、さまざまな地域協力協定がその証左である。一方で、マイナス要因として、国際協力はなおも断片化や競合などの問題に深く阻害されていることである。

「気候変動」と「貧困根絶」という二つの大きな課題を対象とするSE4ALLには、ステークホルダー（利害関係者）が緩やかに結びついて協働する、大きなネットワークが求められる。この点においてSE4ALLは、今後の数々の重要課題に対して国際社会が用いるべき、新しい問題解決システムの格好のテストケースとなる。このように、今後の重要課題には革新的・グローバルな協力モデルが求められる。

最善のシナリオにもとづくと、SE4ALLによって国連は貧困根絶に向けた前進を実現し、遠からぬ将来における温室効果ガスの排出安定化に道筋をつけることによって、多くの人々が"不可能"と見なしていたことを"実現した"と評価されることになる。ハイブリッド型の世界的統治が創出され、水資源や食糧安全保障、技術革新、汚染、都市化などの課題にも活かすことができるようになる。次々と浮上するエネルギー問題への対処にも広範なネットワークが活用される。そして、よりクリーンな環境と生産・消費傾向によって、世界は「生活の質」（クオリティ・オブ・ライフ）の向上に大きな前進を遂げることになる。

これに対し、最悪のシナリオのもとでは、国連システムは「ミレニアム開発目標」と「国連気候変動枠組み条約」の仕組みを"阻害した"と批判され、統合的対応を要する開発課題において妥当性を失い、「持続可能な開発」に貢献する大きな機会を逸することになる。

国連の開発途上国に対するSE4ALL援助態勢は国や機関によって異なるため、国連内のそれぞれの能力を正確に測ることが求められる。支援が必要となる分野としては——
　① 三つの目標ごとの基本線の評価。
　② 戦略と計画の策定。
　③ ニーズと機会の確認。
　④ 投資案内の作成。
　⑤ 適正な政策と規制の枠組みの確立。
　⑥ 調整メカニズムの確立とセクター間連携の促進。
　⑦ 機構および機構内容の強化。
　⑧ さまざまな経済セクターにわたる技術・過程のイノベーション（革新）の拡充と、革新を成果につなげる開発・活用能力の構築。
　⑨ SE4ALLの全段階にわたり（個人、組織、システムの全レベルで）エネルギーシステムの変容を支援する能力・技術の構築。
　⑩ 国内・地域・国際レベルでのパートナーシップ（提携・協力）、ジョイントベンチャー（共同事業）、アライアンス（連携）の促進。

これらのなかで、国連は、とくに「政策提言」と「能力構築」において主導的役割を担う能力が高い。これは最も難しい課題の一つである半面、解決に伴う便益が最も永続する。

SE4ALLの規模が並はずれに大きいとするなら、複雑な課題にセクター間の協調対応が求められる21世紀の開発において、国連が妥当性を保ち続けるために必要な改革の多様さを物語っている。

その改革における一つの課題が、「エネルギー」に対する世界の認識を変える

ことである。それというのも、開発途上国において、エネルギーは単なる供給の問題でなく、人命に関わる問題である。生命を脅かす屋内の「空気汚染」を断ち切るクリーンな炊事用・暖房用燃料の提供は、決定的に重要な意味をもつ。必要なインフラ改善とセクター改革に加えて、国連はこの認識を広めるための戦略を必要としている。

もう一つの課題は、「権限」の捉え方である。国連のプログラムに資金を提供する各国政府は、そのプログラムの「オーナー」として各計画を承認する。ところが、一部の国連機関は自らの権限を「所与の権利」と見なしている。しかし、現在の競争世界においては、国連諸機関も各国政府や他の関係者（クライアント）に適正な成果を提供することによって、自らの価値を実証する必要がある。また、任意拠出金に頼ることの多い国連機関が効果を発揮するうえで、正確な能力の「自己評価」も重要となる。国連のプログラムについても、互いに協力し合うのではなく、当該機関の既得権維持を促すような、現在の奨励的な構造を乗り越えなければならない。

多くの組織と同様に、国連も民間セクターとの協力に困難をかかえているが、民間セクターとの協調は、開発と気候変動の分野で、技術と投資および管理技能が中心的役割を担うので、絶対的に重要である。この点において、「国連開発計画」（UNDP）は世界銀行などの国際金融機関と同様に、大半の国連諸機関よりも経験豊富であり、モデルとなるに足る。

最後に、国連は信頼性、適正な技能、資金調達に不足をかかえている。そのため、複数のセクターにまたがる知識をもつ高技能の専門人材が求められる。国連の給与水準にも問題はあるし、またそれ以上に込み入った人材採用過程にも大きな問題がある。資金調達と信頼性は相互に結びついており、国連の効果性が増せば信頼度が高まり、資金調達の向上につながりやすくなる。

本ケーススタディの「結論」は簡単である。すなわち、SE4ALL は国連にとって、今世紀の課題解決に力を発揮するために必要な"漸進的改革"の機会にほかならない。それに適応できなければ、国連は妥当性を失うことになる。

結論

気候変動と開発協力の分野においては、状況の変化によって大きな課題が浮上してきているが、同時に大きな機会も生まれている。そこでは、関係する活動主体がきわめて大きな集団を形成し、多種多様な利害をかかえている。開発協力における成功には、柔軟性と迅速な行動能力が必須である。しかし、このダイナミックな環境のなかで、断片化から資金不足に至るまで、一連の課題をか

かえる国連は不利な立場にある。機会そのものは十二分に存在するが、国連が機会を捉えるには改革が欠かせない。

改善への最も有望な道筋の一つは、国連諸機関と世界銀行の協調である。SE4ALL（すべての人のための持続可能なエネルギー）構想は、とくに「エネルギー入手」の面で有望な兆候を示しているが、さらなる道筋も模索されるべきである。

食糧安全保障

ハンス・ペイジ

「食糧安全保障」の状況

「食糧」は人類の生存に不可欠である。しかし、食糧は生産物であり、その生産には「資源」を要する。食糧に不足が生じれば、その資源の保有が〈力〉の源泉となる。エネルギー、土地、自然資源の活用において、食糧の生産は他の生産活動と競争関係にある。これまでの歴史を通じて、食糧不足は政治の不安定化や人々の移住、国家の衰退を引き起こしてきた。国家における食糧の必要性は国内の「安全保障問題」として考えられ、そこに古来からの文化的意味合いも加わっている。

さらに、食糧面での世界の相互依存関係が認識されるようになったことで、1905年に「万国農事協会」*が創設された。第一次世界大戦後には、国際連盟で「食糧安全保障」が議題となる。第二次世界大戦後、1945年に発足した国際連合に「国連食糧農業機関」（FAO）が含まれ、国際的な食糧安全保障に任務を負った[91]。

さらに近年、食糧安全保障は世界的議題としての重みを増し、取り上げられている。過去20年間、食糧安全保障を協議する一連の首脳会議が開かれ、「ミレニアム開発目標」（MDGs）の［目標1］に「貧困」と「飢餓」が位置づけられた。2008年には食糧価格の高騰が暴動を招く事態となり、国際社会は食糧安全保障に対する集団的行動の必要性を改めて認識した。G8（主要8カ国）サミット、そしてG20（主要20カ国）サミットで「食糧安全保障」が継続的に協議されるようになると、国際NGO（非政府組織）が重要な役割を担う存在となった。

このような状況のなかで、食糧市場と食糧安全保障の複雑性に対する認識が高まり、集団レベルと個別レベルで食糧安全保障の関係性に対する理解も深まるにつれ、言葉の定義も進化していった。1974年の「世界食糧会議」において、食糧安全保障は次のように定義された。

---

*万国農事協会
国連食糧農業機関の前身。1905年イタリア国王により農業統計集積のためにローマに設立。「1930年世界農業センサス」を提唱、これに沿って日本では昭和4年に初めて農業調査が行なわれた。第二次世界大戦後その資産と任務が国連食糧農業機関（FAO）に引き渡された。

---

91 FAO: Its origins formation and evolution 1945-1981, www.fao.org.docrep/009/p4228e/P4228e01.htm

「食糧消費が着実に拡大していくことに対応し、また生産と価格の変動に左右されることなく、いかなる時でも基本的食糧を十分世界に供給することのできること」（availability at all times of adequate world food supplies of basic foodstuffs to sustain a steady expansion of food consumption and to offset fluctuations in production and prices.）

FAO（国連食糧農業機関）は、「栄養不良は食糧供給の不足だけでなく、貧困と剥奪の結果であり、栄養の重要性は開発計画において、より中心的役割をもつこととなった」と指摘した。1980年代には、穀物の不作から食糧供給に不足が生じ、食糧供給・市場の安定化、食糧供給の確保、食糧供給への入手手段確保が「食糧安全保障」の構成要素に加えられた。そして、1986年には世界銀行が貧困との闘いを通じて飢餓の根絶を図る「援助戦略」＊を採用した[92]。

ところが1990年代に入ると、食糧安全保障に対する慢心が広がり、食糧生産への投資が不足する結果となった。2008年の「食糧価格高騰」[93]を受けて、需給不均衡を未然に食い止める効率的市場と国家戦略が確立されていないこと、国際協調を欠く短期的政策は不安定化を引き起こす危険のあることが痛感された。その結果、農業生産性の改善に対する同意が生まれ、G8の「ラクイラ食糧安全保障構想」＊や「包括的アフリカ農業開発プログラム」＊（CAADP）などに盛り込まれた。

FAO（国連食糧農業機関）は2010年、「ミレニアム開発目標は飢餓や食糧不足のもとにある人口を8億人から4億人に半減させる目標を掲げているにもかかわらず、そうした人口が8億人から10億人に増加した」と発表した。食糧価格は不安定な高止まり状態で推移する見通しにあり、エネルギー市場との関連が強まっている。バランスの回復には時間がかかるであろう。

こうした様相から、今後30～40年に、複雑に絡み合うグローバルな傾向が食糧安全保障に挑戦を突きつけることになる[94]。その傾向とは——
　① 世界人口は2050年までに93億人に増加する。人口増加は主として開発

＊援助戦略
世界銀行は"被援助国の貧困緩和"という基本方針のもとに、その国ごとの援助政策を「国別援助戦略」（CAS）という報告書の形で定期的にまとめている。

＊ラクイラ食糧安全保障構想
2009年7月イタリアのラクイラで開催されたG8サミットで打ち出された世界の食料安全保障に関する構想。発表された共同声明は、経済危機、食料価格高騰が飢餓および貧困に与える影響を強く懸念し、食料安全保障および持続可能な農業を実現するために、世界、地域、国家レベルですべての関係者が関与し、分野横断的かつ包括的に対処する必要と、必要な規模と緊急性をもって行動することを合意。

＊包括的アフリカ農業開発プログラム
2001年アフリカ元首による会合で「アフリカ開発のための新パートナーシップ」が策定され、農業を重要な開発部門の1つとして位置づけた。その後、2003年アフリカ首脳が集まったマプト宣言で、FAOの主導のもとに策定されたアフリカ農業開発の基本戦略がこのプログラム。

92　World Bank: "Poverty and Hunger: Issues and Options for Food Security in Developing Countries," 1986.
93　Mariano Ruiz-Funes Macedo, "Food Security: A G20 Priority: The Input of Mexican Experiences," G2012 Mexico. 「世界の食料市場が安定した10年の後、2007年以降は主要農産品の継続的な価格上昇に特徴づけられた。2007年9月～11年9月に国際食料価格指数は55.3%上昇した。この上昇は基本的に2つの局面で生じた。最初の局面は2007年から08年第1四半期にかけてで、食料価格指数が61.6%上昇した。世界金融危機とその後の総需要の減少によって食料価格は低下に転じたが、なおも2007年以前の水準を上回り続けた。食料価格上昇の第2局面は2010年7月～11年2月で、食料価格指数が41.4%上昇した。農産品価格高騰の影響は付加価値連鎖を通じて比較的早期に他産業に広がり、いくつかの国でトウモロコシや小麦、畜産・酪農品を原料とする一連の基本的食料品の小売価格上昇につながった。その結果、食料価格の上昇が再び、特に低所得層に影響を及ぼす世界的なインフレ要因となっている」
94　このセクションは特にhttp://www.fao.org/docrep/meeting/025/GT_WebAnnex_RC2012.pdfの内容に依拠しているが、同じ結論が数々の論考から導き出されており、たとえば「食料安全保障と世界的影響」（food security and global impact）といったキーワードでインターネット検索できる。

途上国である。
② 食糧生産は1.7倍に増加する必要があり、FAO（国連食糧農業機関）もこれを妥当な数字と見なしている。
③ 都市化の進行とともに、世界人口の約65％が都市部に集中するようになり、貧困の都市化が進んでいく。これにより、食糧不足がより目立ちやすくなり、政治的に敏感な問題となる。
④ 1.7倍の食糧増産は困難度が高く、多大な費用を伴い、土壌と資源を涸渇させる。純粋な商業的利益のみによって動かされた場合、資源をめぐる争いは「ゼロサム」（差し引きゼロ）に陥る危険がある。
⑤ 農業は不足する水資源をめぐって争わなければならない。
⑥ 土地や水資源を使用するバイオ燃料が奨励されたため、そうした資源が食糧生産に使われなくなる。
⑦ 農業は世界の温室効果ガス排出の約20％を占めている。
⑧ 高収量農業の実験的研究・開発において、民間セクターの重要度が増している。その一方で、食糧安全保障の必要性を満たすには、小規模農家にも農業技術の活用を普遍化させる必要がある。
⑨ 食糧生産の供給網は複雑性と国際性を増し、旧来型システムをかたわらに追いやっている。資本集約型システムは生産性が高く、開発途上国で多くの人々が生計を得ている労働集約型農業に取って代わっている。
⑩ 複雑な市場の失敗をいかに管理するか、国内・国際規制当局が対応を迫られる。
⑪ 国際貿易ルールは大幅に進化した。一般市民が安全性の保証に代価を支払おうとするようになるなかで、開発途上国における民間基準の重要性が高まりつつある。
⑫ 気候変動に対する農業の適応が各地域単位で必要となる。自然災害などの打撃も含めて、適応とリスク緩和の戦略が必要とされる[95]。

国際社会の集団的対応

食糧安全保障の利害関係者（ステークホルダー）は、政府、企業、NGO（非政府組織）、国際機関、そして脆弱な人々などである。世界・地域・国レベルでの効果的なガバナンス（統治）には、このような利害関係者の協力が欠かせない。国連とFAO（国連食糧農業機関）の発足当時は各国政府が主要な活動主体であり、FAOは活動目的を次のように定めた。
「人類の栄養および生活水準を向上させ、食糧および農産物の生産および分配の効率を改善し、農村の生活条件を改善し、もって、世界経済の拡大と人類の飢餓からの解放に寄与することを目的とする」[96]。

*国際農業開発基金（IFAD）
国連の専門機関の一つ。1974年にローマで開かれた世界食糧会議で設置が議決され、1977年に発足。発展途上国での農業生産拡大のための融資を行うことを目的とする。

*世界食糧計画（WFP）
1961年に設立された国連の食糧支援機関。すべての男性、女性、子どもが、活動的で健康的な暮らしを送るために必要な食糧を常に手にできる世界を実現することを目標としている。具体的には、①緊急時に命を救い暮らしを守ること ②緊急事態に備えること ③緊急事態が過ぎた後に暮らしを復興して再建すること ④あらゆる場所で慢性的な飢餓と栄養不良を減らすこと ⑤飢餓を減らすために各国の能力を強化すること。

---
95 scenarios.globalchange.govとwww.guardian.co.uk/global-development/2013/apr/13/climate-change-millions-starvation-scientistsも参照されたい。
96 Preamble of FAO's Basic Texts: www.fao.org/docrep/meeting/022/K8024E.pdf

*アフリカ連合
（AU）
アフリカ54カ国・地域が加盟する世界最大の地域機関。アフリカの一層高度な政治的・経済的統合の実現と紛争の予防・解決に向けた取組強化のために、2002年7月、「アフリカ統一機構（OAU）」（1963年設立）から発展改組されて発足。

*西アフリカ諸国経済共同体（ECOWAS）
1975年、西アフリカの域内経済統合を推進する準地域機関として設立。その後、経済統合の基盤となる政治的安定の確保を目指して、防衛・紛争解決機能等を備え、さらに安全保障機能の本格的整備に着手、1999年に「紛争予防・管理・解決・平和維持・安全保障メカニズム」議定書を採択。

*カリブ共同体
（CARICOM）
1973年、カリブの14カ国1地域が加盟して設立。域内の経済統合を目指すとともに、加盟国間の外交政策の調整、共通のサービス事業実施、社会的・文化的・技術的発展のための協力等を行う。

*食糧価格高騰危機
2007年～2008年にかけて、世界の食料価格が劇的に上昇、その結果国際的な危機をもたらし、貧しい国や開発途上国において、政情不安、経済不安と治安悪化を引き起こした。この食料価格上昇には、以下の要因があると考えられている。①世界人口の増加（食料需要の増加）②食料

その後、政府以外の利害関係者が次第に存在の重みを増していった[97]。自然資源のガバナンスは国境線を超越する[98]。そのため、普遍的な人権の観点に立つ「食糧への権利」という捉え方は個人を開発政策の中心に置くことになり[99]、NGO（非政府組織）は政府と国際機関を行動に押し向けるようになった[100]。FAOは、食糧安全保障に取り組む関連組織の「国際農業開発基金」*（IFAD）および「世界食糧計画」*（WFP）とともに、他の利害関係者との協力を深め、各国内での能力開発に焦点を合わせると同時に、必要な監視を行なう能力を拡充しなければならない[101]。

「持続可能な開発」の一つの中心的原則は、各国と各地域が自らの戦略とプログラムをもつことである。その好例が、アフリカ連合*（AU）の「包括的アフリカ農業開発プログラム」（CAADP）であり、「ミレニアム開発目標」（MDGs）における農業推進の枠組み[102]である。西アフリカ諸国経済共同体*（ECOWAS）やカリブ共同体*（CARICOM）のような、地域経済共同体も重要度を増している。プログラムの脱中央集権化を受けて、国連専門機関は自己再編を行なわなければならない。グローバル化によって変容した世界にある国連は、伝統的援助と技術協力という枠を超え、成功につながる戦略の確認と促進を図る"調整役"に移行しなければならない。

さらに、食糧安全保障における世界的統治は、各国と各地域の優先課題を見すえたうえで、すべての利害関係者の利益を調整しなければならない。世界的統治は中央計画を意味するのではなく、独立した個々の活動主体を動かす「中心的原則」への合意形成を意味する。

2007～2008年の「食糧価格高騰危機」*のあと、1940年代に構築され、70年代に修正された「国際食糧安全保障システム」はもはや、現在の相互に連関

---

97 事例としてコーデックス アリメンタリウス・FAO食料問題委員会、「農薬の流通と使用に関する国際行動規範」、ロッテルダム条約、紙・木製品諮問委員会などがある。また、異なるタイプの国際コミットメントとして、「食の権利に関する指針」（国の食料安全保障の流れの中で適切な食の権利の積極的実現を支える自発的指針）などもある。
98 FAOの活動に関するグローバルなガバナンス構造の創出を求める最近の動きとしては、世界食料安全保障委員会に対して土地保有の権利に関する国際監視機関の設置を求めた要請、G20による農業市場情報システム（AMIS）の創設、地球環境ファシリティ（GEF）の国家管轄外海域（ABNJ）プロジェクトを通じた漁業・農業・海洋管理に関する問題への取り組み要請、国連海洋関連機関（UN Oceans）のガバナンス見直し、「生物多様性及び生態系サービスに関する政府間科学政策プラットフォーム」（IPBES）の設立合意、ジェンダー平等の促進に関する国連システム全体にわたる説明責任の枠組みの創設、「土地及び他の自然資源の保有の権利に関する責任あるガバナンスの自発的指針」の策定、「責任ある農業投資の原則」の策定、「国の食料安全保障における土地、漁業、森林の保有の権利に対する責任あるガバナンスに関する自発的指針」の策定、「小規模漁業に関する自発的指針」の策定などがある。
99 具体的に言えば、より公平な土地保有制度、より良い知識とコミュニケーション、資源管理の意思決定に関する「自由で事前の、十分な情報を与えられた上での合意」（FPIC）を通じて、脆弱な人々の自然資源に関する入手手段を保護または改善することを意味する。
100 1つの好例として、食料市場での投機の禁止を求める国際NGOのキャンペーンがある。www.oxfam.org/en/grow/pressroom/reactions/european-parliament-draws-line-sand-financial-markets-must-not-play-food を参照。
101 www.fao.org/docrep/meeting/027/mg015e.pdf
102 「アフリカ開発のための新パートナーシップ」（NEPAD）の枠組み内において。

する経済的・制度的環境のなかでは不十分である、という暗黙の了解が生まれた。いまや食糧供給網における生産の失敗が各国経済、世界経済を脅かす。このような場当たり的な対応のなかから「危機対応」の新しい枠組みが浮かび上がってきた。国連が2008年4月に「世界食糧安全保障危機に関するハイレベル・タスクフォース」*を設置し、食糧安全保障危機への対応を総合的に一本化するべく国連諸機関、IMF（国際通貨基金）、世界銀行、OECD（経済協力開発機構）、WTO（世界貿易機関）を国連事務総長の統率のもとに結集したのである[103]。

そこから、脆弱な人々の緊急ニーズを満たすとともに、長期的な適応能力の構築を図る、という二段構えの方式による「行動のための包括的枠組み」が生まれた。取り組みではまず、小規模農家[104]と子どもの栄養向上に対する投資に大きな重点が置かれた。その後、2008年の「世界の食糧安全保障に関するG8東京首脳声明」*で、各国に余剰農産物の放出を促し、輸出制限の撤廃を訴えた。翌2009年のG8サミットは「ラクイラ食糧安全保障構想」（AFSI）[105]を採択し、農業投資に対する220億ドルの資金提供が約束されるとともに、最も食糧不足に脅かされている国々との協力により国家戦略実施が組まれた[106]。

「ラクイラ食糧安全保障構想」（AFSI）には、次の「五つ」の原則が採用された[107]。
① 国家主導の計画と過程に対する投資。
② 人道援助と持続可能な農業開発、栄養まで含めた食糧安全保障に対する包括的取り組み。
③ 援助の戦略的調整。
④ 多国間組織の強力な役割。
⑤ 財源に対する継続的責任。

「世界農業食糧安全保障プログラム（GAFSP）信託基金」*も設立された[108]。また、もう一つの構想として、2010年に「栄養改善拡充のための枠組み」（SUN）が発足し、27カ国以上が署名した[109]。1970年代に国連に設置され

---

103 www.un.org/en/issues/food/taskforce/index.shtml
104 小規模農家とは、2.0ヘクタール未満の農地を所有または耕作する周縁的または準周縁的な農家と定義される。出典：wiego.org/informal-economy/ occupational-groups/smallholder-farmers and www.fao.org/docrep/005/ac484e/ac484e04.htm.
105 26の国と14の国際組織。
106 www.feedthefuture.gov/resource/laquila-food-security-initiative-final-report-2012
107 2009年9月のG8+サミットで発表された「世界の食料安全保障に関するラクイラ共同声明」に基づき、同年11月にローマで開かれた世界食料安全保障サミットにおいて「持続可能な世界食料安全保障のためのローマ5原則」が採択された。出典：Updated Comprehensive Framework for Action, HLTF, 2009.
108 www.gafspfund.org/gafsp/content/global-agriculture-and-food-security-program
109 scalingupnutrition.org/

のバイオ燃料への転換（食料供給の減少）③途上国の発展（高カロリー食品の需要の増加）④原油価格の上昇（肥料や輸送コストの増加）⑤金融投機（価格上昇差益を狙った投機により、価格がさらに上昇）⑥耕作面積の減少（食料供給の減少）。

＊世界食糧安全保障危機に関するハイレベル・タスクフォース
潘基文国連事務総長の下、国連食糧農業機関・世界食糧計画等の国連機関、世界銀行、国際通貨基金、世界貿易機関等の長から構成される特別対策委員会。2008年、食料危機に一貫して取り組む共同計画「行動のための包括的枠組み」を策定。そこでは緊急に必要とされる食料援助とセーフティ・ネットを最弱者層に提供しながら、食糧安全保障や農業生産、食料商品市場の機能を改善するための短期・中長期的行動と政策の転換を提示。

＊世界の食料安全保障に関するG8東京首脳声明
2008年北海道洞爺湖で開催された「第34回G8首脳会議」で出された声明。最初に「我々は、世界的な食料価格の急騰と、これに伴って多くの開発途上国で食料が入手困難となる問題によって、世界の食料安全保障が脅かされていることを深く懸念する。この最近の傾向による負の影響は、何百万もの人々を貧困に押し戻し、ミレニアム開発目標の達成に向けた進捗を後退させかねない。我々は、食料不安また

た「世界食糧安全保障に関する政府間委員会」（CFS）も、2009年に大幅に改革された[110]。

「ミレニアム開発目標」（MDGs）が打ち出されるまで、食糧安全保障は国際機関レベルの専門的問題であり、開発途上国にとっては国家安全保障という問題よりも"あわれみ"の問題だった。先進国の余剰農産物が食糧不足の国々に送られ、往々にして相手国の生産システムの不安定化につながっていた。2008年の「食糧価格高騰危機」がこうした捉え方を変えた。食糧安全保障は気候変動とともに、多様な新興のG20（主要20カ国）、G8（主要8カ国）、OECD（経済協力開発機構）、EU（欧州連合）、国連などの「国際フォーラム」で中心的位置に移った。例として、2010年にはBRIC（ブラジル、ロシア、インド、中国）が、初開催の農相会議で「農業協力行動プログラム」の基礎を固め、アフリカの食糧安全保障に焦点を合わせるとともに、国連が調整役を務めることに支持を表明した。

その一方で、「国連グローバル・コンパクト」（The UN Global Compact）＊や「国際農業食糧ネットワーク」、それと「世界経済フォーラム」のような民間セクターの組織も、食糧安全保障に取り組んでいる。農業分野における世界的統治の失敗と、野放図な市場構造に起因する問題に関しては、NGO（非政府組織）が決定的に重要な役割を担い、おおむね国連の路線と一致するかたちで、食糧安全保障の強化、貧困削減、権利本位の方式の推進に動いている。

食糧安全保障の世界的統治―問題点と課題

FAO（国連食糧農業機関）の「予測」に従って、今後数十年間の世界人口の増加に見合う食糧増産が「1.7倍」という水準であるとするなら、それを実現する手段は、商業的に組織化された農業関連産業と食糧市場網による"集約化"しかない[111]。生活のためのエネルギー消費と農業生産のためのエネルギー消費が争うなかで、農業市場とエネルギー市場は相互依存関係を強めていく。それでも、この課題を解決することは技術的に可能なはずである。

しかしながら、「気候変動」が食糧生産システムの主要変数を変えることになる。気候変動の影響は世界的だが、一部の地域では農業生産が増えて他の地域では減るという不均衡を引き起こす。「異常気象」も頻度を増している。それに対し、各地域は生産と消費の両面で適応していくことになる。また、さまざまな危険にもかかわらず、農村部から都市部への"移住"が進み、国外への"移民"も増えることになる。食糧価格の高騰を発端とする都市部での「政治的騒乱」も危険性が高まっている。

は飢餓に苦しむ人々を支援するために追加的な措置をとってきているが、本日、この多面的かつ構造的な危機に取り組むための我々のコミットメントを新たにする」との決意が示された。

＊世界農業食糧安全保障プログラム信託基金
世界農業食糧安全保障プログラムは2009年に開かれた「G8首脳会議（ラクイラ・サミット）」での公約をうけて2010年4月に設立された、最貧国の農業・食糧安全保障計画を支援するための多国間メカニズム。基金は公共セクター用と民間セクター用の2つのチャンネルを通じて資金を提供。

＊国連グローバル・コンパクト（Global Compact）
行動責任向上をめざした自発的企業・団体の国連における集い。

110　www.fao.org/cfs/cfs-home/en/
111　http://www.fao.org/docrep/meeting/025/GT_WebAnnex_RC2012.pdf

このような変化は一体化した世界経済のなかで生じるのだが、開発途上国では企業の食糧供給網のかたわらに「小規模農家」が残り続けることになる。農業研究は不可欠だが、その大部分が「企業」によって行なわれている。企業は脆弱な人々の利益でなく、自らの「利益」を追求する。したがって、援助を必要としている人々を支援するための農業研究の資金は、公共セクターに頼る必要があるのだが、公共予算に強い緊縮圧力がかかるなかで公的な農業研究は縮小している。

このところの食糧価格の不安定化を受けて、食糧安全保障に伴う政治的リスクが強く認識され、ハイレベルでの取り組みに拍車がかかっている。今後の食糧安全保障の世界的統治は、国連が自認する役割とは裏腹に、明確なリーダーシップではなく、複数の利害関係者（ステークホルダー）によるシステムに依拠することになる。そのようなかたちで、世界的観点から食糧安全保障に関する問題を扱う"議論の場"として最も適しているのは、再び活性化され、権限が拡充され、また各国政府に加え NGO（非政府組織）との協力にも通じた世界食糧安全保障に関する「政府間委員会」である。

国連システムは、このモデルのもとで、「二つ」の大きな役割を担う。まず、国連事務総長が中立不偏の会議主催者となることである。その一方で、国連専門機関は、脆弱な人々に対する具体的援助の監視と開発と保護を提供することができる。しかし、真のリーダーシップを担うのは、国連よりも国数は少ないながらも大きな資金力をもつ「G20」（主要20カ国）である。

ここへきて、「食糧安全保障」を「グローバル公共財」（GPG: Global Public Good）、「食糧不足」を「グローバル公共悪」（GPB: Global Public Bad）として捉える見方が強まっている。「グローバル公共財」（GPG）の中には、国あるいは準地域のレベルよりも、世界または国際レベルでの統治が適しているものがあると考えられる。食糧安全保障の向上を図る施策は「グローバル公共財モデル」と重なり合う。すなわち、

① 栄養教育、
② 農業システムの安全衛生強化、
③ 食糧商品市場の透明性向上、
④ 農業研究への投資、
⑤ 都市消費者に対する適正価格での食糧提供、
⑥ 小規模農家の生計維持の支援、
⑦ 災害予防・緩和戦略に関する啓発、

などである。

世界の食糧システムの相互依存関係、民間セクターの役割と研究の民営化、気候変動対策、そして人権としての「食糧への権利」は、いずれも取り組みを誤

＊カーボンフットプリント（炭素の足跡）
「人の活動が二酸化炭素などの排出によって地球環境を踏みつけた足跡」を意味する。個人や団体、企業などが生活・活動していく上で排出される二酸化炭素などの温室効果ガスの出所を調べ、それを排出量で表示したもの。またこれらを企業が自社の商品に表示する制度。一般的に製品が販売されるまでの温室効果ガス排出量により表わされる。たとえば、日本の一般的家庭の1世帯あたりの平均的なカーボンフットプリント（2006年基準）は暖房で618.6kg-CO₂eq（二酸化炭素換算量）とされる。

れば国境を超えた問題が生じることになり、したがって、食糧安全保障の世界的統治が必要とされる。食糧の供給網と市場が民間によって管理される状態が変わることは考えにくい以上、民間および非政府の活動主体を、広い意味で食糧安全保障の統治に関与させる必要がある。食糧安全保障における民間セクターの重要性を明確に認識すると同時に、食糧供給網によって便益を得ている民間活動主体が応分の責任を負うことが必要となる。このようなかたちで、食糧安全保障は「社会的責任を担う企業活動」の一部分に組み入れられるべきである。そのためには、食糧安全保障に対する世論の強力な支持を得る必要がある。

また、「カーボンフットプリント」＊（炭素の足跡）のような、食糧安全保障の影響を捉える基準も作られるべきである。ただし、この「社会的責任を担う企業活動」のあり方という概念を論ずる前に、増加傾向にあり、頻繁に移動する世界人口に「いかに適切に食糧を提供するか」について、また「グローバル公共財」（GPG）と「グローバル公共悪」（GPB）に対する企業の役割について、もっと広く「企業倫理」のあり方を公共の場で検討する必要があるのではなかろうか。

食糧安全保障はまだ気候変動ほどには世界の意識に浸透していないが、「ミレニアム開発目標」（MDGs）の中心に位置づけられている。しかし、2008年の食糧価格高騰以後、国連やG8（主要8カ国）、G20（主要20カ国）をはじめとする各組織は、何らかの適切な方策をとらないままで前に進もうとしている。国連は各国政府に対し、食糧安全保障に資する政策分析と枠組みの提示を通じて支援する必要がある。各国の政治指導者とオピニオンリーダーは、内向きな（民族主義的な）政治への誘惑にあらがい、集団的幸福（well-being）には集団的解決と倫理的な企業活動が求められる、という認識に国内議論を導いていかなければならない。国連事務総長は、そのような企業倫理と食糧安全保障に関する、世界的な議論を率いる「唯一無二」の権限をもっている。

持続可能な開発[112]

アレックス・エバンス

国連にとって、「持続可能な開発」はこれまで以上に大きなテーマとなっている。国連の潘基文(パン・ギムン)事務総長は、2012年初頭に「地球の持続可能性に関するハイレベル・パネル」*(GSP)を招集し、「すべての人のための持続可能なエネルギー」(SE4ALL)という大がかりな構想を立ち上げ、それを「ミレニアム開発目標」(MDGs)以後(「ポストMDGs」)の開発の枠組みにおいて、急速に進化する課題に対する「中心的枠組み」(パラダイム)として位置づけた。実際に潘国連事務総長は、「持続可能な開発目標」(SDGs)*に強く肩入れしている。「持続可能な開発目標」は2012年の「リオ+20」(国連持続可能な開発会議)の最大の成果として存在感を増している。

しかし、「持続可能性」の議題についてはなおも熱い議論が交わされている。国連が果たすべき役割に関しても——。国連は「持続可能な開発」において公式な役割(データ収集、政府間の意思決定のサポート、財源の調整、現場でのプログラム実施)と、非公式な役割(議題設定、リーダーシップ、規範の創出)の両方を担っている。しかし、国連は確かな変革理論をまとめ上げ、実践することができずにいる。「リオ+20」や、2009年の「コペンハーゲン気候変動会議」*(コペンハーゲン・サミット)、2011年の「持続可能な開発委員会」*(CSD)を含めて、ハイレベルの協議は期待外れの結果に終わっている。国連はひどく断片化されたままの状態にある。世界的なレベルで「持続可能な開発」が大きく取りざたされているのとは裏腹に、大半の主要指標が、依然として間違った方向に動き続けている。

「持続可能な開発」の核心にある曖昧さ

「持続可能な開発」における国連の役割を強めるうえで、中心的課題は「いったい何をどこまで視野に入れるのか」ということに関して、概念的な"明確さ"が欠けていることである。1987年の「ブルントラント委員会」(The Brundtland Commission)による本質的な洞察(環境を経済や社会から切り離すことはできない)を発端に生じた対立は、いまも解消されていない。すな

---

*地球の持続可能性に関するハイレベル・パネル
2010年、潘基文国連事務総長のイニシアチブにより、持続可能な開発と低炭素社会の繁栄に向けた新たなビジョンと具体的提言を作成することを目的として設置。ズマ南アフリカ大統領、ハローネンフィンランド大統領が共同議長となり、日本の鳩山由紀夫元総理を含む22名の有識者が個人の立場で参加。6回の会合を経て2012年1月に報告書が提出された。

*持続可能な開発目標
2012年の国連持続可能な開発に関する会議(リオ+20)において、すべての国を対象として策定された目標。ミレニアム開発目標(MDGs)が2015年に達成期限を迎えるため、「持続可能な開発目標(SDGs)」をポストMDGsに整合的なものとして統合することと、30カ国によるオープン・ワーキング・グループを設置して議論することの2点が決定された。

*コペンハーゲン気候変動会議
2009年デンマーク・コペンハーゲンで開催された、国連気候変動

---

112 ケーススタディ全文の作成は2012年7月。

わち、「メインストリーミング：主流化」方式（持続可能性はすべての政策分野を通じて追求される目標）〈対〉「スタンドアローン：自立」方式（持続可能性は独立した単体としての取り組み）との対立である。前者は、その必要性に疑問の余地はないが、政治的な困難度が高い。逆に後者は、達成はしやすいが、成果が限られる。

この兼ね合いは意味論だけにとどまらず、国連諸組織の仕事の枠組みに影響する。「持続可能な開発」は、本質的に「環境」と同義なのか。つまり、気候変動や生物多様性*などの問題はカバーするが、妊産婦死亡率や平和維持活動などはカバーしないのか？　それとも、政策立案の全分野に対して一貫性のある戦略をまとめ上げることなのか？

たとえば、「持続可能な開発目標」（SDGs）が「ミレニアム開発目標」（MDGs）の後継に位置づけられているとするなら、それは開発をより包括的な観点で捉える必要性に対する前向きな認識であるのか、それとも貧困削減目標を薄れさせてしまう危険な変化であるのか？　このような未解決の対立関係は、「持続可能性」に対する国連の関わり方に重要な意味を与えている。

「持続可能な開発」における国連の公式な役割

▶知識とデータの収集

この分野に関しては、国連が中心的役割を担うことについては広い意見の合意がある。現に、世界的レベルでは数々の「成功事例」がある。たとえば、国連環境計画（UNEP）と世界気象機関（WMO）の共同所管による「気候変動に関する政府間パネル」*（IPCC）、「ミレニアム生態系評価」*、国連環境計画（UNEP）の「地球環境概況」（GEO）*などである。これに対し、国レベルでは「地球の持続可能性に関するハイレベル・パネル」（GSP）は国連の役割として「持続可能な開発」の達成指標と、各国間の相互評価の基盤になることを提言しているものの、比較的狭い範囲にとどまっている。

国連のデータ収集は、政策立案者に対する有用なデータ提供に加えて、以下の「二つ」の意味で重要性を帯びている。その一つは、国連が「証拠に基づく政策立案」の守り手に位置づけられることで、ことに「気候変動に関する政府間パネル」（IPCC）と「気候変動対策」において顕著である。もう一つは、戦略的対話につながる思考の基盤を生み出すことで、この点では「気候変動に関する政府間パネル」が世界の問題認識のアンカー（とりまとめ役）となっている。

▶政府間の意思決定に対する支援

国連の議題設定機能と密接につながっているのが、サミットをはじめとする意

枠組条約第15回締約国会議（COP15）。「京都議定書」の第一約束期間が終わる2013年以降、国際社会がどのような目標を定め約束するのか、その枠組みについて確かな合意には至らず閉会。

*持続可能な開発委員会
1992年リオデジャネイロで開催された「環境と開発に関する国連会議（地球サミット）」において設置が決定され、翌93年、経済社会理事会の機能委員会として正式に設立された国連組織。同サミットで採択された「アジェンダ21」の実施状況のレビューを行うことを主な目的とする。

*生物多様性
生きものたちの豊かな個性とつながりのこと。地球上の生きものは40億年という長い歴史の中で、さまざまな環境に適応して進化し、3,000万種ともいわれる多様な生きものが生まれた。1992年にリオデジャネイロで開催された地球サミットでは、生物多様性は次のように定義された。「すべての生物（陸上生態系、海洋その他の水界生態系、これらが複合した生態系その他生息または生育の場のいかんを問わない）の間の変異性をいうものとし、種内の多様性、種間の多様性及び生態系の多様性を含む」。

*気候変動に関する政府間パネル（IPCC）
人為起源による気候変化、影響、適応、緩和の方策について、科

思決定フォーラム（公開討論の場）の設定から条約の枠組み支援に至るまでの、集団的行動の促進である。しかしながら、この機能は「持続可能な開発」の対象領域の"不明確さ"によって損なわれている。多くのサミットや意思決定機関が対象を「持続可能性」の単一側面に限定してしまっている。そのせいで、幾十にも及ぶ断片化された「多国間環境協定」（MEAs）が交わされたあげく、国内行動における実施問題が原因で、早々に後退してしまうことになっている。

この点を是正するために、「持続可能な開発」に関する新たな問題提起が、G8（主要8カ国）やG20（主要20カ国）、あるいは特定課題に関するサミット（たとえば、コペンハーゲン・サミット：コペンハーゲン国連気候変動会議）で、各国首脳に対して指摘されている。これにより、理論上は各国首脳が一連の問題の関係性に認識を強めているのだが、実際には持てる資源に限りがあり、各国首脳はとくに時間が貴重な立場にあり、またスタッフは長期的な脅威よりも当面の危機に的を合わせる結果となっている。またG8とG20は、国内での真剣な公約の実施を要する件に関しては、一貫して消極的な姿勢を示している。

1992年の地球サミット後に設立された「持続可能な開発委員会」（CSD）は、単一課題フォーラムと首脳会議の中間レベルでの"意思決定"に狙いがあった。しかし、実際には強い政治力を発揮することができず、主として各国の環境担当大臣が環境問題を論議する場にとどまっている。同様に、「持続可能な開発委員会」の母体である「国連経済社会理事会」＊（ECOSOC）も議題を前進させることができずにいる。

「リオ＋20」に至るまでの作業部会では、持続可能な開発の"制度的枠組み"の改善を訴える声が上がっていた。しかし、最終的な提案（「持続可能な開発・世界環境機関に関する評議会」の創設）は、「持続可能な開発委員会」とはっきり異なるビジョンを明示することができなかった。代わって「リオ＋20」の成果文書には、最終的に「持続可能な開発委員会」に代わる「政府間ハイレベル政治フォーラム」を設立することとし、詳細の多くに関しては国連総会に委ねられることとされた。この変革への取り組みで、主要指標において前進が見られないのは多国間組織制度に不備があるためとしているが、現実には、問題の大部分は加盟各国が「持続可能性」に合意する十分な政治的余地がないことに起因している。

▶資金調達
持続可能性に関する最も重要な資金供与機関は「地球環境ファシリティ」（GEF）である。「地球環境ファシリティ」は1991年の設立以来、105億ド

学、技術、社会科学の面から評価を行うために1988年、世界気象機関（WMO）と国連環境計画（UNEP）が設置した組織。初めて日本において第38回総会が開催された（平成26年3月25日〜29日、横浜市）。

＊ミレニアム生態系評価
国連の主唱により2001〜2005年にかけて行なわれた、地球規模の生態系に関する総合的評価。95ヵ国から1,360人の専門家が参加。生態系が提供するサービスに着目して、それが人間の豊かな暮らし（human well-being）にどのように関係しているか、生物多様性の損失がどのような影響を及ぼすかを明らかにした。これにより、これまであまり関連が明確でなかった生物多様性と人間生活との関係がわかりやすく示された。

＊地球環境概況（GEO）
国連環境計画（UNEP）が1997年から発行している地球環境に関する評価報告書。世界の環境問題の状況、原因、環境政策の進展、および将来の展望等を分析・概説し、各国政府やその他の関係者等の政策決定に資することを主な目的とする。2012年6月に第5次報告書を発表。

＊国連経済社会理事会
国連憲章により、国連や専門機関、その他各種機関の経済社会活動を調整する主要な機関として設置。経済社会理事会の任務と権限と

ルの無償資金提供と510億ドルの協調融資を行なっている。32名の代表による評議会の監督下で、世界銀行、UNDP（国連開発計画）、国連環境計画（UNEP）、各国政府、市民社会組織が資金拠出を受けており、さまざまな多国間環境協定を支援している。

「資金調達」をとり巻く状況は近年、気候変動問題に関わる資金供与機関の拡散によって大きく複雑化した。最も重要なのが、世界銀行の「気候投資基金」である。「気候投資基金」には「クリーン技術基金」（50億ドルの誓約のうち19億ドルが承認済み）と「戦略的気候基金」（誓約ベースで13億ドル）が含まれている。

次に、「国連気候変動枠組条約」（UNFCCC）の基金で、温室効果ガス排出の"2％削減"を通じて供与される適応基金である。そして、「コペンハーゲン国連気候変動会議」（コペンハーゲン・サミット）において設立が合意され、公的・民間の財源を通じて2010年までに1000億ドルの調達が見込まれた「グリーン気候基金」である。加えて、各国政府も気候変動対策に関する数々の二国間資金供与を行なっている。日本は公的財源から110億ドル、民間から40億ドルを調達することを公約し、イギリスも46億ドルの調達を公約している。将来的には「森林減少・劣化からの温室効果ガス排出削減」＊（REDD＋）と「生態系サービスに対する支払い」＊（PES）による資金調達も大規模に発展する可能性がある[113]。

このような構図をさらに複雑化させているのが世界の「炭素市場」で、市場規模は2010年時点で1420億ドルに達している。ただし、この市場が開発に及ぼす効果は限定的でしかない。というのは、開発途上国が削減目標に拘束されておらず、したがって交換できる「割当量単位」＊（AAUs）をもっていないからである。「クリーン開発メカニズム」（CDM）は、貧しい国々に排出権取引の恩恵を与えるための方策として編み出されたが、その恩恵はほぼ全面的に新興国に集中している（中国が排出権の41％、ブラジルとインドがそれぞれ14％を得ているのに対し、アフリカは全体で2％しか得ていない）。

「国連貿易開発会議」（UNCTAD）のようなごく一部の例外を除いて、国連は任意拠出金に頼り続け、公平な資金拠出の取り決めを作ろうとしていない。その結果、国連は気候変動対策の資金調達には積極関与しているものの、議論は往々にして新たな資金をめぐる競合や組織間の縄張り争いになってしまっている。

---

113. データはすべて海外開発研究所（Overseas Development Institute）による。http://www.climatefundsupdate.org/listing。

しては、・国際的な経済社会問題を審議し、かつ国連加盟国や国連システムに宛てた政策勧告を作成するための中心的な場となる。・国際的な経済、社会、文化、教育、保健、その他の関連問題に関する研究や報告を行い、または発議し、かつ必要な勧告を行う。・人権と基本的自由の尊重と順守を促進する。・経済、社会、その他の関連分野で主要な国際会議の準備と開催を行い、こうした会議のフォローアップを調整し、促進する。・専門機関との協議および専門機関への勧告、また国連総会に対する勧告を通して専門機関の活動を調整する。

＊森林減少・劣化からの温室効果ガス排出削減（REDD＋）
REEDは途上国での森林減少・劣化の抑制や森林保全による温室効果ガス排出量の減少に、資金などの経済的なインセンティブを与えることにより、排出削減を行おうとするもの。森林減少ないしは劣化の抑制を対象とするREDDに対し、森林減少・劣化の抑制に加え、森林保全、持続可能な森林経営および森林炭素蓄積の増加に関する取組を含む場合をREDD+と呼ぶ。

＊生態系サービスに対する支払い
企業活動や我々の生活の多くは自然の恵み／生態系サービスなしには維持できない。この生態系サービスを持続的に利用するための保全費用やサービスそのものの対価を直接支払うことをいう。例えば、上流部の森林に水

◤国レベルでの実施

広い意味で、「持続可能性」の議題は国レベルで「二つ」の主要側面をもつ。一つは、持続不可能性がもたらす事態に対する適応能力。もう一つは、長期的に持続可能な経済と政策への移行の必要性である。適応能力の重視には、「政策」と「戦略の能力」という二つの大きな取り組み分野が伴う。政策面で最も重要度が高いものとして、社会的保護、災害リスクの緩和、気候適応、農業、雇用がある。戦略の能力とは、政府のリスク管理と脆弱性の削減における総合的能力であり、いずれも統治の技術的側面（早期警報のシステム）と政治的側面（紛争の解決、リスクの分散、不平等性）の両面に関わる。

国レベルにおける実施の第二の側面は、経済と政策の長期的な「持続可能性」である。最も重要な点として、そこには低炭素開発、より広く捉えれば"グリーン"な成長が含まれる。ここでの持続可能性は環境負荷の低減にとどまらず、資源の減少とともに費用が漸増していくおそれのある開発軌道にロックイン（固定化）されることを防ぐうえで、低炭素・グリーン成長による開発軌道に焦点を合わせることの望ましさを意味する。

国連システムの各部分は、この議題の個別の側面に関して取り組んでいる。災害リスク緩和や平和構築などの予防的取り組みは、人道的観点からとくに重視されるようになっている。また、気候変動の適応には多数の専門機関が取り組んでいる。そして、さらに多くの専門機関が、社会的保護の提供によって構築される「ソーシャルプロテクションフロア」の必要性を訴えている。国連開発計画（UNDP）や国連本部人道問題調整局（OCHA）のように、「適応能力」を組織原理の中心に据えている機関もある。多数の国連諸機関が長期的な持続可能性の向上を目的に、セクター単位のプロジェクト（たとえば発電や建築環境、交通政策など）を追求している。しかしながら、「持続可能な経済」へ向かうための戦略面での能力構築に関して、国連諸機関が総合的な変革理論をもっているのかどうかはっきりしない。

さらに、「持続可能な開発」に対する国連の対応は、国連システム内の"一貫性"の欠如によって妨げられている。国連事務総長の「国連システムの一貫性に関するハイレベル・パネル」（専門委員会）によって、国レベルにおける国連開発援助の一貫性を高めるための提言が詳しくまとめられているが、「持続可能性」は最小限にしか考慮されていない。それを受けて打ち出された、「ひとつの国連としての援助提供」議題（数カ国で先行実施された）も、計画立案や実施に対する持続可能性のあり方に、大きな変革は見られなかった。それから６年、この見落しはほとんど是正されないままになっている。

「地球の持続可能性に関するハイレベル・パネル」（GSP）は、国連の国レベルでの活動を向上させるための提言よりも、被援助国と世界的機関に関する提言にほぼ終始した。各国の「持続可能性」に対する国連プログラムの重要性が

源かん養や水質浄化という生態系サービスを提供してもらっている人々が、これを維持するための管理費用を管理者に支払う場合などがこれに当たる。

＊割当量単位（AAUs）
排出枠（クレジット）の１分類。地球温暖化防止を図るために、国連気候変動枠組条約の附属書Ⅰ国（先進国）それぞれに割り当てられる二酸化炭素に換算した人為的温室効果ガスの削減量。排出量取引で先進国はこの割当量単位（初期割当分の一部）を取得・移転できる。

増すなか（ことに国連の新たな協力基金の設立が間近に見込まれるなか）で、各々の「国連常駐調整官」（Resident Coordinator）が状況の変化に対応できる知識と技能を備えているのかどうか、綿密な評価が必要となる。

「持続可能な開発」における触媒としての国連の役割

国連が「持続可能な開発」において担う最も重要な役割は、おそらくリーダーシップや議題設定、加盟国への働きかけといった「ソフト」な領域であろう。しかし、持続可能性をめぐる政治的緊張によってその進展が妨げられている。各国の政策立案者は、国内問題よりも世界的な課題に目を向け過ぎているとして、強い批判を浴びるようになっている。国内問題と世界的な課題が深く結びついている場合でさえも——。

高所得国の「エコロジカル・フットプリント」*が中所得国の3倍、低所得国の5倍に達しているなか、資源の総消費量が持続可能な範囲内に抑え込まれた状態で低所得国が成長するとすれば、先進国は「エコロジカル・フットプリント」の削減に応分以上の責任を負うことになり、加えて新興国の中間層に及ぶしわ寄せも増していくことになる[114]。

大半の政府間協議において、このような点はおおむね触れることのできない問題として放置されている。気候関連の国連会議で「共通だが差異ある責任」がどれほど強調されようと、あるいは世界に許容される「排出枠の配分」についてどれだけ議論が交わされようと、「炭素スペース」が問題として取り上げられていない、という事実はまったく変わらない。その理由として大きいのは、新興国側が「化石燃料集約型」の開発を進める権利の制限を警戒しているからである。しかし同時に、先進国側にも政治的に好都合という側面があり、それが最も顕著なのがアメリカである。その結果、「コペンハーゲン国連気候変動会議」（コペンハーゲン・サミット）がそうであったように、野心度の低い合意がおおむね暗黙の了解の内に打ち出されるケースが多くなっている。

となると、問うべきは、このような問題に対する現状の政治的打算を変えるうえで、国連にできることがあるとすれば、それは何なのか、という点である。国内政策の変更を求める国連の圧力に対して、加盟国側が許容できる範囲は明らかに限られている。潘基文（パン・ギムン）国連事務総長のもとで「持続可能な開発」の優先度は劇的に上がり、在任2期目に入って「最上位」に位置づけられるに至った。

それに比べてはっきりしないのは、明確な影響力理論による国連のリーダーシップの発揮、あるいは、事務総長が議論に最も「付加価値」をもたらせるの

---

*エコロジカルフットプリント（生態的足跡）
自然生態（エコロジカル）を踏みつけた足跡（フットプリント）を意味し、人間の生活がどれほど自然環境に依存しているかを分かりやすく示すために開発された指標。世界自然保護基金の「生きている地球レポート2006」によれば、2003年時点の世界のエコロジカルフットプリント（需要）は、地球の生物生産力（供給）を約25％超過しているとされる。需要が供給を超える状態が続けば、いずれ、地球の生物学的資源は欠乏してしまうことになる。

---

114 Alex Evans, "Resource Scarcity, Fair Shares and Development," World Wildlife Fund and Oxfam discussion paper, 15 July 2011.

はどの部分で、それはどのような形でなのか、という点である。必要とされるのは、国連と開発諸機関が付加価値をもたらせる部分を深く分析することである。激しい論争の続く分野で、国連がどのように触媒の役割を果たせるのか、その戦略的なビジョン（未来像）が今後の国連の妥当性の最大の試金石となる。

「リオ＋20」と「ミレニアム開発目標」、「持続可能な開発目標」

つまるところ、「持続可能な開発」における国連の成否は「リオ＋20」からの成果で判断されることになる公算が大きい。国連事務総長は「リオ＋20」を成功と位置づけ、「厳然たる変革へ向かう世界の動きがさらに進化した」と総括したが、会議による具体的成果はごくわずかでしかなかった。

最大の成果は、2015年以降に「ミレニアム開発目標」（MDGs）に代わるものとして、「持続可能な開発目標」（SDGs）を打ち出したことである。「持続可能な開発目標」の政策的合理性は見て取りやすいとしても、野心的な枠組みに対する政治的余地がはっきりしていない。「ミレニアム開発目標」は幅広い国際的コンセンサス（意見合意）を反映していたが、「持続可能な開発」はそれよりもはるかに異論の多いテーマであり、同種の合意は（現在のところ）存在していない。

新たなパートナーシップ（提携・協力）の議題

サミットレベルの協議が不調と見なされるなか、国連システムのさまざまな部分で複数のセクター（分野）の協力に焦点を合わせる動きが強まっている。SE4ALL（すべての人のための持続可能なエネルギー）主導のハイレベル・グループは、共同議長を務める国連工業開発機関（UNIDO）事務局長とバンク・オブ・アメリカ会長のもとで、アメリカやBRIC（ブラジル、ロシア、インド、中国）などの各国政府、「シーメンス」や「スタットオイル」などの民間企業、国連グローバル・コンパクト、世界銀行（IBRD）、国連開発計画（UNDP）、国連環境計画（UNEP）、「持続可能な開発のための世界経済人会議」などからメンバーが参加している[115]。

これは国連システムの多くの部分、とくに国連事務総長室にとって大きな転換点を意味している。国連事務総長に会議招集の権限があることは、この種のパートナーシップの触媒役として今後さらなる働きを担える立場にあることを意味し、現に事務総長みずからもその意思を示している。このことは必要性か

---

[115] http://www.sustainableenergyforall.org/about-us/high-level-group

ら生じた側面もある。「持続可能な開発」に関して、各国政府が単独でなしうることには限界があり、とくに投資と技術・インフラ提供の両面で「企業」が必要不可欠なパートナーとなる。これまで、国連システムは往々にしてこの部分で行き詰まり（たとえば、コペンハーゲン国連気候変動会議）、企業のCEO（最高経営責任者）の参加は中核の政策討論でなく、番外行事に限られることが多かった。

それと同時に重要なのが、限界をはっきりと見定めることである。企業責任の監視・監査は弱点になりやすい。それというのも、企業が資金提供や実施に関わる場合、PR（広報または宣伝活動）上の「メリット」を最重視することが多い。さらに、進歩的な企業は積極関与の姿勢を強めているとしても、依然として多くの企業がまったく関与していない。そのため、明確な包括的枠組みがないままで、自主的協力が「持続可能な経済」の実現に必要な変容につながる可能性はきわめて薄い。

この意味で、「持続可能な開発」におけるパートナーシップ（提携・協力）の最も根本的な問題は、この種の構想がどのようにして、国際的な規制の枠組みを求める多様な政治的連携の触媒として働きうるのかである。国際的な規制の枠組みとは、たとえば世界的な「炭素価格」の設定である。すでにこの点をふまえたパートナーシップもある。「グーグル」や「ナイキ」、「ソニー」をはじめとする企業30社は、2010年にEU（欧州連合）に対し、2020年までに温室効果ガス排出量を1990年比で30％削減する目標を設定するよう求める「共同声明」を発表した。今後の規制内容と経済の針路が明確化することによって、「低炭素技術」への投資拡大に必要な根拠が得られるという論理である[116]。この種のパートナーシップを媒介するうえで、国連システムは決定的に重要な役割を果たす潜在的可能性をもっている。しかし、そのためには、政治的指向性をもつ「提携・協力」と、不参加企業への影響力が限られている「任意的協力」とを峻別する必要がある。

結論

国連は「持続可能な開発」に対する一貫性のある変革理論を欠いていることから、停滞したままである。しかしながら、「持続可能な開発」という課題に関して、国連は戦略的リーダーシップに重要な役割を担いうる立場にある。すなわち、この問題を「環境問題」という狭い枠組みから解き放ち、「将来を保証する開発」として位置づけるとともに、長期的課題に取り組む協力関係を媒介することができる立場にある。

＊ストックホルム・レジリエンス・センター 2007年1月に設立されたストックホルム大学に属する社会科学系環境問題研究所。複雑な社会－生態系システムの理解を進め、そのマネジメントとガバナンス開発のための新たな洞察力と手段を創造し、世界をリードする学際研究センターを目指す。

116　http://www.theclimategroup.org/our-news/news/2010/10/13/businesses-call-for-eu-policy-move-to-30-per-cent-emissions-cuts-by-2020/

しかし、そのために国連は、その行動を変える必要がある。触媒としての役割とリーダーシップの役割を強めるうえで、国連は組織構造いじりにストップをかけ、機能についてもっと真剣に考える必要がある。新しい機構の創設や組織の再編議論に没頭するよりも、提供を求められている「機能」について議論し、提供との「ギャップ」を見極めるべきである。たとえば「ストックホルム・レジリエンス・センター」*が明らかにした、「9つの惑星的境界線」*の監視をするように——。

新たな活動主体が台頭するなかで、国連がプロジェクトを実施する場合の付加価値がはっきりしていない。多くの国連諸機関は、気候変動対策の資金や実施上の役割を求めて争うよりも、もっと高いレベルに焦点を合わせたほうがよいはずである。とくに「グリーン経済」*と「適応能力」の分野で各国政府に協力し、各国が戦略的対応をとることを助けるべきである。

国連にとって、データ収集、条約のまとめ上げ、資金調達などはいずれも重要な責任であるが、その最も重要な役割は世界の「議題設定」を助けることである。この役割を完全に果たすには、国連のリーダーたちが変革理論について熟考し、自分たちはどこでどのような形で影響力を発揮できるのか、をよく考える必要がある。

「持続可能な開発」の前進には、公平と公正の問題について、もっと率直に議論することが求められる。この新たな議題について、国連は議論の余地を広げることに全力を尽くす必要があり、開発途上国が政府間レベルで議題を推進できるように協力すべきである。そのための国連のパートナーシップ（提携・協力）に対する新たな熱意は歓迎される。しかしそれは、複数のセクターにまたがる協力関係に「付加価値」を加えることができるか、できないか、国連自身がよく理解している場合に限られる。

*9つの惑星的境界線
ストックホルム・レジリエンス・センターが提唱した社会生態系システムの適応能力測定方法。この境界線を越えた場合受け入れがたいレベルの環境破壊が起こるという。惑星的境界線を構成する9つの要素とは——気候変動、生物多様性の喪失、土地利用の変化、淡水利用、窒素および亜リン酸のサイクル、海洋の酸性化、化学汚染、大気中エーロゾルの減衰、オゾン層の破壊——。人類はこのうちすでに気候変動、生物多様性の喪失、窒素および亜リン酸のサイクルを踏み越えてしまったという。

*グリーン経済
環境保全や持続可能な循環型社会などを基盤とする経済システムのこと。自然環境の保全や天然資源の循環利用によって、将来にわたって持続可能な経済成長を実現しようとするもの。再生可能エネルギーの研究や自然環境の再構築、廃棄物削減事業など環境分野の雇用促進、環境対策への投資など、環境問題への取組みを経済の中心に据えることで、経済発展と環境保全の両方の課題を同時に解決することを目指す

グローバルヘルス（世界保健）

ローリー・ギャレット

「グローバルヘルス」（世界保健）に対する関心の高まり、とくに2000年の「ミレニアム開発目標」（MDGs）発表以後の関心の高まりにより、「保健」の多分野で劇的な向上が見られると同時に、多くの国際機関といろいろな発案との複雑な（そして往々にしてやっかいな）渦を生むこととなった。そして現在、世界的な状況変化は、保健分野の活動組織にとって「五つ」の課題を浮かび上がらせている。すなわち、

1 持続可能な支援の模索、
2 不平等な基金へのアクセスが個人の保健に及ぼす影響、
3 世界保健の構成と浮かび上がってきた優先順位との明らかな齟齬、
4 世界の食糧供給の変化、
5 気候変動、

である。「世界保健」のカギを握る指導者たちと諸機関は、このような脅威をかろうじて認識しているに過ぎず、解決あるいは対応のための政策立案にはほど遠い状態にある。

多国間の「世界保健」の構成の進化

世界保健は比較的新しい多国間の取り組みであり、「世界保健」（グローバルヘルス）という言葉が一般的になったのは、1980年代初頭のことである。その背景には、冷戦と旧来の南北分断を超えた「世界的団結」というビジョン（未来像）があった。1990年までに、保健分野は資金提供と戦略的な計画・指導の両面において、「世界保健機関」（WHO）が主導するようになった。1990年に世界保健に充てられた約56億ドルのうち、WHOの資金調達はほぼ12億ドルに上った[117]。

しかしながら、WHOの目標の大半は、安全な飲み水の提供や寄生虫対策、子どもの予防ワクチン接種、栄養など公衆衛生に関わるものであり、HIV（エイズウイルス）／エイズ対策との間に大きなギャップを残していた。世界のHIV対策予算は3億ドルにも満たなかった[118]。WHOは1994年に、「世界

---

[117] http://www.cfr.org/global-health/reinventing-world-health-organization/p28346

エイズ対策計画」を正式に打ち切った。これをきっかけに、のちにいくつもの多国間機関がWHOの権威に挑むことになる、最初の動きが起こった。それが、7つの国連機関がエイズの世界的流行（パンデミック）対策のために協調してつくった「国連合同エイズ計画」＊（UNAIDS）である。

それ以降、世界保健の構成は、さらに複雑度を増すことになった。2000年に世界保健の覇気は「ミレニアム開発目標」（MDGs）に組み込まれ、「ミレニアム開発目標」のうち三つが明確な保健目標、さらに加えて二つが保健に明白な影響をもつ目標となった。これは関心の高まりを反映したものであると同時に、関心を高めさせるものでもあった。

1998年設立の「ビル＆メリンダ・ゲイツ財団」は、世界保健に年間10億ドル以上を注ぎ込んでいる。ビル・ゲイツは2003年に「世界保健総会」（WHA）で基調講演に立ったこともあり、世界保健に対する影響力はWHO以上と見る向きも多い。2002年には「アメリカ大統領緊急エイズ救援計画」（PEPFAR）が開始され、「抗HIV薬」は2004年初頭に100万人以上に提供され、2011年には500万人を超えた。「世界エイズ・結核・マラリア対策基金」＊（The Global Fund to Fight AIDS, Tuberculosis and Malaria）は、各国やNGO（非政府組織）のプログラムに数十億ドルの資金を流す、前例のない仕組みとなった。

2008年半ばの時点で、「世界保健」に対する年間支出（民間団体、アメリカ大統領緊急エイズ救援計画〈PEPFAR〉、世界エイズ・結核・マラリア対策基金、開発途上国および他の援助国による支出総額）は260億ドルに達し、1998年比で5倍増となった[119]。WHO（世界保健機関）は、地位においても、ドナー（援助提供者）支援に占める割合においても、後退した。その一方、数千に及ぶ新しいNGO（非政府組織）や国連関係の活動組織が保健分野に参入したことにより、混乱と複雑性が生じ、さらには世界保健のガバナンス（統治）に無秩序状態が生じるまでに至った[120]。

加えて、2008年の世界金融危機がこの保健システムを揺るがした。「世界エイズ・結核・マラリア対策基金」に対する資金援助は急激にしぼみ、その状況を受けて基金側は新規の無償資金援助を見合わせ、幹部の人員整理を行なうとともに、大幅な再編に踏み切った。WHO（世界保健機関）も2011年および2012年予算に10億ドル超の不足が生じ、事務局長は20％の人員整理を余儀なくされた[121]。世界銀行と国際通貨基金（IMF）は、緊縮財政が広がるなか

＊国連合同エイズ計画（UNAIDS）
エイズ対策を進める人々を導くために情報や技術的支援を提供し、エイズの流行とその対応を追跡し、監視し、評価するという国連諸機関が一体となって進める活動。その内容としてはエイズの流行に対する包括的かつグローバルな行動の提唱、HIV感染を防ぎ、感染者に対するケアと支援の提供、HIVに対する人や地域社会の脆弱性の改善、エイズ流行の多様な影響を緩和する対応の先導、この蔓延が世界的な流行病とならないようにし、感染者に対するあらゆる形態の差別もなくするように努める、というもの。

＊世界エイズ・結核・マラリア対策基金（The Global Fund to Fight AIDS, Tuberculosis and Malaria）
三大感染症といわれるエイズ・結核・マラリアは、世界で年間数百万人の命を奪い、途上国の開発にとって重大な阻害要因となっている。基金は、途上国のこれら三疾病対策を支える資金を提供する機関として、2002年1月にスイスで設立。各国の政府や民間財団、企業など国際社会から大規模な資金を調達し、開発途上国が自ら行なう三疾病の予防、治療、感染者支援のための事業に資金を提供。

---

118 http://ari.ucsf.edu/science/reports/global_spending.pdf
119 http://www.thelancet.com/journals/lancet/article/PIIS0140-6736(09)60881-3/fulltext
120 http://www.repository.law.indiana.edu/cgi/viewcontent.cgi?article=1373&context=ijgls
121 http://www.1310news.com/news/world/article/227494--who-head-blames-budget-cuts-on-global-financial-crisis-weak-us-dollar

で、保健分野を支える方策を見つけあぐねている[122]。欧州からの世界保健支援の大部分は消滅、もしくは縮減した[123]。2011年初頭までに、世界保健の資金は主としてゲイツ財団とアメリカ政府によって支えられる構図となった。

この10年間の経験から、「二つ」の大きな教訓が浮かび上がっている。
第一に、「依存は危険である」ということである。とくに単一の財源、または国に圧倒的部分を頼っている場合はそうである。ゲイツ財団とアメリカ政府に影響力が集中している現状は、あまりにも大きな政策権限が少数の手に握られているという点と[124]、世界保健の資金が一家族の個人的な気まぐれや、分断した議会に左右されかねないという点の両方において危険である[125]。
そして第二に、世界保健の構成と目標が合理的な議論を経ることなしに、たちまち大きく変わるおそれがあり、不測の影響を生み出しかねないということである。世界保健の予算拡大において、最大の原動力となったのはHIV治療に対する"平等化"を訴える要求であり、資金の最大部分がその目的に向けられた。その過程において、本格的な計画や戦略的議論がなされないまま、世界保健は古典的な公衆衛生から慢性疾患に対する「生涯治療」*の提供を目指す使命に変容した。世界全体で医療従事者が約470万人不足しているさなかのこの変容は、医療システムにたちまち重大な負担をもたらした[126]。さらに2011年、国連総会の「非感染性疾患」*に関する審議がその負担に追い打ちをかけ、糖尿病、心臓病、ガンの治療にあたる人的資源とインフラの需要を高め、世界保健の概念そのものをさらに"医療化"させたのである[127]。

構成的に見ると、「世界保健」に対する資金拠出の拡大とその後の縮小によって、力関係と影響力に根本的な変化を引き起こした。新たな多国間機関の台頭とともに、WHOの影響力が衰退の一途をたどっただけでなく、世界保健の目標の優先順位までもが変化した。この再編は、一握りの病気や構想に取り組もうとする国際社会の姿勢を映し出している。すなわち、エイズと結核とマラリアの治療と予防、子どもの予防ワクチン接種、医療技術の研究開発、それらに大きく離れて続くのが妊産婦死亡率低下と子ども生存率の向上、そしておそらくは医療システムの強化であろう。こういった構成に完全に欠けているのが、2015年以降の「保健ミレニアム目標」となる可能性の高い「ユニバーサル・ヘルス・カバレッジ」*（UHC）に向けた明確なリーダーシップと専門

*生涯治療
生涯にわたる治療。高血圧・糖尿病などの慢性疾患は治療が長期にわたり、ときには一生涯続くこともある。

*非感染性疾患
WHOの定義では、不健康な食事や運動不足、喫煙、過度の飲酒などの原因が共通しており、生活習慣の改善により予防可能な疾患をまとめて「非感染性疾患（NCD）」と位置付けている。狭義では、がん・糖尿病・循環器疾患・呼吸器疾患が含まれ、これに加え精神疾患や外傷を加えるという意見もあるが、正式な合意はない。

*ユニバーサル・ヘルス・カバレッジ（UHC）
すべての人が必要な保健医療サービスを受けられる手だて。

122. http://www.ncbi.nlm.nih.gov/pubmed/22504946
123. http://www.ft.com/intl/cms/s/0/f1d2c8d6-283a-11e2-a335-00144feabdc0.html#axzz2BXQG9Mm4, http://www.trust.org/alertnet/news/funding-cuts-imperil-european-fight-against-tb-hiv/, http://www.ghd-net.org/sites/default/files/Health%20Diplomacy%20Monitor%20Volume%203%20Issue%204.pdf
124. http://www.nytimes.com/2012/10/12/world/cutoff-of-us-money-leads-unesco-to-slash-programs.html
125. http://www.nytimes.com/2012/10/12/world/cutoff-of-us-money-leads-unesco-to-slash-programs.html
126. http://www.plosmedicine.org/article/info%3Adoi%2F10.1371%2Fjournal.pmed.1001227
127. http://www.thelancet.com/journals/lancet/article/PIIS0140-6736(09)60881-3/abstract

的指導である。

「五つ」の現下の課題

【課題1】：持続可能な資金調達

2008年の世界金融危機によって、世界保健の「資金調達」に"持続可能性"が求められていることが浮き彫りになった。外部の支援に大きく頼ってきたいくつかの国々は現在、自立的実施への移行を図っている。その先頭に立ったのは「南アフリカ」で、医療への普遍的権利を含む国内保健政策のすべてについて、2010年までに外部支援を完全に切り離す目標を打ち出した。しかし、こうした最貧国が近い将来に自立能力を得る見込みは乏しい[128]。

「国連合同エイズ計画」（UNAIDS）は、歳入が約155億ドルに達する可能性のあるサハラ以南アフリカ諸国について、保健予算の「国内調達目標額」を割り出しているが、これは各国の財務担当大臣が資金を保健に充てることに同意することを前提としているうえに、貧困層に応分以上の経済的負担が及ぶことになるおそれもある。

世界保健への資金提供の急激な増加が、被援助国の「保健プログラム」に対する責任に、好影響を及ぼすのか[129]、悪影響を及ぼすのか[130]については、かなりの論争がなされている[131]。ことに精査されているのが「インド」である。国富のめざましい増加にもかかわらず、インド国民の大半にとって"医療の質"と"価格水準"はなおもひどい状態にある[132]。

インドでは、子どものほぼ半数が慢性的な栄養不良で発育を阻害され、医療改革は中央政府と地方政府の責任をめぐる論争のなかで停滞している[133]。

世界銀行とゲイツ財団は、タバコとアルコール製品への課税強化や、いわゆる「ロビン・フッド税」*の導入、さまざまな通貨計画など、革新的な資金調達方法の構想を打ち出している[134]。

しかし、このような革新的手法の実施と、歳入を世界保健に充てることへの政治的意思が得られうるとしても、現状の保健各分野と拡大した医療システムに対する資金需要、そして「ユニバーサル・ヘルス・カバレッジ」（UHC）の

*ロビン・フッド税
投機目的の国際通貨取引に対して課税を強化すべきだという立場から提案されている税制。アメリカの経済学者、ジェームズ・トービンが地球の問題を経済学的に解決するために、先進国からの支援資源を金融取引に見出し、経済の実態とは別次元で活発化している金融取引に非常に少額の税を掛けて、後進国支援、貧困の解消に役立てようと提言したもの。暴政に抵抗したロビン・フッドにちなんだ命名。

---

128 http://www.thelancet.com/journals/lancet/article/PIIS0140-6736(10)60438-2/fulltext
129 http://www.thelancet.com/journals/lancet/article/PIIS0140-6736(10)60438-2/fulltext
130 http://www.thelancet.com/journals/lancet/article/PIIS0140-6736(10)60438-2/fulltext
131 http://www.thelancet.com/journals/lancet/article/PIIS0140-6736(10)60438-2/fulltext
132 http://www.healthaim.com/india-has-worst-mortality-rate-for-children-in-the-world/; http://content.healthaffairs.org/content/31/12/2774.abstract?ijkey=0Qfmw8nNSqr/s&keytype=ref&siteid=healthaff
133 http://www.washingtonpost.com/world/asia_pacific/india-plans-big-increase-in-health-care-spending-to-catch-up-to-rivals/2012/03/04/gIQAnVuw0R_story.html
134 http://www.thelancet.com/journals/lancet/article/PIIS0140-6736(12)61460-3/fulltext

目標を満たすには、年間約2110億ドルが必要であるのに対し、見込める歳入の合計は年間1650億ドルにしかならない。

「国連合同エイズ計画」(UNAIDS) は、年間2580億ドルの増収をもたらしうる四つの「革新的なプログラム」を提言している。この増収分があれば、世界の保健需要を満たしてなお余りあることになる。しかし、これらすべての構想は、気候変動対策や国連システム、国連平和維持活動の通常予算化、および他の世界的なプログラムの財源としても取りざたされている。このような「国際課税制度」を支持する政治的意思がまとめ上げられたとしても、世界保健は資金が振り向けられる対象の数あるなかの一つであるに過ぎない。

【課題2】：世界の富の偏在
世界の秩序と経済の性格は根本的変化のさなかにある[135]。世界保健に関しては、とくに二つの"力学"が挙げられる。一つは、世界人口のごく一部分への「経済的利得」の集中。もう一つは、保健需要の「地理的分布」が複雑になっていることである。

シティバンク／ナイト・フランクの『ウェルス・リポート（富に関するリポート）2012』*において、「最も裕福な1％の人々の富が一般市民の富よりもはるかに速く拡大する現象、すなわち『富豪』経済のあくなき拡大」を指摘している[136]。新たなスーパーリッチ層は、美術品や不動産、宝飾品、ヨットなど、さしたる雇用拡大を生み出さない「有形資産」に投資している。「ウォーレン・バフェット／ビル・ゲイツ現象」（1.2.5：慈善事業参照）は起こらず[137]、新たなスーパーリッチに"慈善家"として世界保健に肩入れしようとする動きはない。

このレポートで「シティバンク」は、2050年までに国家経済の観点から「世界は完全に反転する」と予測している。インドが約86兆ドルのGDP（国内総生産）で世界のトップに立ち、次いで中国が80兆ドルで2位、それに大きく離されてアメリカが39兆ドルで3位に続くことになるという。しかし、OECD（経済協力開発機構）によれば、一人あたりのGDPと購買力平価にもとづく2050年の「世界ランク」は大きく異なり、アメリカがトップで、以下はカナダ、ドイツ、イギリス、日本、フランスの順に続く――。インドと中国は「トップ20」の最下位に名を連ねるにとどまる。

このようなマクロ経済の趨勢から、世界の保健と開発の取り組みは一つの

*ウェルス・リポート（富に関するリポート）2012
アメリカ・シティグループとイギリス不動産ブローカーのナイト・フランクが毎年発表する世界の富に関するレポート。ちなみに2012年のレポートでは、1億米ドル（約83億円）以上の可処分資産を持つ富豪の人口が、2011年において初めて、アジアが北米を抜いたことが示されている。

---

135 http://www.economist.com/node/8382336?story_id=8382336
136 http://www.thewealthreport.net/
137 http://philanthropy.com/article/How-Much-Top-Donors-Have-Given/130485/

"難題"に突きあたることになる。それは、「貧しい国」と「豊かな国」の区別に正確にあてはまる国が減っていくことである。「国連合同エイズ計画」（UNAIDS）のチーフサイエンティストを務めるベルンハルト・シュワルトランダー博士（Dr.Bernhard Schwartlander）は次のように分析している。
「私たちが予防と治療への普遍的利用権利と世界エイズ・結核・マラリア対策基金の創設を求めて闘い始めた2000年の時点で、HIV感染者の70％が低所得国に暮らしていた。しかし、いまから8年後、その数字はわずか13％になる」
最近の分析結果では、「貧富の格差」と「子ども生存率」に明確な相関関係が確認されており、ますます少数の人々に「富の集中」が進むことにより、事実上、貧困世帯の子どもを殺すことになっている、としている[138]。アメリカと欧州諸国でも、所得水準による医療システムへの「利用権利格差」が問題視されるようになっている。

世界保健のための次なる闘いの段階では、「北」から「南」への"慈善"という、旧来の捉え方を捨てなければならない。世界人口のほんのごく一部に"資本"と"富"が集中する傾向がさらに進むにつれ、公共財の劣化が、豊かな国でも貧しい国でも生じるおそれがあるからである。開発に成功した国々では、非感染性疾患への対策が増えるにつれて、保健ニーズが複雑化し、大きな費用を伴うようになっている。

【課題3】：世界保健の構成と新たな使命
世界の人口は長寿化しているが、人々は寿命が伸びた年数の大部分を、健康の悪化や慢性疾患で苦しんでいる[139]。主として、世界保健プログラムの成功によって、1990年以降、感染性疾患による死亡率は急減し、また子どもの死も減少する一方で、70歳、80歳を超える高齢者が増えている。このことから、世界保健の取り組みは根本的な方向転換を必要としていると考えられる。今後も、エイズ、結核、マラリアを予防する取り組みと、子どもの予防ワクチン接種は継続しなければならないが、世界人口の大部分は別種の予防と治療を必要とすることになる。すなわち、糖尿病、ガン、心血管疾患、精神疾患、老化を対象とする「医療システム」に取り組みの重点を置く必要がある。

2015年以降の「ミレニアム開発目標」（MDGs）に関する議論が進むなかで、保健目標の第一に位置づけられているのが「ユニバーサル・ヘルス・カバレッジ」（UHC）である[140]。この「ユニバーサル・ヘルス・カバレッジ」が目標に定められれば、世界の大半の国が医療従事者の確保と訓練、医療システムの

138　http://www.savethechildren.org.uk/sites/default/files/images/Born_Equal.pdf
139　http://www.thelancet.com/journals/lancet/article/PIIS0140-6736(12)61690-0/abstract
140　http://www.guardian.co.uk/global-development/2012/dec/13/un-momentous-resolution-universal-healthcar

管理運営、医療費の確保と保険、外来治療、慢性疾患に関する指導を必要とすることになる。

しかし、現状の世界保健の構成は「疾患」ごとに分離された形になっている。国連が「ユニバーサル・ヘルス・カバレッジ」を次期の主要保健目標とした場合、保健分野における多国間活動の構成全体に大再編が必要となるが、そのような再編は政治的に大論争を呼ぶことになる。とくに争点となるのは、援助供与国と被援助国との関係と、エイズ、結核、マラリアの予防対策の先行きである。過去の歴史は、"医療の提供"に重点が移れば、公衆衛生の力と優先順位が下がることを示している[141]。世界保健の主眼を検証なしで世界的な医療の提供に移すことは、早計なばかりでなく、危険でさえあると考えられる。

【課題4】：世界の食糧供給

2007年の食糧危機において、国連食糧農業機関（FAO）は穀物価格の急騰を座視するばかりだった。2008年3月に、アジアの諸地域でコメ価格が最大で3倍にも跳ね上がり、数カ国で暴動が発生し、世界銀行は「1億人以上が貧困に押し戻された」と発表した。

それ以降、食糧価格は乱高下をくり返しながらの上昇基調にある[142]。FAOは歯止めの利かないインフレ傾向を予測し、「飢餓や世界的な栄養不足の回避を図る慎重な政策を通じて緩和にあたるしかない」としている。人の健康にとって、栄養のある適正な食物の入手が必須であることは明白であるが、現状の世界保健の構成には「食糧問題」がまったく織り込まれていない。解決には、長期的な戦略と計画を主要な食糧・開発機関と調和化させ、OXFAM（オックスファム）*、世界保健機関（WHO）、国連食糧農業機関（FAO）、世界銀行、そして数千に及ぶ食糧関連の人道団体やNGO（非政府組織）を結束させることが賢明な策と考えられる。しかし、そのような動きはまだ現実に現れていない。

世界人口の増加と経済的繁栄とともに、「食糧」の総需要は拡大している。しかしこの変化は、水資源と耕作可能な土地の減少、気候変動に起因する気温変化、農業近代化の遅れのなかで、世界の「食糧生産力」を高めなければならないことを意味する[143]。人口の増加に加え、経済的繁栄の拡大が直接的に「食肉」の消費量と摂取カロリーの増加につながっている。世界銀行は、世界のほぼ各国で一人あたり「所得水準」と「食肉消費量」が相関関係にあることを実

*オックスファム（OXFAM）
1942年英国で設立された発展途上国の食糧・自立支援、政策提言などに取り組む国際協力団体。貧困と不正を根絶するための持続的な支援・活動を90カ国以上で展開している。

---

141. http://www.amazon.com/Betrayal-Trust-Collapse-Global-Public/dp/0786884401
142. http://www.cfr.org/food-security/faltering-dollar-starves-food-aid/p25616
143. http://www.fao.org/fileadmin/templates/wsfs/docs/expert_paper/How_to_Feed_the_World_in_2050.pdf;
http://www.globalchange.umich.edu/globalchange2/current/lectures/food_supply/food.htm;
http://www.fastcoexist.com/1679338/what-the-global-food-supply-will-look-like-in-2021;
http://www.scientificamerican.com/article.cfm?id=foley-global-food-production-reduce-environmental-damage-maps

証している。中国では、1980年以降、人々の平均的な食事によるカロリー摂取量が2倍以上に増加している[144]。

食肉の需要増加は、人の健康に少なくとも「二つ」の直接的影響をもたらす。まず、脂肪分の多い赤身の肉を食べることには「心血管疾患」の危険が伴う。次に、家畜を狭い畜舎に閉じ込めて飼育する方法は「ウイルス性感染症」の出現につながりやすい。とくに薬剤耐性をもつH1N1（豚インフルエンザ）やH5N1（鳥インフルエンザ）などである。

世界保健の喫緊の課題は、このような「農業開発」の問題や「気候変動」への対処を織り込むことである。鳥インフルエンザやSARS（重症急性呼吸器症候群）、薬剤耐性ウイルス感染症など、動物原性感染症の流行の脅威にさらされるなかで、食糧・獣医学・保健分野の国際機関が一体化して対応にあたる態勢が維持されている[145]。このような「成功事例」から教訓を学んで上積みしていくことが、実りある複数のセクターにまたがる協力に向かう第一歩になることは明白であろう。そうした理想的な取り組みの対象として「発育不良」が挙げられる。発育不良によって、子どもの身体と精神と能力が損なわれ、したがって人間の可能性と生産性が損なわれるからである[146]。

【課題5】：気候変動

気候変動と食糧危機との関連に加えて、地球の二酸化炭素（CO_2）レベル上昇は、世界保健に関わる一連の危機を引き起こしている。地球の平均気温が「2℃」上昇すると考えられる事態のなかで、保健分野において最も懸念されているのが「マラリア」の拡大である。10年ほど前から公衆衛生の専門家たちは、「地球温暖化によってマラリアなどを媒介する蚊が高緯度地域でも生息できるようになり、さらに洪水や大雨によって繁殖環境も拡大する」と警告していた。そして現実にそのとおりのことが起こっており、すでに科学研究機関から、地球温暖化とともに拡大が予測される「ウイルス性感染症」のリストが発表されている[147]。

加えて、保健システムにとって、海面水位の上昇や豪雨、大規模災害は最も明白な対応課題であり、とくに「バングラデシュ」など、海抜ゼロメートル地帯に多数の人々が暮らす貧困国が焦点となる。WHOは、「気候変動に起因する豪雨の影響が世界中の保健システムに及ぶことになる」と警告している[148]。世界銀行は2012年の『世界開発報告書』において、「地球の平均気温が4℃

144　http://www.fao.org/docrep/012/i0680e/i0680e.pdf
145　http://un-foodsecurity.org/node/49
146　http://www.sciencemag.org/content/327/5973/1554.full?sid=72f2cba6-ac18-448f-964c-29b39a82ec4b
147　http://www.who.int/globalchange/publications/atlas/en/index.html; http://www.ipsnews.net/2012/09/scientists-debate-climate-change-impacts-on-tropical-diseases/
148　http://www.trust.org/alertnet/news/hunger-may-be-largest-health-impact-of-climate-change-expert

上昇すれば沿海部に暮らす数億人が移住を強いられ、食糧供給に甚大な打撃が及ぶ」と予測している[149]。

「気温上昇」という"暑さ"そのものからも、同様に人の健康に対して深刻な影響が生じるおそれがある。海面水位上昇による「塩水域」の拡大は、直接的に「飲み水」に影響を及ぼし、したがって世界の多くの地域で人の健康と農業が脅かされる。人の健康という観点から、さらに重大なのが、漁業資源の絶対的な「涸渇」と、さまざまな細菌の繁殖につながる沿岸水域の「汚染」である。

こうした状況のなかにあって、世界保健界は気候変動に実効性のある対応を取っていない。保健の専門家と国際機関は「気候変動」をめぐる議論を避けて通り、問題への対処にほとんど資金や人材を投じていない。保健システムのあり方と、二酸化炭素（CO_2）レベルの上昇に伴うと考えられる異常気象や暑さなどへの適応に関して、具体的な議題は示されていないに等しい。

なされるべきことは？

世界保健に対する資金拠出の増加、国際組織と各国政府の関心の高まりが多くの人命を救った。資金の管理と説明責任の面で混乱はあったにせよ、ごく短期間のうちに数千万の人命が救われ、子どもの死亡率、妊産婦死亡率、マラリア・HIV／エイズ・結核の罹患率が低下し、世界保健の数々の問題が緩和された。

2013年における「世界保健」の課題は、焦点を「慢性疾患」に移していくとともに、「食糧安全保障」と「気候変動対策」に取り組む組織と協力関係を組みながら、このような成功を持続させ、さらには加速させることである。「ユニバーサル・ヘルス・カバレッジ」（UHC）の追求は、もしも明確な定義と現実的な成果測定指標を伴うのであるとすれば、人の健康と幸福（well-being）に対するさまざまな脅威に立ち向かうための適応能力と、手のとどく保健システムの確立に希望を持つことができる。しかし、世界保健システムの基礎構造を根本的に修正せず、また資金援助の変化と拡大を果たさないと、世界の大部分で「ユニバーサル・ヘルス・カバレッジ」の追求とその適応能力は"見果てぬ夢"でしかなくなる。

感染症に対する勝利の意識、そして新たな保健システムおよび気候と食糧の安定、非感染性疾患の予防といったビジョン（未来像）には、慈善以上のものが

---

[149] http://climatechange.worldbank.org/sites/default/files/Turn_Down_the_Heat_Executive_Summary_English.pdf; http://www.irinnews.org/Report/96815/CLIMATE-CHANGE-A-four-degree-warmer-world

求められる。各国みずからが課題を政治的に受け入れ、国民の健康な生存を誓い、変革への恒久的な構造とガバナンス（統治）を確立しなければならない。

脆弱国

ブルース・ジョーンズ

背景

現在、世界の貧困人口の約3分の1が「脆弱国」で暮らしている。OECD（経済協力開発機構」）の予測では、2015年までにその割合は50%に増加する。ただし、この数字には国内に地域紛争をかかえる中所得国も含まれており、問題は異なる様相を帯びる可能性がある[150]。それでも、インド、ナイジェリア、中国、パキスタンなどの経済成長と貧困削減のペースをふまえると、世界の貧困人口に占める低所得脆弱国の割合は、少なくとも50%まで上昇することは確実で、おそらくはそれ以上となるとみられる。2011年の世界データで、初等教育を受けてない子どもの77%、乳児死亡の70%、安全な水の入手を欠く人口の65%、飢餓の60%が脆弱国に集中している[151]。2012年時点で、すべての低所得脆弱国は「ミレニアム開発目標」（MDGs）を一つも達成していない。

となると、"脆弱性"と"紛争"を低開発の中心的要因と見なす傾向が強まっていることも驚くにあたらない。貧困地図の変化は、それと関係する「二つ」の傾向を生み出している。一つは、脆弱国に対する一人あたりODA（政府開発援助）の変化*。もう一つは、主要開発機関と資金援助機関の脆弱国に対する政治的関心の高まりであり、それを象徴する出来事として世界銀行が2011年の『世界開発報告書』で、「紛争」と「安全保障」と「開発」をテーマに取り上げた。また、2015年以降の「ミレニアム開発目標」（MDGs）に関して、可能な対応をまとめた国連作業部会の報告書でも、四つの優先課題の一つに「平和と安全保障」を取り上げた[152]。

*脆弱国におけるODAのパターン変化については、OECD Ensuring Fragile States are not left behind: 2013 Factsheet on resource flows and trends にまとめられている

---

150 OECD Ensuring Fragile States are not left behind: 2013 Factsheet on resource flows and trends\i0, (Paris, 2013).
151 World Bank, World Development Report 2011 \i0(Washington DC: The World Bank, 2011).
152 「平和と安全保障」という言葉は国連憲章第7章の文言と国連安全保障理事会が担う介入の役割を想起させるものであり、表現としてはうまくない。しかし、ここで注目される点は、ポスト2015年アジェンダに紛争と「脆弱性」（国連はこの言葉を用いていない）の問題が含まれたことである。

脆弱国における国連——その規模と存在感

この新たな関心にくらべて、国連開発はかなり前から「脆弱国」に関与してきた。その関与は重なり合いながらも、明確な二つの側面をもっている。国内紛争が国際問題として一気に浮上した冷戦後の時代の最初期から、国連は紛争影響国の人道支援に関与し、たとえば人道と開発の両面で役割を担う「ユニセフ」（UNICEF：国連児童基金）などの国連機関を充ててきた。すでに1990年代から、ほとんどの場合、最小限であったにせよ、国連常駐調整官と国連開発計画（UNDP）が活動していた。そこでは、人道問題調整が開発問題調整を補完するケースが多かった（その象徴が国連開発計画〈UNDP〉と国連人道問題調整事務局〈OCHA〉との間の取り決めで、国連は常駐調整官を常駐調整官兼人道調整官〈RC/HC〉*《通常は国連人道問題調整事務局〈OCHA〉または国連人道関連機関から派遣される》に置き換えた）。

＊ RC：Resident Coordinator.
HC：Humanitarian Coordinator

この状態が変わり始めたのは、国連開発計画（UNDP）内に「緊急対応部」（＝ERD。現在は紛争予防回復局＝BCPR）が設置された、1990年代末から2000年代初頭にかけてのことである。紛争影響国における「国連開発計画」のプログラムは着実に拡大し、とくに1990年代末にサハラ以南アフリカ諸国などでいくつもの内戦が終結すると、紛争後の支援活動に的が移され、安定的開発への回帰が強く意識されるようになった。「紛争後の開発」という課題に対する認識の高まりは「平和構築」という言葉で表現されることになったが、それは依然として紛争影響国・地域における国連開発、あるいはそれに準ずる開発関与にとって、概念的枠組みの中心だった。

2000年代の終わりには、紛争後の「平和構築」が国連開発活動の中心的部分を占めるに至った。

一般的には、国連は脆弱国の開発問題における重要な活動主体である、という前提になっている。現にそのとおりのケースもある。ジンバブエ、ソマリア、アンゴラ、エリトリア、スーダンの5カ国では、国連によって（または国連を通じて）投じられている開発資金がODA（政府開発援助）全体の25％超に達し、とくにジンバブエでは37％に及んでいる。また、その数字が15〜25％の範囲にある国も、ミャンマー、ギニア、シエラレオネ、中央アフリカ共和国、チャド、アフガニスタンの6カ国を数える。その他の脆弱国では、上は15％弱から下はコンゴ共和国の2％、ハイチの3％となっている。脆弱国全体の平均は15％である。人道支出を加えると数値がいくらか高くなり、60％を超える国もあるが（スーダン、チャド）、全体の平均は26％にとどまる。

グラフ1

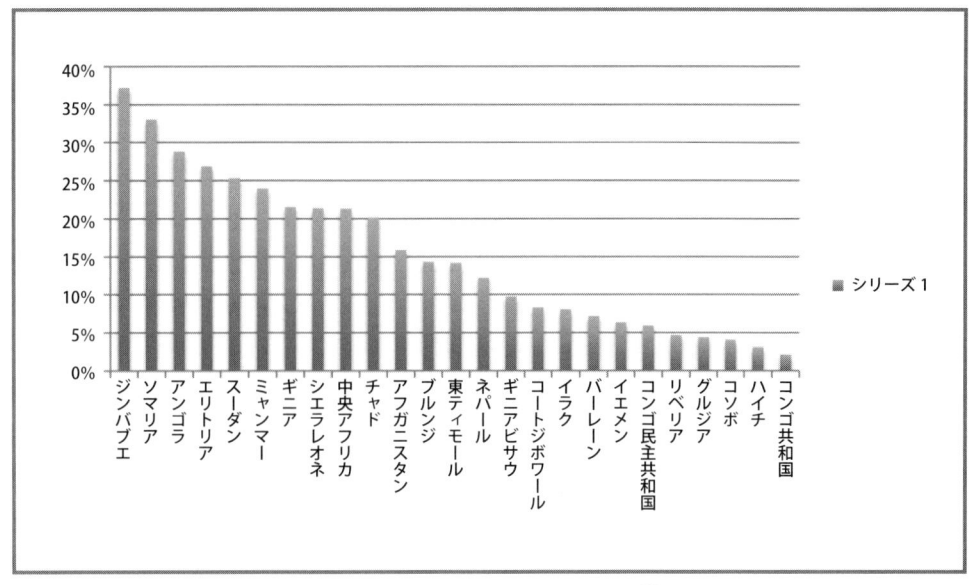

ODA全体に占める国連開発支出の割合[153]

「国連開発」のシェアと「世界銀行」のシェアとの比較が興味深い。「未払い状態」に脆弱国があるということは、世界銀行がその国にスタッフや融資や国際開発協会（IDA）の資金配分もしていないということである。それ以外の脆弱国全体では、世界銀行はODA（政府開発援助）全体の11％を占める（当然ながら世銀の融資活動は含まれない）。しかし国ごとのばらつきが大きく、世界銀行が事務所を置いているほぼ半数の国々でODAの大きな割合を占めている。

脆弱国における国連の役割と比較優位性

脆弱国での活動において、国連の開発活動主体は「三つ」の大きな比較優位性をもっている。

第一に、「国連平和維持活動」（PKO）とのつながりである。アフガニスタンでの「北大西洋条約機構」（NATO）による活動は例外として、脆弱国での国連平和維持活動は国際安全保障上の対応の中枢を占めている。言葉としては「地域機構」の重要性が語られることも多いが、数字がはっきりと実態を物語っている。冷戦後時代を通じて、脆弱国を中心対象とする国連平和維持活動の派遣人員は着実な増加を続け、地域機構による展開規模の数倍に及んでいる。

153　出典：World Bank Data 2010; and United Nations Report of the Secretary-General Analysis of the Funding of Operational Activities for Development of the United Nations System for the Year 2010 - Statistical Annex (July 2012), Office for ECOSOC Support and Coordination.

第二に、「国連人道機関」とのつながりである。1990年代と2000年代の20年間、国連人道機関を通じた支出は、絶対額でも、人道支出が支出全体に占める割合でも、着実に増加した。国連人道機関は広い国連開発ファミリー（関係諸機関）の一部であり、人道機関は国連に脆弱国に関与する機会を与えている。

そして第三に、「統合」（インテグレーション）を支える政策環境である。各国政府や多国間機関の間で、紛争状況においては"政府全体の対応が必要である"という認識が広がっているが、国連以外の多国間機関はこの結論に達するのが遅かった。たとえば、NATO（北大西洋条約機構）が「包括的対応」を採用したのは2010年のことである。これに対し国連は、1998年に「人道」「開発」「政治」、そして「安全保障」の各部門の統合化に向けた初の「指針」を打ち出している。「国連モデル」にもとづくいくつかの型が試されており、課題と選択肢を示している。

1. 政治面、軍事面、または援助面での非公式的な協力：（レバノン、ネパール）
2. 特定の国で活動している国際機関による合同計画立案の立ち上げ：（国連組織コンゴ民主共和国ミッション〈MONUC〉）
3. 国際金融機関の国連ミッションへの統合：（国連イラク支援ミッション〈UNAMI〉の初期段階）
4. 政治、法の支配／公共行政、経済開発などの分野別による複数の国連事務総長特別副代表の活用：（国連コソボ暫定統治ミッション〈UNMIK〉、国連アフガニスタン支援ミッション〈UNAMA〉）
5. 国連ミッションにおいて各構成部分とその他の活動主体を集め、戦略策定グループとして活用：（UNMIKの初期段階）
6. 当該国内および国際的責任を固めるための当事国内での「ストラテジック・コンパクト」（戦略的契約）の開発：（1998年および2005年のアフガニスタン）
7. 対象国別の「平和構築委員会」（PBC）の設置——当該国政府、国連事務総長特別代表、国連カントリーチーム、国際金融機関、二国間援助国および主要な地域活動主体を結びつけ、コンパクト（契約）をも活用：（ブルンジ、シエラレオネ）

それぞれの「統合戦略モデル」の長所と短所については、本報告書の目的範囲外である。しかし、ここでの要点として、国際的取り組みを調整する主導者としての「国連ミッション」の重要性は、時間の経過とともに変わることになりやすい。政治的状況と治安が安定化すれば、より幅広いプログラム活動が入ってくるからである。端的に述べれば、一連のかたちを通じた10年間の実験的経験から、「統合ミッション」（Integrated Mission）*に関して「二つ」の教

＊統合ミッション（Integrated Mission）平和維持活動、人道、当該国で進行中の開発活動の組織的統合。

訓を得ることができる。

第一に、国連の実績が依然としてかなり弱いままであることである。その理由の一つは、国連の「統合ミッションモデル」（最近までの主流モデル）の焦点が、「戦略」から「組織」にすり替わっていることにある（とくに国連関係諸機関に焦点が絞られている）。

第二に、それにもかかわらず「統合戦略」の問題に関して、国連は他の国際機関よりもすぐれた成果を上げている。

それでもなお、効果的な「早期復興」を可能とする行動の"まとめ上げ"という大きな任務は改革を必要としている。紛争終結後の「第一局面」（最初の12カ月から24カ月）において、この任務は紛争対応を中核任務としていない二国間および多国間の開発活動主体の急造グループに委ねられる。その種の開発活動主体は、その場で必要とされる文民や行政官の人材を持ち合わせておらず、資金も間欠的で緩慢な任意拠出金に頼っている。

その結果として、驚くまでもなく、中核的な統治能力の構築と経済活動の点火を図る初期の構想が打ち出されないままに終わるケースが少なくない。同様に、国家の機能とサービス提供に必須の公共行政への投資、生計に必須の農業復興への投資、平和の持続に必須の治安部門への投資などもなされずに終わる。政治過程に対する信頼も維持されていない。そして、これらはすべて劣悪な結果につながる。すなわち、国際活動主体が派遣の延長を余儀なくされるか（ボスニアのように）、復興努力がつまずくか（アフガニスタンのように）、あるいはその両方である（東ティモールのように）。

「復興初期段階」の国際的対応は、三つの本質的な"弱点"をかかえている。
　1 「戦略」のギャップ（和平合意の実施戦略を復興の他の側面につなぐ手段の不足）
　2 「資金調達」のギャップ（資金調達手段に柔軟性と迅速性と即応性が欠けている）
　3 「能力」のギャップ（とくに「法の支配」などの分野における文民能力）
　このような"弱点"によって、国家の統治力回復を支える国連平和維持ミッションの能力が損なわれている（復興初期段階の取り組みのもう一つの欠点として、国内的および対外的に国家能力の評価を起点としていない点がある）。

そのうえに、紛争後の資金支援も開発の"正統主義"に閉じ込められているため、多くの新政府が「復興に役立たない」と訴えている。一例として、「供給側主導の援助」という現象がある。2000年以降の平均値で、紛争後の国々ではGDP（国内総生産）の70％を占めている「農業」に、開発援助は全体の

3％しか振り向けられていない。さらに、ドナー（援助提供者）側はいまだに、法の支配や警察活動などの決定的に重要な「復興プログラム」への十分な支出を可能にする、政治的改革を完了させていない（たとえばOECD〈経済協力開発機構〉のODA〈政府開発援助〉基準のように）。ただしごく最近になって、この点はいくらかこういった方向に向かう変化が生じている。

紛争影響国側に関しては、2010年に脆弱国と紛争影響国のグループ「g7＋」*が発足し、参加各国はそれぞれの開発経験を共有し、国際活動主体による関与の効果向上を求めるとした。7カ国で発足した「g7＋」はほどなく18カ国に拡大。2011年11月には、第4回援助効果に関するハイレベル・パネルにおいて「ニューディール」*を発表し、脆弱国側が初めて、関与の枠組みにOECD（経済協力開発機構）の「平和構築と国家建設に関する目標」を用いるよう求めた [154]。

> **国連の活動成果をどう測定するか**

脆弱国における国連活動を分析的に見直しする場合、脆弱国内での個々の国連専門機関、あるいは国別プログラムの成果に関して詳細な結論を得るうえで、20年以上におよぶ「評価資料」を分析材料にすることができるはずである。また、脆弱国のタイプ、平和維持活動の規模などによる"成果の差異"の分析などに関しても同様に——。
しかし実際には、必要な評価資料のごく一部分すら揃っていない。国連開発機関の自己評価の文化の弱さに加え、ドナー（援助提供者）主導の評価作業にまったく一貫性がないことから、散発的で比較不可能なプロジェクトレベルの評価しか存在せず、専門機関別あるいは国別の総合的評価の基礎データが得られない状態にある。

さらに、「効果」の判定基準についても合意すら得られていない。何をもって結果が達成されていることを知るのか？　国連は現在、紛争予防と平和維持と平和構築にまたがる活動に関して、"どのように前進をはかるのか"という問題に取り組んでいる。しかし当然、そこにも難題がいくつかある。
第一に、何をもって安定への最低限度の"前進"とするかについて、見解がさまざまに割れている。
第二に、国連安全保障理事会もしくはドナー側（あるいは両者）の政治的必要性に駆られた判断基準は、国家オーナーシップを欠く非現実的な内容の目標、

---

* g7＋
「g7プラス」グループは、脆弱国および紛争の影響を受けた国計19か国と、開発パートナー国、国際機関からなる。2010年4月に東ティモールで開催された「OECD International Dialogue on Peace Building and State Building」会合を契機に、脆弱国間での経験の共有などを目的として発足したグループ。脆弱国の実情に応じた効果的な援助の実施、援助メカニズムの改善などについて、G20会合や釜山ハイレベルフォーラムなどを通じ積極的に提唱。

*ニューディール
1933年の大恐慌の対策として、元アメリカ大統領フランクリン・ルーズベルトが採用した経済政策になぞらえて。

---

[154] 2010年の「平和構築と国家建設に関する国際対話」において、7つの平和構築・国家建設目標（PSG）が設定された。(1) 包摂的な政治的解決およびプロセスと包摂的な政治的対話の促進、(2) 基本的な治安と安全保障の確立と強化、(3) 平和的な紛争解決と司法へのアクセス、(4) サービスの提供を高める効果的で説明責任を果たす政治機構、(5) 包摂的な経済成長のための基礎づくり——持続可能な生計、雇用、自然資源の効果的な管理を含む、(6) 和解と平和的共存のための社会的能力の構築、(7) 地域の安定性と協力の促進。http://www.oecd.org/dataoecd/12/30/44927821.pdf.

＊平和構築委員会
（PBC）
アナン事務総長（当時）が2005年3月の事務総長報告で設立を提言。その後国連総会と安保理への政府間諮問機関として設立された。主要な目的は，持続可能な平和を達成するために，紛争状態の解決から復旧，社会復帰，復興に至るまで，一貫したアプローチに基づき，紛争後の平和構築と復旧のための統合戦略を助言および提案すること。

＊平和構築支援局
（PBSO）
平和構築委員会を支援し，平和構築基金を管理し，平和構築活動を進める国連機関の調整を図る国連事務総長に役務を提供する組織。

＊g7＋国際対話
「g7＋」とOECDの「紛争と脆弱性に関する国際ネットワーク」（INCAF）

あるいは政治的疲弊と援助疲れが生じた時点で「成功」を宣言してしまえる曖昧な目標につながるおそれが強い。

そして第三に、決定的重要性をもつ"指標"（有効な包含的な国内政治過程の存立）は流動的で、測定があまりにも困難である。

2005年の「平和構築委員会」（PBC）＊の創設に際しては、すべての関連情報を「政治的安定」という中期目標の全体像にまとめ上げる仕組みをもつ、ということが重要な理論的根拠となった。また同時に、国連安全保障理事会と国連総会が「平和構築支援局」（PBSO）＊の創設も認め、「短期および中期の復興目標達成の測定」をその任務とした。しかしながら、現在までのところ、それは逆に平和構築委員会（PBC）と平和構築支援局（PBSO）の最も弱い活動分野の一つになっている。

「g7＋国際対話」＊は、平和構築支援局（PBSO）の支援も得てこの問題に取り組み始め、結果の測定基準となる「平和構築と国家建設に関する目標」の一連の指標を打ち出した。冷戦終結からほぼ25年も経ってから進捗状況を測定するための"指標"がようやく打ち出され始めたというのは驚きを通り越してしまうほどだが、少なくともそうした取り組みが現在進められている。

「g7＋国際対話」の長所の一つとして、包括的な政治と安全保障と正義の分野における"組織構築"に重点が置かれていることである。このテーマは2011年『世界開発報告書』（WDR）でも大きく取り上げられた。この分野における国連の成果をつぶさに見ると、重要な点が浮かび上がってくる。

「法の支配」の確立

脆弱国における国連の役割をみると、「法の支配」の確立が共通の焦点として浮かび上がった。この10年間に国連安全保障理事会は160を超える"決議"のなかで、女性、平和、安全、武力紛争下の子ども、武力紛争における文民保護などの文脈で「法の支配」に言及している。安保理はまた、22の平和維持活動と8つの特別政治ミッションに「法の支配」に関する任務を与えている（終了したものと継続中のものの合計数）。

それとともに、国連本部から「法の支配」に関わる問題に数々の政策が打ち出されている。2004年には、安全保障理事会に対して第1回国連事務総長報告書「紛争後社会における法の支配と移行期の司法」が発表された。また、「2005年世界サミット成果文書」では、「世界の安定」に対する脅威と課題の性格の変化が強調され、「法の支配」の確立に的を合わせて問題に取り組む「包括的戦略」が提言されるとともに、国連が地域機関および国際金融機関と

の協力を通じて「法の支配」に対する支援を行なうために、強力な能力構築の仕組みを確立することが推奨された。

これを受けて、大量の国連政策文書がまとめられた。たとえば、「法の支配に関する第2回国連事務総長報告書」（2006年）、「安全保障セクター改革に関する国連事務総長報告書」（2008年）、「法の支配の支援に対する国連の対応に関するガイダンス・ノート（指導書）」（2008年）、「移行期の司法に対する国連の対応に関するガイダンス・ノート」（2008年）、「国際レベルにおける法の支配の強化に対する国連の対応に関するガイダンス・ノート」（2011年）、「法の支配の支援に関する年間現状報告」（2008〜2011年）、「法の支配に関する国連の取り組み総括報告」（2011年）などである。

政治と安全と開発への対応を統合することの重要性を反映して、この分野には数々の活動主体が現地レベルで関与している。具体的には、国連政務局（DPA）、平和維持活動局（DPKO）、国連開発計画（UNDP）、ユニセフ（国連児童基金）、国連難民高等弁務官事務所（OHCHR）、UN Women（ジェンダー平等と女性の政治権力強化のための国連機関）、国連薬物犯罪事務所（UNODC）、国連法務部（OLA）などである。

「法の支配」に関わるこれらの取り組みを統合するために、国連事務総長は2006年に「法の支配調整・資源グループ」（RoLCRG）を創設した。「RoLCRG」は副事務総長レベルの指揮下に置かれ、「法の支配」に関わる取り組みの断片化を最小限に抑えるべく、国連システム内の調整の中枢として機能する役割を託された。

その一方で、2007年、平和維持活動局（DPKO）が「法の支配・保安機構室」（OROLSI）を設立し、紛争影響国における司法と治安の再確立に求められる総合的対応の策定を担うことになった。さらに、国連開発計画（UNDP）も「法の支配」に関わる「危機予防復興支援局」（BCPR）を設置した。そのBCPR（危機予防復興支援局）は2008年、37の脆弱国において「法の支配強化のための世界的プログラム」を開始した。その後、2012年からDPKO（平和維持活動局）とUNDP（国連開発計画）のプログラムは合同実施されることとなった。

驚くまでもなく、このような政策が次々に打ち出され、国連の数々の活動主体が他の多国間・二国間活動主体と並行して「法の支配」に関わる問題に取り組むようになった結果、概念と実践の両面における重複、資源の限界化、全体としての矛盾が生じるに至った。

根本的に「法の支配」の確立は、脆弱国の制度構築に対する支援の大半と同様に、政治的性格の濃い長期的活動である。ところが国連プログラムの方式は、

そのほとんどが技術的支援の性格を強く帯び、ドナー（援助提供者）の資金拠出期間に縛られている。これは「法の支配」の確立における最重要点を顧みない方式であり、脆弱国における国連活動を大きく損ねる結果となっている。一方、現地には紛争後の脆弱国などにおける「法の支配」に関して、国連の活動主体が政治・安全保障・開発方式の統合に創造性を発揮している重要な諸事例もある。しかし、それが規範となるにはほど遠い状態にある。

さらにその一方で、「法の支配」の枠組みへ向かおうとする動きは、主に概念上の混乱から、国連組織内の足並みの乱れも引き起こしている。「法の支配」に関して、国連の政策と実践には二つの"概念"が混在している。その一つは、司法・人権・治安制度の構築に焦点を置き、政治指導者たちに公式的な意思決定過程の縛りをかけ、国家権力の乱用を防ぐという考え方。もう一つはそれよりも"厚い概念"で、手続きの規定だけでは個人や集団を抑圧から守れず、効果的な「法の支配」にはより深い憲法と法の規範が必要であるとする考え方である。たとえば、完全な市民平等、裁判外紛争解決の仕組み、政治参加、多様な国際人権規定などの保障や、人間の安全保障と人間開発の促進につながる一連の政治的制度などである。

国連の政策文書に後者の"厚い概念"が徐々に取り込まれているが、前者の概念は現地での実施に色濃く反映されることが多い。しかしどちらとも、国連活動の最大の文脈、すなわち紛争状態からやっと抜け出した、低所得で政府組織が不整備の状況（つまり紛争後状況）にはふさわしくなく、また紛争後の開発であれ従来型の開発であれ、国連の関与を特徴づけるための期間にも合致しないように思われる。

さらにこの混乱に加えて、「法の支配」に関する"厚い概念"は、国連が採用した平和構築の概念とほとんど識別できなくなっている。DPKO（平和維持活動局）のOROLSI（法の支配・保安機構室）とBCPR（危機予防復興支援局）の「法の支配強化のための世界的プログラム」の統合は、概念上の問題と組織上の問題を乗り越えていく第一歩ではあるが、まだごく初期段階でしかない。

国連が現在直面しているもう一つの大きな問題として、平和維持活動と平和構築活動で要職に就く"文民人材"を確保することと、国連開発専門機関の本部で「法の支配」の問題に取り組む"スタッフの補充"という、二層の問題がある。これは、国連の脆弱国における支援能力、つまり脆弱性の克服に必要な「法の支配」の確立に対する支援能力の核心に直結する問題である。

これに関して、本部の問題は「予算」の問題である。DPKO（平和維持活動局）もBCPR（危機予防復興支援局）も、この枢要な機能に対してわずか

な予算権限しかもっていない——。なぜなら、国連開発計画（UNDP）は自らの足を縛っているも同然で、国連開発計画はこの分野で国際的な求心力の中心となる大きな市場機会を十分に認識していない。法の支配・保安機構室（OROLSI）を平和維持活動局（DPKO）内に設けた時点で、自らそのポジションを放棄したのかもしれない。

一方、現地レベルの問題は「構造的」な問題である。端的に現在の国際社会には、平和活動に充てられるような判事や法務家、文民行政官、警察訓練官あるいは警察要員の余剰人材は存在しない。これは国連だけの問題ではなく、各国政府も行政と司法の文民人材を確保する必要性の認識を深めている——。ここでも国連は市場機会を逸するおそれがある。というのは、世界のさまざまな国の人材に関する情報と調整の中枢になりうる"潜在的な比較優位性"を見逃しているためにである。この役割は、名目上は平和構築支援局（PBSO）の権限下にあるが、実際には平和維持活動局（DPKO）が行なっているからである。

脆弱国支援における適正な「文民人材の動員」という課題を受けて、国連事務総長は2010年に、紛争後の文民能力を評価する上級顧問グループを設置した。この上級顧問グループがまとめた報告書には、国連システムの総力を挙げて持続可能な平和と開発を支える人材の規模と質の確保にあたることと、相手国の当該機関とのパートナーシップ（提携・協力）の拡充が提言として盛り込まれた。

この提言から、2011年に国連事務局で改革プロセスが開始され、現在は事務総長官房を通じて継続されている。「文民能力評価」という原則は、国連安全保障理事会の委任による「国連リビア支援ミッション」に色濃く反映され、2011年末に紛争後の「リビア」で計画立案の促進にあたる文民要員の迅速な展開につながった。これは前向きな事例であるが、文民能力評価のさらなる効果はいまのところ表れていない。

以上をまとめれば、「法の支配」に対する長期的支援において、国連の活動はまだ産声を上げたばかりである。包含度の高い政治的決着への傾注が不十分であり、経験基盤も弱い。また、意思決定の構造と文化についても、混乱の解消や意思決定の実践、あるいは加盟国との取り決めの合理化を図る「行程表」の提示ができない状態にある。紛争関連分野における国連活動の多くがそうであるように、分析の不足と監視・評価の枠組みの弱さが、「法の支配」に対する国連の関与をすべての側面で弱体化させている。

変化する現実

国連は十分に確立された優位性と役割にもとづいて成果向上への取り組みを続

けているが、国連活動が置かれる文脈も変化している。それも急速に……。2010年代を迎えてから、国連は脆弱国への対応において「五つ」の重要な状況の変化に直面しており、そのすべてが今後の国連の活動成果に重大な意味を帯びている。

第一に、サハラ以南アフリカでも低所得国全体でも、「紛争」の数が着実に減っていることである。これは、部分的には国連の成功物語である。紛争数の減少に関して、国連による仲介者と平和維持要員の派遣が重要な一因となっていることを示す分析結果が積み上げられている。しかし、紛争数の減少は活動の性格が変わることも意味する。つまり国連は、紛争終結直後の復興（早期復興、戦闘要員の武装解除と社会復帰、難民の帰還など）から焦点を移し、「紛争後の開発」という長期的な課題に取り組まなければならない。

第二に、2006年以降、紛争は中東・北アフリカ地域に移行し、中所得国での紛争が全体に占める割合を着実に増す傾向にある。この移行の及ぼす影響は深い。ごく単純化すると、1990年代と2000年代の脆弱国における国連の役割は、社会機構が未発達で、地政学的重要度の低い国々を主な舞台にしていたといえる（コソボとアフガニスタンを例外として）。しかし、中東・北アフリカ地域で国連（および他の活動主体）は、強力な組織機構（もしくは部分的に強力な機構——とくに安全保障部門）をもち、地政学的重要度の高い国々を相手にしている。これは国連の関与をとり巻く状況の根本的変化であり、国連の政策においてまだ十分に認識されていない。

第三に、新興国（とくに、中国、インド、ブラジル、トルコ、アラブ首長国連邦）が脆弱国への経済的関与を大幅に増していることだ。その一部はODA（政府開発援助）に類似した資金援助、また一部は直接外国投資の形でなされているが、すべてが重大な結果を伴っている。この傾向は2000年代に広がったが、対象はおおむね近隣国に限られていた（インドはアフガニスタン、ブラジルはハイチ、アラブ首長国連邦はイエメンというように）。ところが、この傾向が着実に変化し、一部の新興国は周辺地域を越えて大がかりな構想に着手している（トルコはソマリランド、アラブ首長国連邦はソマリア、ブラジルはモザンビーク、インドと中国はアフリカ諸国で）。

第四に、従来の開発活動主体の間で"紛争"と"脆弱性"に対する意識と関心が高まっていることである。とくに顕著なのが、OECD（経済協力開発機構）と世界銀行で、世界銀行は2011年『世界開発報告書』における主要な考察の実施に関する指針をまとめ、ナイロビに「脆弱国ハブセンター」も設置した。このような関与の刷新は、世界銀行新総裁のジム・ヨン・キム（Jim Yong Kim）も全面的に継承している。

そして第五に、現時点で国連活動の文脈に影響が及び始めた2008年の「世界金融危機」*である。ドナー（援助提供）国側の緊縮財政の影響が国連の活動予算にも波及すると予期されていたが、国連がすぐに世界金融危機のあおりを受けることにはならなかった。現実には、危機後の二年間、脆弱国における国連活動の中心にある平和維持活動局（DPKO）と国連開発計画（UNDP）の事業支出は増加を維持した。しかし、2011年には、国連も世界金融危機の影響を免れないことが明白になった。事業支出の増加は頭打ちになり、DPKOでは横ばいに、UNDPでは減少に転じた。

＊世界金融危機
2007年のアメリカの住宅バブル崩壊に端を発したサブプライムローン問題（サブプライム住宅ローン危機）をきっかけとして世界に波及した金融危機。

一方、状況の変化を示すさらなる兆候として、ODA（政府開発援助）が2011年に2％減少した。ODAの減少は1997年以来のことで、さらに翌2012年は4％減となった[155]。2013年前半には、従来の開発ドナー数カ国が「援助予算削減」の方針を発表している。国連開発システムにとって、このような現実の進展は予想外だったと思われるが、ドナー側から"少ない予算で大きな成果"を求められ、国連の開発活動は深い影響を被ることになる。

結論

上述のような変化のすべてが、国連の役割と活動に影響を及ぼしている。しかし、いずれも前向きの結果につながりうる変化である。紛争終結後の国々における国連の「制度構築」という長期的議題は、いくつかの面で紛争直後の課題よりも舵を取りやすい。中東への移行は信じ難いほどに複雑だが、地政学上の重要度から国連活動に対する関心が大幅に高まりうるという側面もある。また、新興国の関与も国連の中心性が強まることにつながるはずである。なぜなら、新興国が世界的レベルの活動で影響力を振るうには、国連を通じる以外に手段がないからである。世界銀行が関与を深めることも、国連活動との効果的な調整（さらに望むらくは一体化）がなされるなら、脆弱国での開発活動に深みと強さが加わることにつながる。

しかし、現在のところ、国連にとっての好材料は「世界銀行」の役割拡大だけである。国連の潘基文（Ban Ki Moon）事務総長と世界銀行のジム・ヨン・キム（Jim Yong Kim）総裁の良好な関係は明るい材料であり、これまで脆弱国以外の課題に焦点が置かれていた協力のあり方も変わる可能性がある。新興国はこれまで国連外での関与拡大にほぼ終始し、国連を通じた多国間関与よりも「南南協力」（途上国－途上国援助）や「三角援助協力」（ドナー国－途上国－途上国援助）を選んできた。中東・北アフリカへの移行はきわめて混沌としており、リビアでの国連活動のような成功事例が、「エジプト」での失策とつ

---

155 OECD, "Aid to Poor Countries Slips Further as Governments Tighten Budgets" (Paris, 2013).

まずき、「シリア」での完全な失敗の陰に隠れてしまっている。

国連はいま、紛争直後から一歩踏み出した脆弱国における組織構築（とくに包括的な政治・治安・司法・雇用創出）に対する長期的な取り組みへ移行する必要性の意味をつかみ始めたばかりである。国連が徐々に関与を強化し始めたものが「法の支配」の組織構築であり、これまでは大きな弱点をかかえていたが、今後は国連と国際社会全体にとって有望な分野となる。

モザンビークのケーススタディ [156]

アレハンドラ・クビツチェク・ブホンス

モザンビークは内戦を終結させた1992年の「和平合意」*以後、めざましい進歩を遂げている。戦争から暴力終結への移行、そして政治的安定の維持。政治・経済システムの一党独裁から立憲民主主義への移行。社会主義の中央計画経済から市場システムへの移行へ——。なおも経済開発と人間開発の大きな課題に直面しているとはいえ、モザンビークは安定の中で成長している。経済が成長し、新たな天然資源も発見された結果、モザンビークは再び移行期を迎えたが、今度は"機会"の移行であり、暴力の脅威からの移行ではない。

モザンビークは現在、世界の急成長国「トップ10」に入っている [157]。急速な経済成長の背景には、政治的安定、責任あるマクロ経済政策を伴った構造改革、国際援助社会による支援があった。しかし、依然としてモザンビークは世界の「最貧国」の一つである。国民の半数以上が貧困ライン以下にあり、モザンビークの「人間開発指数」*（HDI）は世界最下位5カ国の中にある。なおも援助に大きく依存し、政府歳入の40％を"援助"に頼っている [158]。

財政基盤拡大を図るモザンビーク政府は最近、税制改革と採掘産業の成長により、新たな財源を獲得した。その一方、おそらくはドナー（援助提供）国側の経済減速のあおりで、被援助額は頭打ち状態となっている。予測では今後数年にわたり、採掘産業からの歳入が被援助額を大きく引き離していく見通しにある。この歳入増によってモザンビークの援助依存度は低下し、独自の開発課題の設定に"余地"が開けていくことが考えられる。

しかし、同時に一連の課題も伴うことになる。たとえば、新たな財源を長期的な国益に効果的につなげるという課題があり、それには財源と資金活用のガバナンス（統治）と説明責任の強化などが求められる。また、天然資源による収入が増加していくなかで"不平等"の拡大に対処すること、つまり貧困者に資する包括的成長への道筋をつけることができるのか、まだ答えが見えていな

*和平合意
モザンビーク解放戦線とモザンビーク民族抵抗運動のあいだで調印されたモザンビーク包括和平協定。1975年のポルトガルからの独立後、両者間で内戦が続いたが、1990年7月、イタリアの仲介の下で和平交渉が開始され、1992年10月に調印された。近年（2013年10月）現野党のモザンビーク民族抵抗運動は、内戦を終結させた1992年の包括和平協定を破棄すると一方的に表明。

*人間開発指数（HDI）
国民総生産（GNP）や国内総生産（GDP）などの経済指標に反映されない「人間的な生活の度合」を測る指数。指数は平均余命、識字率、就学率、国内総生産によって測られる。パキスタンの経済学者マブーブル・ハックによって提案され、国連開発計画（UNDP）の年次『人間開発報告書』（Human Development Report）に1990年から公表されている。

---

156 方法論について：本ケーススタディは文献研究に加え、モザンビークの首都マプトで2か月半にわたり、同国政府、市民社会、国連スタッフ、G19ドナー国、OECD非加盟ドナー国、民間セクターの代表者たちに聞き取り調査を行った。2012年7月に草稿段階で国連スタッフなどによる査読を受け、コメントを反映して本稿にまとめ上げた。
157 Ernst &Young's 2012 Africa Attractiveness Survey Building Bridges. [online], pg. 22, [online], Available at: http://emergingmarkets.ey.com/wp-content/uploads/downloads/2012/05/attractiveness_2012_africa_v16.pdf
158 データはモザンビーク企画開発省による。

い。さらに加えて、「資源の呪い」のパターン（天然資源の発見直後は急成長しても、その後は長期的に国民所得が伸び悩む）に陥ることを避けられるのか、という問題もある[159]。

国連システムはモザンビークの一連の"移行"に対し、長期の支援を行なってきた。モザンビークの戦乱終結の基礎となった「和平合意」に関しては脇役でしかなかったものの、和平合意の実施において国連システムは中心的役割を果たした。国連システムは国際NGO（非政府組織）や西側ドナー（援助供与）各国とともに、専門的開発支援から長期的開発のためのサービス提供、貧困削減、公共セクターの能力拡充に至るまで、内戦後の広範な"危機管理"への対応を支援した。そして現在、モザンビーク経済が発展を遂げるなかで、国連システムはモザンビークの次なる"移行"に対する支援において、有効性を維持できているのか、答えはまだ見えていない。

ドナー（援助提供）各国の援助資金が減るなか、国連システムはモザンビークにODA（政府開発援助）を超える付加価値のある支援を提供できるのか？
国連システムのモザンビークでの活動はどのような影響を受けるのか？

紛争地から経済成長へ

1975年にポルトガルから独立したモザンビークは、1992年、16年に及んだ武力紛争から抜け出した。そして、平和、政治的安定、民主主義への"移行"を成し遂げた。国連と国連システムは一貫してモザンビークの力になり、この移行を支援した。

国連と国連システムは西側ドナー各国とともに、モザンビーク国内の対立解消、戦闘要員の武装解除と社会復帰、国軍と警察の改革、難民と国内避難民の再定住、国家修復を監督した。また、司法改革、地雷除去、災害対応準備、HIV（エイズウイルス）／エイズ予防キャンペーンへの支援に"触媒"の役割も果たした[160]。

モザンビーク経済は成長率において、アフリカの優等生として台頭した。ブレトンウッズ機関（世界銀行、IMF〈国際通貨基金〉）から模範的ケースと見なされ、ドナー国側の大半の要求を満たしながら、1997年以降は年率"約8％"の成長を遂げた[161]。

この成果の大部分は、多国籍企業やモザンビーク政府の保障を受けた新興国か

---

159 「資源の呪い」の力学に関する現在までの知見に関しては、特にPaul Collier The Plundered Planetで詳しく論じられている。
160 UNDP. Country Assessment Evaluation: Assessment of Development Results Mozambique, 2004, pg. 11-12 [online], Available at: http://web.undp.org/evaluation/documents/ADR/ADR_Reports/ADR-Mozambique.pdf

Part 3　国連開発システムの新たな課題　143

グラフ2

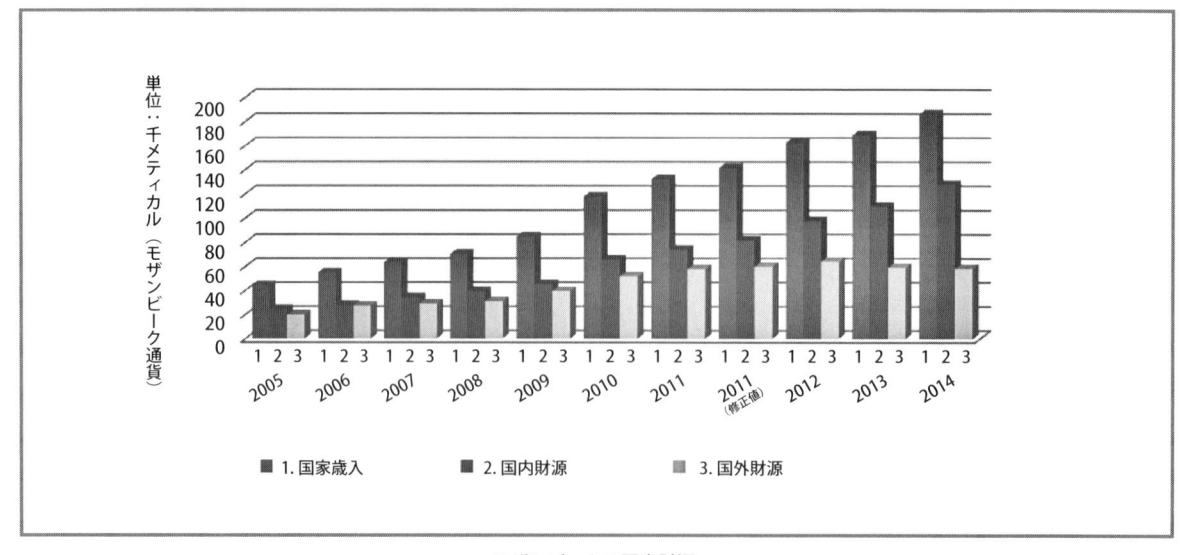

モザンビークの国家財源
出典：UNICEF Budget Brief. 国内財源は税収と借入（国債）。国外財源はODAと譲許的融資。現在の為替レートは1米ドル＝約27メティカル。

らの投資家であり、これらはモザンビークでの足場を大きく広げ、それぞれの国のビジネスチャンスを積極的に追い求めている。

中国、ブラジル、インド、南アフリカに加えてオーストラリアとの投資・貿易関係（とくに鉄道と鉱山）を通じて国交が深まると同時に、モザンビーク沖合での「天然ガス資源」の発見によって、外国の主要投資家も引きつけられている。モザンビークに対する2010～2020年の外国直接投資は900億米ドルに迫る見通しにある[162]。この額はモザンビークの現在のGDP（国内総生産）124億米ドルの7倍に相当する[163]。

しかしながら、このようなめざましい成長軌跡が、見込まれていた急速な貧困削減と雇用創出に結びついていない[164]。マクロ経済改革の初期に貧困人口は大きく減少し、1996年に69％だった貧困人口比率は2002年に54％まで下がったが、その後は減少がほぼ止まっている（ただし、剥奪による貧困が縮小していることは特記に値する）[165]。世界銀行の推計によれば、現在のモザンビークの貧困率は55.2％[166]である。2011年のモザンビークの「人間開発指

---

161. Paolo Renzio, and Joseph Hanlon, "Contested Sovereignty in Mozambique: The Dilemmas of Aid Dependence," January, 2007. Managing Aid Dependency Project GEG Working Paper 2007/25. Oxford University, 2, [online], available at: http://www.globaleconomicgovernance.org/wp-content/uploads/Derenzio%20and%20Hanlon_Mozambique%20paper%20rev%20120107.pdf
162. EIU Country Report Mozambique, Economist Intelligence Unit Limited, May 2012, 3.
163. EIU Country Report Mozambique, Economist Intelligence Unit Limited, May 2012, 14.
164. 1997年以降、モザンビーク経済は平均年率8％で成長している。これまでのところ、投資はまだ公的収入へのリターンを生み出していない。インフラ整備プロジェクトによる便益も形となって表れるには時間を要する。
165 Antonio Nucifora, M.D. and Luiz A. Pereira Silva, "Rapid Growth and Economic Transformation in Mozambique 1993-2009," 74, [online], Available at: http://siteresources.worldbank.org/AFRICAEXT/Resources/258643-1271798012256/YAC_chpt_3.pdf

グラフ 3

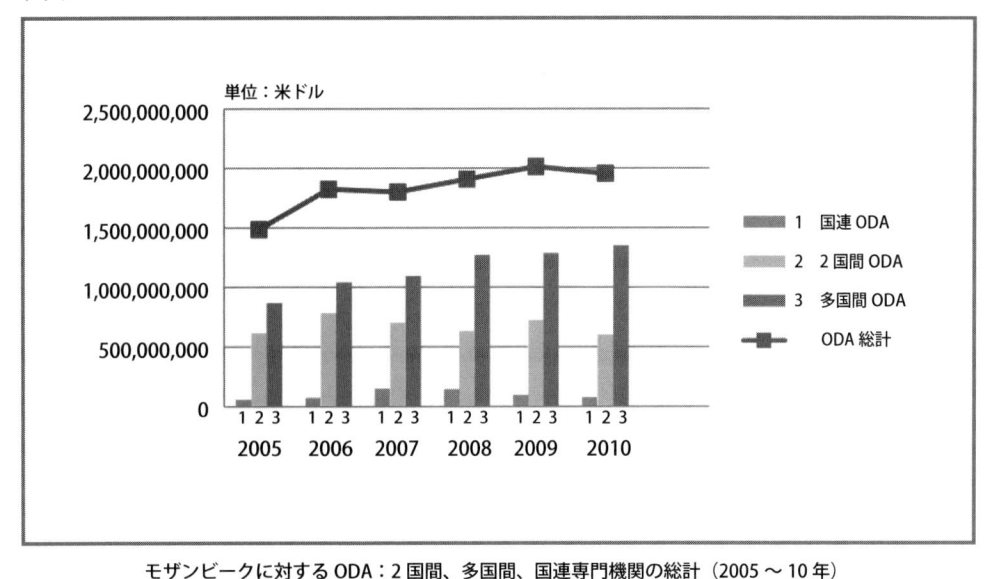

モザンビークに対する ODA：2 国間、多国間、国連専門機関の総計（2005 ～ 10 年）
出典：OECD/DAC www.aidflows.org, ODAMoz www.odamoz.org.mz, Yearly Performance Evaluation Reports PAPs (2005-2010)

数」は 0.322 で 187 カ国・地域中の 184 位で、世界平均を大きく下回る人間開発低位国に属する [167]。

このようなモザンビークの「人間開発」の課題と裏腹に、従来のドナー国による"援助"は減少に転じ始めている。ドナー国側の経済減速の影響と同時に、モザンビークが"成功を収めた"と受け止められていることも絡んでいると考えられる。モザンビークの国家予算に占める援助の割合は、2008 年の 56％から 2010 年の 44％、2012 年の 39.6％へと減少しており、この傾向は今後も続くものと見られる [168]。モザンビークへの ODA（政府開発援助）の大部分はプロジェクトを通じて、または直接的な予算支援として供与されている（この傾向は 2000 年代初頭から着実に強まっている）。そのため、国連システムが ODA に占める割合はごく一部分に過ぎない。

このような変化を受けて、モザンビークは税制改革と徴税強化による「財政基盤拡大」を図っている。その結果、すでに国内財源（税収と国内借り入れ）が国外財源（政府開発援助〈ODA〉と譲許的融資）を上まわっており、その差は開き続けていく見通しにある。

---

166. World Bank Poverty Ratio, [online], Available at: http://web.worldbank.org/WBSITE/EXTERNAL/COUNTRIES/AFRICAEXT/MOZAMBIQUEEXTN/0,,menuPK:382138~pagePK:141159~piPK:141110~theSitePK:382131,00.html
167. UNDP, Mozambique Country Profile: Human Development Indicators, [online], Available at: http://hdrstats.undp.org/en/countries/profiles/MOZ.html
168. データはモザンビーク企画開発省による。

グラフ4

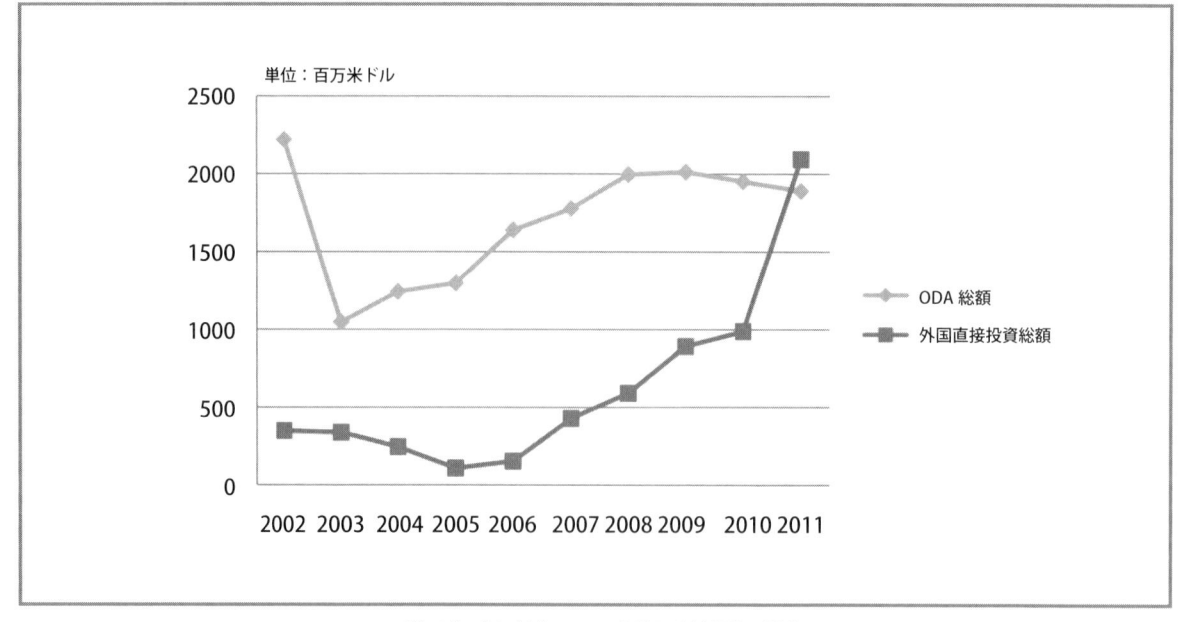

単位：百万米ドル

モザンビークに対するODAと外国直接投資の推移
出典：http://www.aidflows.org/; PAPs 2011 evaluation; and Bank of Mozambique Balance of Payment 2011 report http://www.bancomoc.mz/Files/DEE/Boletim%20%20Anual%20%20BOP_2011.pdf. 外国直接投資総額には、いわゆる「メガプロジェクト」（多国籍企業の資金調達によるインフラプロジェクト）と、採掘産業開発を目的とする政府系投資を含む。

新たな課題

上述のように、モザンビークは新たな"移行期"にある。モザンビークの援助依存度はなおも高いが（国家歳入の約40％）、外国直接投資の大規模な流入が急速に進んでいる一方で、ODA（政府開発援助）そのものは減少し、人間開発が停滞している。

世界銀行は、「力強い経済成長のなかでの貧困削減の減速が、現在のモザンビークの開発における最大の問題点である」とし[169]、現状の「開発モデル」に疑問符を投げかけている。モザンビークの天然資源ブームは、そのような課題に取り組み、援助依存度を低減し、政策立案におけるモザンビーク政府の"主導権"を拡大していくうえで、大きな機会をもたらしている。

しかしながら、可能性のあるエネルギーブームからは一連の課題も生じている。問題は、貧困層に資する包含的な成長を促進するうえで、モザンビーク政府は新たな歳入を最も効率的に活かすことができるのか？　また、新たな財源が突如として生まれたことで、モザンビーク政府の貧困削減に対する責任感が薄れることになりはしないか？

169　Mozambique: Country Brief, World Bank, [online], Available at: http://web.worldbank.org/WBSITE/EXTERNAL/COUNTRIES/AFRICAEXT/MOZAMBIQUEEXTN/0,,menuPK:382142~pagePK:141132~piPK:141107~theSitePK:382131,00.html

グラフ5

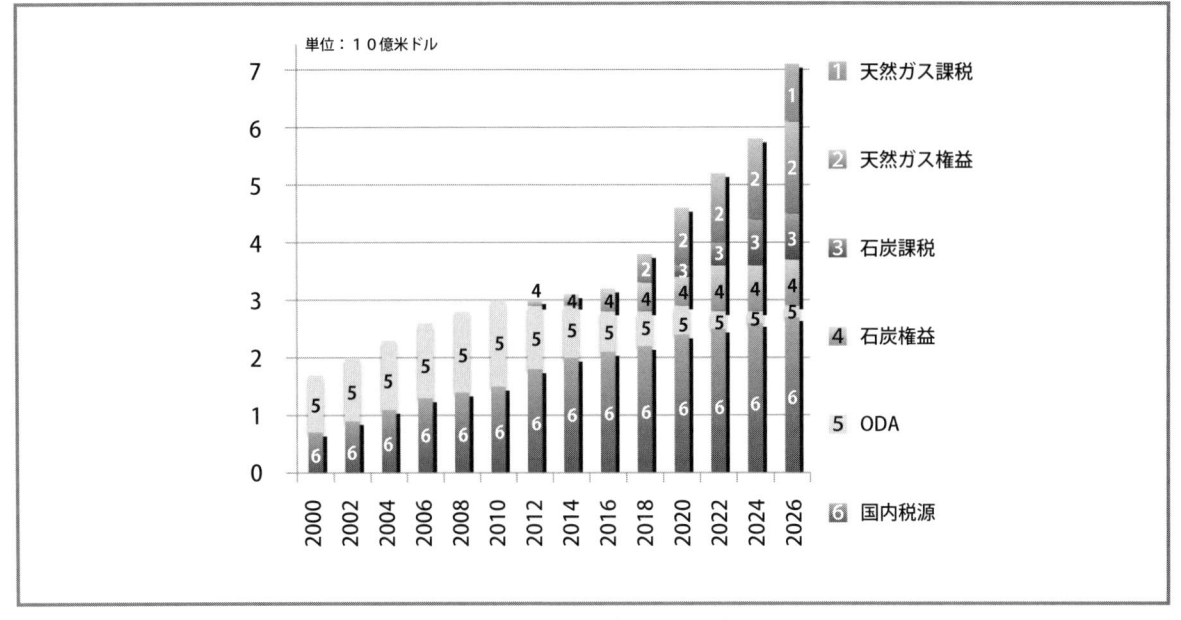

採掘産業開発によるモザンビーク政府の歳入見通し
出典：UNICEF

採掘産業への投資が拡大しても（採掘産業は本質的に資本集約型産業であり、必ずしも労働集約型産業ではない）、政府が採掘産業の収益を他産業の人的資本に再投資する「経済多角化政策」を積極的に追求しないかぎり、大幅な雇用の増加と人間開発の向上につながらないおそれがある。

モザンビーク政府は、農業や漁業、観光業、輸送業などの労働集約型産業の成長促進を継続し、すでに生じている"格差拡大"を緩和させる必要がある。また、急速な投資流入の結果としてモザンビーク通貨（メティカル）が強くなっていき、輸出競争力の低下とともに国民の生計に打撃が及ぶことになる。

「統治」の面では、他国で起きた天然資源ブームに伴う、規範意識の低下と腐敗の拡大が"モザンビークでも起きるのでは"と懸念されている。1996～2010年の世界銀行の指標で、モザンビークは統治の効率性、腐敗度、法の支配において下位に低迷している[170]。このような弱さから、政策管理の失敗によって経済成長が阻害されるおそれがある。

モザンビーク政府は、これまでのところ「事業契約内容」の開示にきわめて消極的であり（政府内でもほとんど入手が認められていない）、市民社会やメディア、国連システムを含むドナー（援助提供者）から"透明性と説明責任"の強化を求められている。これに対し、モザンビーク政府は「採掘産業透明性構想」（EITI）を一貫して進める構えを取っている。これは採掘産業の透明性向上につながる前向きの動きである。

170　Tyler Biggs, "Mozambique's Coming Natural Resource Boom: Expectations, Vulnerabilities, and Policies for Successful Management," Draft-August, 2012, USAID, I.

国連にとって意味するものとは？

モザンビークの内戦終結後の「復興・開発期」における国連活動の成功は、上述のような経済成長と外国直接投資の拡大に道を開く結果につながった。2000年代初頭以降は、ドナー（援助提供者）側が国連システムを通さずに、ODA（政府開発援助）の多くをモザンビーク政府の財政支援に直接向けるようになり、国連システムの影響力と効力に"衰え"が生じた。国連が"かたわら"に退いていく流れが強まるなか、国連の国レベルでの人道・開発介入は核心に関わる数々の問題に直面している、との認識が生まれた。すなわち、時代遅れの事業モデル、システム全体としての活動効率の悪さ、一貫性の欠如、断片化、重複、そして縮小する資金をめぐる国連機関間の争いである[171]。

財源が縮小するなかで、国連システムは「資金」を競合する諸機関に薄く広く配分してきた。このことから、国連システムには"明確な戦略的ポジションがなく、一貫した結果重視の実用的取り組みをもっていない"と見られるようになった。モザンビーク政府も、国連活動の断片化と非戦略的性格に対する懸念をつのらせた[172]。

モザンビーク政府は対応策として、2007年、国連システムの「ひとつの国連としての援助提供」（Delivering as One：DaO）構想の「試験的実施国」に名乗りを上げた。DaOは活動成果の向上とともに、実際的分野における国連活動の調和化を目的に掲げ、国レベルでの国連活動の一貫性を高める重要な第一歩となっている。

「ひとつの国連としての援助提供」（DaO）の開始以降、大きな前進が見られているが、依然として相乗効果の促進、国連専門機関間の合同プログラムの拡充、断片化と重複の解消に向けた新たな課題が大きく残されている[173]。DaOについての評価報告は、DaOの効果性に縛りをかけ、その課題を難しくしている要因は、断片化、重複、焦点不足、資金をめぐる専門機関間の争い、非効率性、不十分な一貫性、非効率な運営であるとし、DaOの現在の設計は「不十分な解決策」であるとしている[174]。

DaO（ひとつの国連としての援助提供）の潜在的可能性の完全な実現に向けて大きく前進できない一因は、国連諸機関が各機関本部とドナー（援助提供者）側から受けている活動上の制約にあり、それが国連活動の一貫性と戦略に

---

[171] Mozambique, Delivering as One Country Led Evaluation, 2010, 20, [online], Available at: http://www.mz.one.un.org/por/Resources/Publications/Delivering-as-One-Evaluation-Report
[172] Mozambique, Delivering as One Country Led Evaluation, 2010, 26, [online], Available at: http://www.mz.one.un.org/por/Resources/Publications/Delivering-as-One-Evaluation-Report
[173] Mozambique, Delivering as One Country Led Evaluation, 2010, 2, [online], Available at: http://www.mz.one.un.org/por/Resources/Publications/Delivering-as-One-Evaluation-Report
[174] Mozambique, Delivering as One Country Led Evaluation, 2010, 2, [online], Available at: http://www.mz.one.un.org/por/Resources/Publications/Delivering-as-One-Evaluation-Report

悪影響を及ぼしている。構造上の制約としては、縦・横両方向の説明責任、資金配分モデル、国レベルでの構造的分離などがある。「縦方向」の指揮系統、異なったITシステム・資産・職員・インフラ・事業過程の維持などが"機能の重複"につながっている。また、「横方向」の説明責任（必要性はきわめて高くはあるが）が縦方向の統制の排除を伴っていないために、取り組み方の調和でなく、負担の増加を招いている。

プログラムに関しては、年間予算100万～200万米ドル未満の「小規模プロジェクト」が多すぎる。政策・戦略・調整レベルのプロジェクトよりも実施レベルのプロジェクトが応分以上に多く、負担になっている[175]。

加えて、モザンビークでの国連システムは、開発集団内の招集者として、政府・市民社会・民間セクターの橋渡しとして、また統治強化の代弁者としての役割を果たしていない、との批判も受けている。何人かのステークホルダー（利害関係者）には、国連システムが新しい非伝統的なパートナーに対して積極的に関与できていない、との思いもある[176]。

このような受けとめ方は、国連システムはどうすれば付加価値をもたらし、成果を向上させることができるのかという問題につながる。すなわち、国連システムはモザンビークでの活動の優先順位をどのように組み換えればよいのか――。国連が内戦終結後の復興期の存在感と戦略的役割を取り戻したいのだとすれば、モザンビークの開発に対する貢献拡大にどのような戦略転換が必要なのか――。

明らかなのは、国連システムがかつての影響力ある役割を取り戻すには"変革"が必要なことである。国連システムは"内向き"の傾向を改め、モザンビークで長期的に達成したい"成果"に目を向ける必要がある。

モザンビーク企画開発省の受けとめ方として、国連システムからの拠出総額はG19[177]の個々のドナー国と比較して大きなものである[178]。しかしながら、それが断片的に24の開発機関の活動に分散されると、相対的に少額なプロジェクト主体の資金ということになってしまう。2011年の数字で、国連はモザンビークに1億2700万米ドルの援助を供与した[179]。これは決して小さな額ではないが、G19と関係国によるODA（政府開発援助）総額の7％相当に過ぎない（OECD非加盟のドナー国による拠出は含まれていない。それを含め

---

175 Mozambique. Delivering as One Country Led Evaluation, 2010, 35 [online], Available at: http://www.mz.one.un.org/por/Resources/Publications/Delivering-as-One-Evaluation-Report
176 Government of Mozambique Annual PAP's Review 2011, "Avaliação Final do Governo de Moçambique ao Desempenho dos Parceiros de Apoio Programático (PAP's) 2011", April 27, 2012, pg. 22, [online], Available at: Avaliação_Desempenho_PAPs_Versão_Final_2011_Revisto_VF[1].pdf
177 G19はモザンビークの国家予算を支援している19の国および機構。
178 Government of Mozambique Annual PAP's Review 2011. "Avaliação Final do Governo de VF[1].pdf

ると割合はさらに小さくなる）。

国連システムが現状を変えるには、モザンビーク政府の社会サービス提供と公共政策の革新を促す"触媒役"として働く必要がある。とはいっても、国連システムのモザンビークに対する介入によって革新的な協力関係が生まれた「成功事例」がないわけではない。新しい手法の導入が実を結んだ事例はある。サービス提供の例をとれば、「ユニセフ」（国連児童基金）はアメリカの国立衛生研究所（NHI）、クリントン・ヘルス・アクセス・イニシアチブ（CHAI）と協力してモザンビーク保健省を支援し、HIV（エイズウイルス）の「母子感染率」の引き下げに貢献した。

また、国連合同政策プログラムの大きな好例として、国連世界食糧計画（WFP）、国際労働機関（ILO）、ユニセフ（UNICEF）、国連開発計画（UNDP）が国際通貨基金（IMF）と世界銀行、他の国連専門機関と協力して立ち上げた「ソーシャル・プロテクション・フロア」*構想がある。国連システムの支援がモザンビーク政府の社会的保護重視に寄与し、社会的保護に対する政府支出の40％拡大につながったと、広く認められている[180]。

このような構想は、国連システムがモザンビークで"革新"を促し、政策に影響を与える"潜在的能力"をもっていることを強く物語っている。モザンビークが経済的発展を続け、社会機構が成熟していくにつれ、政府と民間セクターとドナー国は、国連システムが直接サービス提供プログラムという"川下"から次第に離れていくことを必要とするようになる。国連システムは触媒役としての能力とともに、技術的なインプットを提供し、政策・開発枠組みの確立のために"川上"で助言を行なうことが必要となる。そのためには、2006年の国連「マプト協議」が示唆しているように、真の競争優位性の率直な分析、国連諸機関の現場能力の公正な評価、戦略的な変革が求められる。

国連システムが政策関与の"見直し"に入りつつあることを示す、有望な兆しが表れている。たとえば、革新につながりうる国連政策・能力構築ファシリティ（施設）の準備が進められている。この施設は、モザンビーク政府の能力と政策のニーズに対応することを目的とする。そして、モザンビークの急速な変化に照らした代替政策に関して、利害関係者の議論を促し、研究分析を生み出すことを目指す[181]。

そうした関係者の大半が、国連システムの付加価値は経験と中立性、そして全

*ソーシャルプロテクションフロア（社会的保護の床 SPF）
人の一生を通じての必要最低限の医療および国によって決められた最低水準の所得保障を含む国家的に定義された社会保障。ILOの社会的保護の床に関する諮問グループは、SPFを下記の保障を含むものとして説明。(1) 高齢者や障害者への年金、児童手当、失業者とワーキングプアに対する所得補助や雇用保障およびサービスなどの様々な社会的移転(現金と現物支給)の形での基本的所得保障。(2) 保健、水・衛生、教育、食料保障、住宅、および国の優先事項に即したその他の分野において不可欠な社会サービスを手ごろな価格で万人が利用できること。

179　Government of Mozambique Annual PAP's Review 2011, "Avaliação Final do Governo de Moçambique ao Desempenho dos Parceiros de Apoio Programático (PAP's) 2011," April 27, 2012, 16, [online], Available at: Avaliação_Desempenho_PAPs_Versão_Final_2011_Revisto_VF[1].pdf
180　Lisa Kurbiel, "In Practice Strengthening and Scaling up Social Protection Note," UNICEF Mozambique, 23 August 2011.
181　Resident Coordination Office, "Scoping Mission Mozambique: Feasibility of a Policy and Capacity Development Facility of the UN Note," Draft- June 26, 2012, 9.

体を見る能力から生まれると見なしているが、一部の関係者とDaO（ひとつの国連としての援助提供）についての報告によると、規範議題に国連システムの付加価値がある、としている[182]。実際、モザンビークの現下の課題は国連システムにその能力を活かす機会をもたらしている。

モザンビークでの経済の急成長と外国直接投資の大幅な増加が「人間開発」と「貧困削減」の前進につながっていないなか、国連システムは「規範議題」（たとえば、普遍的人権の保護、ミレニアム開発目標など）を活用して、モザンビークの国家全体（政府、市民社会、民間セクター、メディア）にサービスを提供することができる。一例として、モザンビークは採掘産業による新たな収入を、「どのように管理すべきか」という論議がある。

国連システムは、人間開発の向上という目的に焦点を合わせて促進と仲裁の役割を担い、他国での経験をふまえて知識の共有と革新的な取り組みを推進することができる。ただし、国連システムがこの議題に関与するには、国連諸機関の現地レベルでの技術的ノウハウと能力を公平に評価し、戦略的変革を考える必要がある。

結論

内戦後のモザンビークに対する国連システムの関与は、「三つ」の際立った局面を経てきた。第一の局面は1993〜1997年で、国連システムは和平過程を目に見える形で示し、中立不偏の人道的立場から、基本的ニーズを満たして平和と政治的安定を確立することに取り組んだ。第二の局面は1998〜2001年で、国連システムは新しい機構の創出、公共セクター内での能力構築を支援し、現在に至る経済成長と外国直接投資の拡大に道を整えた。

そして2000年代初頭以降、モザンビークにおける開発協力のパターン変化を一因として、国連システムは今後の戦略的ポジションと政策の一貫性について考えるなかで、政治的余地と影響力を失った。国連システムは各局面において、モザンビークの「開発」に対して目に見える形で戦略的な貢献を維持するために、モザンビークのニーズと外部的な開発環境に適応してきた。

政府の財源構成（ドナー国、外国直接投資、国連システム）の変化によって、国連システムは再び"戦略と優先順位"の見直しを必要としている。より明確な戦略的ポジションと一貫性の高いプログラムによって、国連システムはかつての主導的役割を取り戻すことができる。活動をモザンビーク側のプロセスに沿うように調整し、国家の能力構築を促進し、革新を促し、モザンビーク全体のために規範議題を活用することによって、国連システムはモザンビークの統

182　Mozambique. Delivering as One Country Led Evaluation, 2010, 54, [online], Available at: http://www.mz.one.un.org/por/Resources/Publications/Delivering-as-One-Evaluation-Report

治と説明責任を向上させ、貧困層に資する包括的成長を促しながら、長期的利益に〈実〉を結ぶ急速な成長を支えることができる。

3.3 新たなパターンと傾向

「持続可能な開発」「食糧安全保障」「脆弱国」「世界保健」「気候」「エネルギー」に関する問題の密接な相互依存関係をふまえれば、それぞれに影響を及ぼしている変化の根源的性格に関する各ケーススタディの分析と結論に、かなりの収斂が見られることは驚くにあたらない。したがって、国連開発システムに対する意味合いの評価にも広い共通性が見られることは、同じく驚くにはあたらないはずである。

この20年は世界経済の変容期となった。これらの問題のそれぞれにおいて、私たちが直面する課題は急激に変化している。それぞれの問題に"個別に対処していける"という考え方は、どのケーススタディでも退けられている。いずれも「結論」として、国連開発システムには抜本的改革が必要であり、さもなければ大きく"かたわら"に退くおそれがあることを明確に示している。

ここではまず、「世界経済」に生じた変容と「開発協力」に対するその意味合い、そしてそれらの意味合いが「国連」に及ぼした影響を一つずつ分析してみよう。

3.3.1 歴史的規模の変容

「気候変動」の問題から生じている変容の核心部分には、気候変動の根底をなす科学的事実に対する理解の深まりがある。これを背景にルイス・ゴメス・エチェヴェリは、気候変動の地政学も「劇的に変化した」ことを指摘している。具体的には新興国、とくにBRICS（ブラジル、ロシア、インド、中国、南アフリカ）の台頭と、非国家主体——とくに民間セクターが果たす役割の重要性の高まりである。「今日の気候変動に関する交渉は20年前のそれとは大きく様変わりし、別種の利益集団と政治的連合が絡み合っている」とゴメス・エチェヴェリは論じている。

「エネルギー」に関しては、エネルギー需要の大幅な増加に対して、新たな主要勢力の台頭と革新的な新技術の出現が相まっている。エネルギーは「ミレニアム開発目標」（MDGs）のほぼすべての目標と密接な相互関係にあることが、もっとよく理解されるようになった。ゴメス・エチェヴェリは「SE4ALL」

（すべての人のための持続可能なエネルギー構想）のケーススタディで、「SE4ALLの目標を達成するには世界中のエネルギーシステムの変容が求められる」と強調している。そして、そのためには世界的協力の変容が求められ、高いレベルの協力が必要となるため、「新しい世界的協力モデルが描かれ、設計されることが求められる」としている。

アレックス・エバンスは、「持続可能な開発という概念を徹底的に議論し、思考を進化させるには戦略的な明瞭さが必要である」としている。「地球の持続可能性に関するハイレベル・パネル」（GSP）、「リオ＋20」（国連持続可能な開発会議）、2015年以降の「ポストミレニアム開発目標」などの議論から、"概念"の乱立状態が生じている。たとえば、低炭素経済、グリーン経済、グリーン成長、資源枯渇、地球の限界など——。状況が急激に変化するなかで、現在の課題目的に見合う概念の枠組みが必要とされている。

「食糧安全保障」の分野では、経済成長に伴う影響、世界的中間層の出現、人口増加、都市化のすべてが、食糧価格を左右する供給・需要要因に大きな影響を及ぼしている。世界的な食糧安全保障という概念は、2007〜2009年の食糧価格高騰危機を経て、政治の前面に躍り出た。世界的な食糧市場の出現、民間セクターと金融市場の役割、そして食糧市場とエネルギーや気候など、他の要因との相互依存関係が相まって、世界的な食糧安全保障はほぼすべての世界的な政府間会議、利害関係者の主要会議における大半の議題となるに至った。ハンス・ペイジは、過去20〜30年間に多くの側面で変容し、最高レベルの政治的関心を引きつけるに至ったこの分野の姿を描き出している。

ローリー・ギャレットの言葉を借りれば、世界保健（グローバルヘルス）は「比較的新しい多国間取り組み」である。その起源は主として、熱帯医学と国際保健に関する一連のプログラムだった。「グローバルヘルス」という用語は1980年代初頭に使われ始め、1990年代に入って重要性を帯びるようになった。再びギャレットの言葉を借りれば、「大規模なスケールで技術と資源を動かし……一連の疾病、とくにHIV（エイズウイルス）／エイズ、マラリア、結核の根絶」を目指すものだった。目標設定による開発の時代の始まりは、ほとんど世界保健の「めざましい成功」によるといえる。すなわちそれは、特定の疾病対策の空前の拡大、新たな活動主体の広がり、活動構造の拡充、そして資金の5倍増などである。2008年以降の食糧安全保障と同様に、世界保健は2004年までに主要な首脳会議と財務相会議における議題として定着した。

そして最後に、アレハンドラ・クビッチェク・ブホンスの「モザンビーク」のケーススタディでは、上述のすべての問題を一国の視点から捉えている。この20年ほどの状況の変化を受けて、従来の活動主体が将来的にもニーズに対

応できる存在であるためには"抜本的な位置の見直し"が必要とされるという点に関して、このケーススタディはひときわ明確なメッセージを発している。課題、資金の流れ、主要な活動主体、個々の活動主体の比較優位性——モザンビークではわずか10余年前の内戦終結後、これらすべてが大きく変容した。むろん、モザンビークは一つのケースに過ぎず、国によって性格は異なってくる。それでも、モザンビークの物語は決して唯一無二ではなく、多くの側面でより広範な傾向を如実に表わしている。

3.3.2 開発協力の目的と実践に及ぼす因子

ここ20〜30年にわたる歴史的変容は、「開発協力」の目的と内容の両方に劇的な結果をもたらしている。「気候」と「エネルギー」の分野では、活動主体の数にもタイプにも、大きな多様化が生じた。公共セクターの民間セクターに対する関係が進化し、以前には考えられなかったほどに"境界"がぼやけているケースも少なくない。気候変動対策に関する交渉から法的義務が生まれることが増え、特定の技能と科学的ノウハウ（専門知識）の必要性が増している。「クリーン開発構造」（CDM）や「排出権取引制度」といった新手法は、これまでとはまったく異なる一連の技能を求める。この点は、現に「地球環境ファシリティ」（GEF）に採用された方法論に見ることができる。

ゴメス・エチェヴェリは、資金面での参加規模が将来の資金の流れを左右する可能性が最も高いことを指摘している。集団的責任にもとづく条約の合意形成には、費用対効果（コストベネフィット）分析と、開発機関の伝統的な方法論に深い影響を及ぼす高度な監視水準が伴うことになる。「SE4ALL」のケーススタディにおいて、密接に結びついた活動主体と実施の仕組みが作り上げられてきているのを見た。これにより、権限と権利の世界は、もはや過去の歴史となった。

ハンス・ペイジは、食糧、気候、エネルギー、都市化、経済成長に関わる問題の相互依存性の高まりによって、開発課題の新しい捉え方が求められていることを強調している。新たな利害関係者の利益集団がさまざまな形で広がるなか、これまでよりもはるかに包括的な対応が求められている。一方、強力な利害関係者の利益集団の台頭は、政府間主体の機関の役割にきわめて大きな影響を及ぼしている。より包括性の高い対応と一貫性の高い政策が必要とされているということは、データ収集、知識共有、政策対話、そして「テコ力」（レバレッジ）の最大限の行使機会を明示している。

ローリー・ギャレットは、この20年間に起きた変容と成長の過程から、「世界保健における協力の将来に深い緊張関係が生じている」と指摘している。彼

女によれば、その一つの大きな課題は、持続可能な資金調達の必要性である。この10年間の資金調達における大きな成功は、非常に脆弱で不安定な基盤に立脚しており、世界保健はもはや「南と北」（開発途上国と先進国）といった観点からでは理解できない。たとえば、2000年の時点でHIV（エイズウイルス）感染者の70％が低所得国に集中していたが、その割合は2020年時点で13％にまで下がる見通しにある。

中間所得層の急速な拡大、所得の大きな上昇、そして不平等の拡大が進んでいく世界にあって、世界保健の促進に世界的機関はどのような役割を担うのか？

ギャレットは、「個々の疾病に対する資金拠出にもとづく世界規模の保健協力に代わり、ユニバーサル・ヘルス・カバレッジ（UHC）を目標とする世界に移行していくことになる」と論じている。そしてここでも、世界的機関の役割と比較優位性、新たな課題への対応における"適切性"という根本問題が焦点となる。

「モザンビーク」のケーススタディからも、やはり「開発協力」の役割に関して、ここでは過去10年間の変容の影響がまざまざと示されている。政府系の活動主体と民間セクターの活動主体の両方が新たに加わるようになり、2010年に外国直接投資がODA（政府開発援助）を金額ベースで上まわった（金額は20億ドル前後）。おそらくは、それにも増して重要だったこととして、国内の課税基盤が急拡大していることにより、2007〜2008年に国内財源の規模が国外財源を上まわったことである。最も重要なのは、2020年までの天然ガス・石炭に対する課税と、資源開発権益による歳入見通しである。

現在までのところ、財政基盤の急激な拡大にもかかわらず、貧困の広がりは止まっていない。しかし、今後の開発協力とODAは国内財源の拡大を受けて、モザンビーク政府に対する無償資金援助から、政策の一貫性を高め、新たな金融・知識資源を「テコ」とすることへの支援に移っていくことは明らかである。

3.3.3　形態は機能に従う

ゴメス・エチェヴェリは「気候」と「エネルギー」のケーススタディにおいて、最近の状況変化が国連開発システムの能力に突きつけている「重大な課題」に切り込んだ。今日の能力には、国連の給与水準には収まりきらない新しいタイプの技能と科学的・技術的知識、それに、幅広い専門家との協働能力が求められる。それには十分な水準の知識と経験の蓄積を要するが、これは高度に断片化した構造をかかえた国連にはかなり困難なことである。縦割り組織の外側で仕事をする能力と、学際的取り組みを使いこなす能力がますます必要になっている。また、国連の現在以上の透明性と説明責任も求められる。

ゴメス・エチェヴェリは「SE4ALL」のケーススタディにおいて、国連システ

ムが果たすべき役割を示している。すなわち、時と場合に応じて、協働の促進者、招集者、パートナー、主要な活動主体とリーダーの役割を使い分けることである。そして、必要に即した柔軟性を備えるには国連の"文化"を変える必要があるということを、国連は理解しなければならない。

エチェヴェリが強調している点として、国連は現状の断片化・重複・競合の問題を克服しなければならない。国連が直面している主な課題は、権限と権利の文化からの脱却、戦略のもとで選択を行なう能力を示すこと、これまでよりも大幅に現実的な自己能力評価を行なうこと、断片化を克服すること、必要な技能を獲得すること、民間セクターと包括性の高い協力をして資金の入手手段を広げることである。

「適正な技能」不足に関しての、ゴメス・エチェヴェリの次の指摘は注目に値する。

「うまくすればいつの日か国連システムは、今世紀の主要な課題に取り組むために、テーマに沿ったかたちで国連開発グループの劇的な改革に踏み出すことになる」——。彼が指摘しているこの課題の重要性は、他のケーススタディから示された要点の多くに通じており、現在まったく欠けているレベルでの戦略的な省察と議論をする価値がある。

ハンス・ペイジは「食糧保障」分野における変化の影響の分析から、国連システムの役割に関して、同様に際立った一連の結論を導き出している。第一に、新たな開発課題に対する一連の世界的組織体制の進展をたどったうえで、国連食糧関係機関の将来への地位づけの根本的変化を指摘している。ペイジは、はるかに複雑な世界的組織のネットワークが出現したことを説明し、いまや多くの側面において総合的リーダーシップはG20（主要20カ国）にあるとしている。

国連は旧来のあり方に大幅な改革を行なうことを余儀なくされた。そしてまず、ハイレベルの「対策委員会」の創設によって、国連事務総長のリーダーシップのもとでの新たな協働のあり方が示された。そして次に、包括性をはるかに高めた「世界食糧安全保障委員会」の抜本的再編によって、今日の世界的な課題に対処する政府間組織の"不適格性"が浮き彫りにされた。

ハンス・ペイジによれば、世界の「食糧安全保障」に対する国連の貢献は新たな局面を迎え、包括性がはるかに高い利害関係者による「統治」（ガバナンス）を必要としている。そのためには、課題と集団的対応の必要性に対して、共通の意識を確立する必要がある。そして新たな規範の確立という観点から、食糧安全保障を「社会的責任を担った企業活動」とされているものに導いていく必要がある。そこでの国連の大きな役割は、食糧安全保障における新たな規範を支える環境を創り出すことである。そしてペイジは「結論」として、新しい規

範議題と枠組み設定への貢献に求められる能力が、はたして現在の国連開発システムにあるのか、という問いを提起している。

ローリー・ギャレットのケーススタディでは、世界最大のグローバルヘルス機関だった「世界保健機関」（WHO）が、地位においても資金力においても、数ある活動主体の一つに"後退"した経緯が浮き彫りにされている。WHOは資金のみならず、ほぼ間違いなく名声の面でも、他の主要な活動主体に"出し抜かれる存在"となっている。さらにギャレットの今後のシナリオに関する分析には、WHOはほとんど出てこない。

ローリー・ギャレットが分析した世界保健自体の存在に関わる根本的課題について、他の研究による知見もふまえて見るなら、WHO（世界保健機関）がかなりの「テコ力」を発揮しうる分野がいくつか浮かび上がってくる。持続可能な資金調達の必要性に伴う課題に関して、ギャレットは信頼性の高い妥当な"指標"を確立することの重要性を強調している。
また、国連合同エイズ計画（UNAIDS）のデータを具体例に挙げ、「感染後の治療対策よりも、予防対策に資金を投じるほうが費用は安く収まる」という費用対効果（コストベネフィット）も示している。この点は「グローバル公共財」の強力な論拠となる。ギャレットは「世界保健」に関する分析において、"不平等の拡大"という現実を、今後に必要とされるグローバル公共財の資金調達に対する政治的支持に深刻な脅威をもたらすものとして捉えている。

保健、世界食糧安全保障、気候変動の密接な相互関係に対し、ローリー・ギャレットは新しいタイプの協力関係が必要であるとする。新たな課題が複数部門にわたる性格を帯びていることを重視するギャレットの論考は、ゴメス・エチェヴェリの同様の指摘と強く響き合う。関係する活動主体を結集するには既存の"縦割り構造"が取り壊される必要がある。

ローリー・ギャレットは「世界保健」の使命と構造の離齬が拡大しているという分析のなかで、ユニバーサル・ヘルス・カバレッジ（UHC）をめぐる新たな課題において、世界的機関が担うべき役割に対する答えを出していない。今後の「ユニバーサル・ヘルス・カバレッジ」の議題では、規範の確立、世界基準の設定、政策の一貫性の向上が必須の構成部分となる。ギャレットはケーススタディの「結論」として、世界保健の新しい言葉と定義が必要とされることを、説得力豊かに論じている。
世界の保健が「北」から「南」への移転とされていた時代、慈善行動とされていた時代、また縦割りの目標設定によって行なわれていた時代は終わった。これは国連とWHO（世界保健機関）を含む世界的機関にとって、大きな課題であると同時に、歴史的な機会をもたらすものにほかならない（次の【パート

4】で詳述する)。

このようなローリー・ギャレットの結論は、「持続可能な開発」議題の推進に関するアレックス・エバンスの「結論」と方向性がほぼ一致している。エバンスは、共通意識の確立による議題設定の重要性を強調し、国連が前進するために担うべき役割は「議題の共通理解をまとめ上げることだ」としている。それによって結束が強まり、勢いにつながる。そのためには国連の"適応力"が試されることになり、ある程度の非公式性と柔軟性が求められる。そこで必要とされるのが「変革」の理論であり、それなしに国連システムを前進させる戦略的未来像を描くことはきわめて困難であると、エバンスは論じている。

戦略的な協力関係の重要性についても、エバンスの論旨は同じである。善意の自発的協力関係だけでは事足りない。必要なのは、新たな連合と、究極的に新しい包括的な広い枠組みの創出につながる"政治的志向性"をもったパートナーシップ（提携・協力）である。

ブルース・ジョーンズは「脆弱国」に関するケーススタディにおいて、国連はかなり多くの国で紛争終結後の"初期復興"に大きな貢献を果たせる立場にあるとしている。そして他のケーススタディと同様に、紛争と危機の地理的分布が変化するなかで国連が直面している課題を指摘し、地政学的に敏感な地域にある「中所得国」と地政学的重要性の薄い「低所得国」との対比から、国連活動にとっての意味合いを論じている。

ブルース・ジョーンズは、戦略の統合は進歩しているとしながらも、「戦略統合への焦点が必要とされていながら、組織統合への焦点にすり替わってしまっているゆえに、依然として成果は限られている」と論じている。「戦略統合」の必要性は他のケーススタディでもくり返し指摘されている。

ブルース・ジョーンズは、脆弱国の「復興初期段階」における、戦略策定・資金調達・能力構築の不足に対する国連の取り組み努力は認めている。しかし、評価の材料と指標が足りないことを強調している。「法の支配」の分野における国連の取り組みについて、多大な戦略的機会が"断片化"によって損なわれ、戦略に対する"焦点欠如"となっている。国連は自らのポジションを活かし、なおも供給が不足している能力と資金を推進することで、決定的に重要な役割を果たしうる。

すべてのケーススタディに共通するテーマの一つとして、「形態が機能に従う」ことが必要である。この点を最も明白に見て取れるのが、危機状況への対応における「組織配置」である。形態を機能に従わせることが、効果的な改革議題実施の前提となる。そのためには、共通の構造設定による内部的一貫性の

確保を主柱とする考え方を見直し、外部環境や効果向上の基準に沿って、柔軟に組織構造を変える態勢に改めることが必要である。

最後に、「モザンビーク」のケーススタディに立ち戻る。今日の新たな課題に対応するために国連開発システムを大幅に「位置づけ直す」ということは、国レベルでの実情を反映しているものなのか——。この点に関しては、モザンビーク内戦終結後の幅広い実用的活動に対する国連の関与に見て取れる。資金拠出額は大幅に増加し、常駐する国連専門機関の数も、内戦終結当時の10前後から現在は22にまで増えている。モザンビーク政府は当初、歳入の圧倒的部分をODA（政府開発援助）に頼っていたが、現状は劇的に変わっている。ODA全体に占める国連の割合は7％前後だが、もはやモザンビークにとってODAは主要な国外財源ではなく、これからの5年間は国内税源の「政府管理」が大きな課題となる。

国連が前進するための最大の課題は、真の戦略的焦点を確立し、モザンビークにおける国連の存在と歴史を「テコ」として、比較優位性を見定め、モザンビークの変革プロセスに「唯一無二」の貢献を果たすことである。

クビッチェク・ブホンスの分析では、国連開発システムの「テコ力」が最も高くなるのは、採掘資源の管理に関して国家と政府の「利益調停」に貢献することである。そのためには、モザンビークの新たな成長経済に対して新たなレベルで関与することが必要であり、とりわけ民間セクターと市民社会との協働において、いまよりもはるかに包括性の高い取組みが求められる。ブホンスは、「断片化されたプロジェクトから離れて触媒役になり、強力な規範議題を設定し、テコ力に戦略的ビジョンをもつことが必要である」と強調している。

となると、現状の国連開発システムにこの種のリーダーシップを担う能力がどれだけあるのか、という問題に立ち返ることになる。22の国連諸機関が存在していることは、この種の「テコ力」を発揮する助けになるものなのか、それとも阻害するものなのか？　モザンビークの「採掘産業」に関する政策をめぐっては複雑な論争が起きているが、国連スタッフはその議論に加われるだけの資質を備えているのか？

このような「疑問」はすべてのケーススタディに共通している。国連開発が〈岐路〉にあるという結論は避けがたい。

Part 4

岐路に立つ国連開発

二重の課題

ここまで、「開発協力」に影響を及ぼしている過去20年間の大きな状況の変化を分析した。国家間、および国家と市場と個人の間に新しい力関係が生まれ、強力な新技術も出現したことも考察した。また、国連開発は過去歴史的に何度か大きな総合的環境変化に直面し、大きな変容を経てきたことも確認した。そして、特定の分野や国で生じている変化の性格を分析し、その意味するものを導き出した。国連開発の構成に関する基礎的データも図示した。

現在、国連開発システムの委任環境と使命、そして力量は相互強化の関係にない。それぞれが明確さを欠き、しばしば別方向に向いて動いている。つまり、国連開発は〈岐路〉に立っている（次頁の国連開発システムの第4段階の図参照）。

国連開発システムは戦略的な再編成が必要であるとする論は、グローバル化により開発協力のニーズが大きく変わった、という前提に立っている。それと同時に、開発協力ニーズの差異化は、貧困の様相と国際社会が直面する課題を大きく変えている。貧困像の変化と世界的な新中間所得層の出現が、開発協力の位置づけを根本的に変えた。

BRICS（ブラジル、ロシア、インド、中国、南アフリカ）をはじめとする成長市場の台頭とアメリカの役割の変化とともに、世界的な規範のまとめ方と世界的ルールの交渉のされ方が変容した。私たちは現在、国際システムの将来の安定にとって重大な時期にある。そして同時に、私たちは多くの場合において史上初めて、世界的に合意された集団的対応によってしか対処できない課題に直面している。つまり、国際システムの"安定性"に大きな混乱が生じるなかで、国際システムが大きな新しい責任を負うことを迫られている。

国連開発システムにとって、この"二重の課題"は大きな機会をもたらすと同時に、存在の妥当性にとって深刻な脅威をもたらしている。「大きな機会」というのは、共通の意識と価値観の確立、権利本位の取り組みへの支援、世界的な規範の構築に対する貢献において、国連は強力な地位を占めうると考えられるからである。「国際連合憲章」*に組み込まれた価値観は、国連固有の「テコ力」（レバレッジ）の源泉である。一方、「深刻な脅威」というのは、もし国連がこれらの機能を効果的に果たせるように適応できなければ、国連の信頼性が急速に崩れることになるからである。

*国際連合憲章
1945年6月サンフランシスコ会議で採択された国連の基本文書。加盟国の権利や義務を規定するとともに、国連の主要機関や手続きを定めている。また、国際条約としての国連憲章は加盟国の主権平等から国際関係における武力行使の禁止にいたるまで、国際関係の主要原則を成文化。国連憲章は前文と全19章、111条からなり、前文は、国連の創設に参加した国々のすべての人民が持つ理想と共通の目的を表明している。

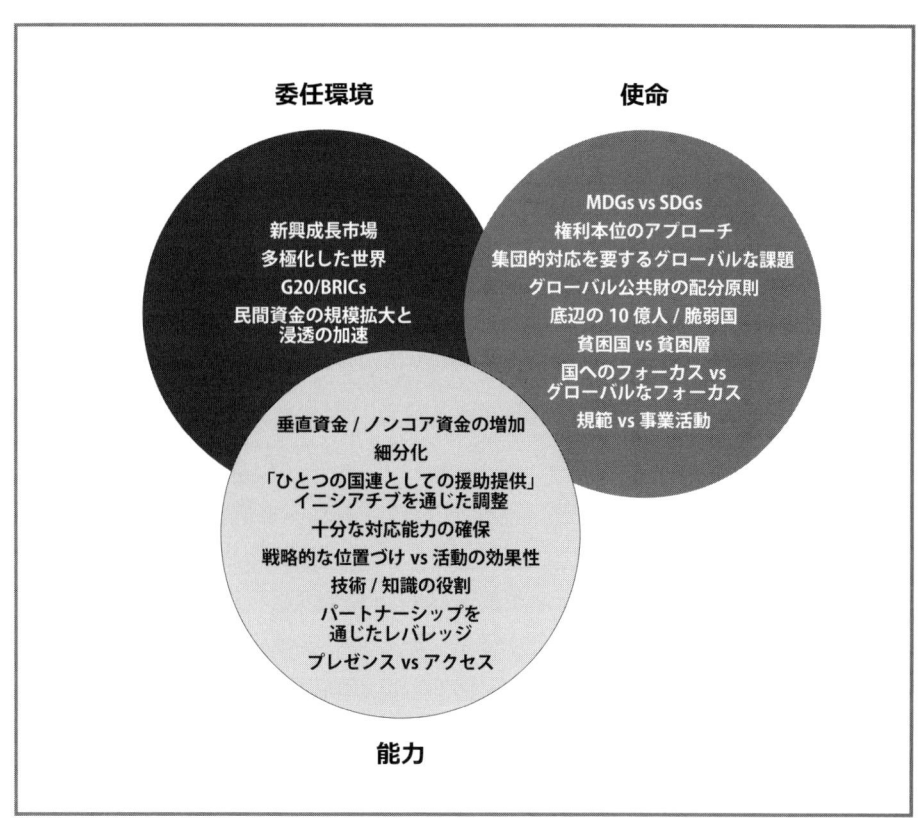

```
         委任環境              使命

              新興成長市場       MDGs vs SDGs
              多極化した世界     権利本位のアプローチ
              G20/BRICs        集団的対応を要するグローバルな課題
              民間資金の規模拡大と  グローバル公共財の配分原則
              浸透の加速         底辺の10億人／脆弱国
                              貧困国 vs 貧困層
                              国へのフォーカス vs
                              グローバルなフォーカス
                              規範 vs 事業活動

           垂直資金／ノンコア資金の増加
                    細分化
           「ひとつの国連としての援助提供」
              イニシアチブを通じた調整
              十分な対応能力の確保
           戦略的な位置づけ vs 活動の効果性
              技術／知識の役割
              パートナーシップを
              通じたレバレッジ
              プレゼンス vs アクセス

                        能力
```

国連開発システムの第4段階

公共セクターと民間セクターの役割の変化

「北」から「南」への全体的資金の流れのなかで、ODA（政府開発援助）の役割が量的に急速に縮小するなか、規範と基準の設定という"機能"の重要性が増している。この現実は「本報告書」に一貫するひとつのテーマであり、世界的な傾向と国レベルでの経験との両面に表れている。ODAの妥当性は、新しく現れた全体的資金の流れのなかで大幅に拡大した資金の流れに対して、「テコ」としての力を発揮する戦略的な地位にあるかどうか、ということになる。ODAと開発協力が賢明な「テコ」の道具として用いられるなら、過去と同等、あるいは過去を上まわる水準の貢献につながりうる。

グローバル化の大きな特色は、公共セクターと民間セクターのそれぞれの役割に大きな変化をもたらしていることである。ここで公共セクターと民間セクターの利点を比べて論じるつもりはないが、異論のない点として、民間セクターと市民社会は「グローバル公共財」に関わるあらゆる議論において中心的位置を占める存在となっている。開発協力は、国家を中心に置く旧来の援助概念よりもはるかに外向きで、包括的な枠組みを必要としている。主要な「グローバ公共財」の供給ギャップを埋める集団的対応には、利害関係をもつすべ

ての集団と利益共同体が共同して行動する必要がある。国家は今後もきわめて重要な指導的役割を担い続けるが、それは他のいろいろな活動主体と並んでのこととなる。

世界経済フォーラム（WEF）の「グローバル・リデザイン」（世界再設計）プロジェクトは、「必要なのは新たな利害関係者の国際統治のパラダイムである」と結論づけている。
「変革が求められているのは我々の国際システムに関する概念そのものである――すなわち、より進んだ相互関係と、より強まった相互依存の世界において、新しい協力形態と入手可能な能力の源泉に対する我々の理解である」

世界経済フォーラム（WEF）の「報告書」はさらにこう続けている。
「より良き解決の追求に向かって我々はまず、多国間機構とそのプロセスを、世界社会のすべての利害関係者と能力源との継続的な交わりを可能にする………より広いプロセスとネットワークに組み込むことから始めることができる」[183]

国連開発システムの新たな「第四段階」の姿を描き出すためには、いささか皮肉めくが、いくつかの主要な側面で国連開発システムの当初の"力の源泉"に立ち戻ることかもしれない。すなわち、その力の源泉とは、国連が共通の議題と価値観をつくりあげる舞台であるとする「利益共同体」である[184]。

提携と共通綱領の確立には、もっと内向きでない協力関係の理解と、もっと強い政治的意識による戦略的なパートナーシップの構築・維持が求められる。関心の的を、パートナーシップの量的規模から、パートナーシップの戦略的意図と力量に焦点を移す必要がある。そのような戦略は、設定された目的達成に必要な活動主体による「アウトサイド・イン」（外から内へ）の力から生み出さなければならない。「アウトサイド・イン」の確立には内部の一貫性が不可欠である。

断片化の弊害

すでに考察してきたように、国連開発システムが内部的一貫性を発揮しているとはとても言えない。むしろ、国連開発システムの創設者たちは、統治構造が中央統制にあらがうようなシステムを設計した。すなわち、創設者たちは意識的に利益共同体が一貫性を無視することを許していたのである。

---

183 "Global Redesign," eds. Richard Samans, Klaus Schwab, and Mark Malloch-Brown, World Economic Forum 2010, 13.
184 Anne Marie Slaughter, "The New World Order," Princeton 2008を参照されたい。同書における分散国家の概念が関連性をもつ。

「断片化」が国連開発システムに蔓延している。国連開発は現在、重要な開発関連分野のほぼすべてにおいて、何らかの活動を行なっている。しかも、大多数の分野で5つ以上の、あるいは場合によっては10を超える機関が関与している。

推計では、国連開発関係支出の20％が、国連加盟国全体の約70％にあたる約105カ国に充てられている。2012年の『国連事務総長年次報告書』*に盛り込まれた分析では、世界各地の国連機関が報告している援助関係のうち、資金規模的に真の重みをもつものは、わずか6％に過ぎない（総額が対象国のODA全体の少なくとも80％に達している貢献として定義。【パート2】参照）[185]。技術協力の効果は必ずしも資金規模と関係しないため、結論を下すには注意を要する。しかし、それでも、この『国連事務総長年次報告書』から浮かび上がっている構図は、明らかに深刻な「断片化」である。

断片化は、国連開発システムの課題対応能力にいくつもの深刻な「障害」を生み出している。具体的には――

> 1 個々の課題に対して、十分な水準の対応能力をまとめ上げることをきわめて困難に、あるいは不可能にする。
> 2 全体的な戦略の観点から、国連開発システムの資産を「テコ」として活用する可能性を奪い取る。
> 3 連携とパートナーシップの世界にあって、内部的一貫性を外部に投射する可能性を打ち消し、したがって国連全体の信頼性が損なわれる。そして、システムの重複と非効率へとつながる。
> 4 国連開発システム内での競合を引き起こす。

断片化は、「国連開発システムの将来」プロジェクトの一環として実施された調査でも、その活動の"非能率性"の大きな原因とされた[186]。

端的に言えば、全体が部分の合計を上まわっていないのなら、国連の価値は事業に関与している"部分"の価値に過ぎなくなる。つまり、国連開発システムはその重量階級以下のパンチしかくり出せないということである。

現在の世界では、国連は多数の活動主体の一つであるに過ぎない。課題は、その現実を認識したうえで"ただの一つ"ではない存在になることである。しか

*国連事務総長年次報告書
国連事務総長が国連の活動状況について総括し、将来の優先課題について概説した年次報告書。

185　Secretary-General's Report on Funding, 2011
186　Stephen Browne and Thomas Weiss, "Making Change Happen," World Federation of United Nations Associations, New York, 2012.

し、"ただの一つ"にならないためには「一つの国連」にならなければならない。

噛み合わないシステム

すでに何度か触れたように、「多国間の政府間組織は環境変化への対応能力がとくに弱い」と政策分析者たちから指摘されている。それというのも、多国間の政府間組織が代表している利益そのものが、変化のさなかにあるからである。

ごく最近、イアン・ブレマー（Ian Bremmer）がその著書『Gゼロの世界』（邦訳『「Gゼロ」後の世界──主導国なき時代の勝者はだれか』、日本経済新聞社、2012年）において、「国際機関は適応能力を欠如しており、国連は名を挙げるにも値しない存在」としている。著書の一節を引用しよう。

「Gゼロ世界の最も明白な敗者はおそらく、審判員とでも呼べそうな集団、つまりかつては国際システムを支配したが、効果的な存在であり続けるための迅速な改革ができない機関であろう」[187]

「第四段階」の国連開発システムの分析（前掲の国連開発システムの第4段階の図参照）において、過去の「第三段階」までと異なるのは、"三つの円"が重なり合って相互強化する一貫性の枠組みが欠けていることである。
前述したように、国連開発システムの委任環境と使命、価値観、そして能力が噛み合っていない。さらに加えて、きわめて重要な問題の多くに"答え"が出されていない。だとすれば、多国間機関の改革能力に対するイアン・ブレマーの"懐疑"が正しいということなのかもしれない。しかし、国連開発システムで現在進行中の「改革構想」の評価がまだ残っている。現在の改革構想が必要な任務にとって不十分だとしたら、国連開発システムを再編して目的に合致させるために、どのようなビジョンと実用的な手段が考えられるだろうか？

---

[187] Ian Bremmer, *Every Nation for Itself: Winners and Losers in a G-Zero World* (New York: Penguin, 2012)

4.1
国連改革の現在位置

この20年間を特徴づける「開発環境」のきわめて大きな"変化"が、本報告書を一貫する一つのテーマである。その変化が、一連の主要多国間開発機関の変容につながっている。とくに、世界銀行とOECD（経済協力開発機構）／DAC（開発援助委員会）においてそうである。

世界銀行は1990年代末に、ジェームズ・ウォルフェンソン（James Wolfensohn）総裁の指導力のもと、開発途上国に譲許的金利で融資を行なう銀行から、大規模な無償資金援助を行なう開発機関へ転換した[188]。ウォルフェンソン総裁が新たに掲げた主要テーマの一つが、「世界の開発知識銀行」になることだった。そしてもう一つの大きなテーマが、「グローバル公共財」の提供に関わる新たな議題への貢献だった。

OECD（経済協力開発機構）とDAC（開発援助委員会）は、2008年、「共通の大義への投資：変化する世界における開発協力」と題する、大がかりな見直し点検作業に着手した。具体的には、「南」側の新たなパートナーとの関係の現状を詳細に掘り下げることだった。新しい考え方の必要性は「釜山パートナーシップ合意」＊に盛り込まれた。組織としての重要な発展は、DAC援助効果作業部会の「効果的な開発協力のための新しいグローバル・パートナーシップ」への移行であった。

この20年はまた、民間セクターと市民社会にとってもきわめて大きな変革期となった。グローバル化と自由化が加速したこの時期に、「民間セクター」はきわめて大きな成長と混迷を呈した。『フォーチュン』誌の「500社ランキング」の構成が目まぐるしく変わっていることは、この歴史的な「企業」の成長とチャンスの時期に、"競争力"を維持するには迅速な調整とたゆまぬ改革が求められることを物語っている。今日の世界経済のなかで、企業に繁栄と成長をもたらす戦略の焦点とリーダーシップに関して、膨大な数の本や記事が書かれている。

同様に、「市民社会」もきわめて大きく成長し、資金基盤と活動展開の両面で

＊釜山パートナーシップ合意
2011年11月韓国・釜山で開催された閣僚級の国際会合「第4回 援助効果向上に関するハイレベル・フォーラム」において合意された成果文書として採択。フォーラムでは技術的な援助効果から新しい開発効果への議論に焦点が移る。パートナーシップ合意では、パリ宣言、アクラ行動計画でうたわれている「オーナーシップの尊重」「援助の透明性と相互説明責任」「成果重視」などに加え、「幅広いパートナーシップ」をベースに「南南協力・三角協力」「民間セクターの役割」「気候変動基金関係機関との協力」など、幅広い協力の重要性について確認。

---

188 James Wolfensohn,," Coalitions for Change," Address to the Board of the World Bank, 28 September 1999.

変容した。前述したとおり、この20年間に市民社会が率いる世界的なキャンペーン（運動）はめざましく拡大し、かなりの成功を収めた。

この時期にはまた、のちに「フィランソロキャピタリズム」（慈善資本主義）と呼ばれるものも生まれた。ビル・ゲイツを筆頭に、莫大な資産をもつ一連の「財団」が新たな財源を提供し、おそらくはさらに重要なこととして、開発協力事業に新しい「起業家精神」を吹き込んだ。そして前述したように、それが大きな影響力を及ぼすことになった。

このような状況のなかで、国連開発システムはどのような軌跡をたどったのか？　その軌跡もやはり大きな変革に特徴づけられるのか？　それとも、適応の失敗と特徴づけられるのか？　どちらの問いにも「イエス」の答えが聞こえてくることが多い。では、それがもっともらしく思えるのはなぜなのか？　要は、国連開発システムのどの側面に目を向けるかによる。

1990年代初頭以降の歴史的分析で見たように、国連開発システムはその使命と資金構成において根本的変化を経てきている。2000年代初頭までに、国連開発システムは「ミレニアム開発目標」への決意と、「ノンコア資金」（個々のプロジェクトに充てるための資金）への依存拡大を特徴とするようになった。すでに見たように、この二つは関係しており、どちらも国連開発システムの断片化傾向を深める作用をもたらした。

「ミレニアム開発目標」（MDGs）の設定は、1990年代半ばの開発社会を結集する歴史的役割を果たし、国際開発協力の枠組みとして機能することになった。2015年以降の「ミレニアム開発目標」の見直し、あるいは新たな「持続可能な開発目標」（SDGs）の設定に関する議論は、今後、国際的な枠組みの設定という目的に寄与し続けることになる。ただし、留意すべき点として、開発協力をとり巻く状況の変化から、1990年代末に「ミレニアム開発目標」が果たしたような歴史的役割の再現となる可能性は薄い。

世界の開発環境が変化するなかで、国際的な目標設定の役割と機能がどのように捉えられているにせよ、それが国連開発システムの使命の"明確化"につながることにはなっていない。国連開発システムは世界の変化に対する適応と再編を必要としているが、「ミレニアム開発目標」の議題は逆に、国連開発システムにすでに深く根を張ったサイロ的な（縦割りで連動を欠いた）、そして断片化された構造を深める方向に働き、「垂直資金」（ノンコア資金）を正当化する根拠を与えるかたちとなっている。

国連事務総長の2012年の「地球の持続可能性に関するハイレベル・パネル」報告書と2012年の「リオ＋20」（国連持続可能な開発会議）成果文書は、統

治構造の部分的な改革をめぐる新たな議論の口火は切ったが、既存の統治構造の効果性と妥当性の向上をもたらす改革に至るのかどうかはまだわからない[189]。さらに加えて、「持続可能な開発委員会」の改革に関する提言は、統治構造の特定部分の"改善"にのみ焦点を当てており、国連開発システム自体の統治の一貫性の無さに対処していない。野心的な統治改革の取り組みとしては、国連事務総長の「国連システムの一貫性に関するハイレベル・パネル」が2006年に提示した「持続可能な開発理事会」新設構想があったが、実を結ぶことなく終わっている[190]。

【パート2】の一連の［表］が示していること、そして国連の組織図を見ればわかることは、歴史的状況の蓄積を反映している。現状の構造は現在の課題に合致していないのみならず、真に戦略的な道具として用いられる可能性を危うくするものでもある。

現在、国連開発システムの改革に導く「三つ」の可能性がある。

その一つは、個々の専門および開発機関で承認されつつある多数の「戦略的計画」である。これらは各機関レベルでの重要な改革の試みであり、また当該機関の有効性を向上させるものである。最近、OECD（経済協力開発機構）／DAC（開発援助委員会）のために詳細な評価分析が行なわれている[191]。しかしながら、「戦略的計画」は当該機関の活動成果に焦点を合わせる傾向にあり、計画立案は当該機関のための資源動員を目的とするものとなっている。もちろん、すべての諸機関が測定可能な基準に照らし合わせて、効果的に活動することは望ましい。しかしその場合、国連開発システム全体としての価値が各機関の総和よりも大きいかどうかが問題となる。もしそうでないとしたら、国連の"一体性"を実現するためにそうした多大な労力と資源を投じる理由があるのだろうか——。

この点を反映して、改革の第二の焦点は、国レベルでの国連開発システムの活動の一体性を高める取り組み、すなわち「ひとつの国連としての援助提供」（Delivering as One: DaO）構想である。DaO構想による付加価値に関して膨大な資料と評価がまとめられている。直近では大がかりな評価が行なわれた[192]。全体として浮かび上がっているのは、DaOによる効果性への貢献である。しかし、この肯定的評価も、DaO構想の野心度と国連開発システムの活動の戦略的妥当性に与えている影響度という点で、いくらかの"懸念"が残る。

---

189 Global Sustainability Panel, Report to the Secretary-General 2012
190 Report of the Secretary-General's High-Level Panel on UN System-wide Coherence in the Areas of Development, Humanitarian Assistance, and the Environment, 2006.
191 OECD/DAC 2012 Report on Multilateral Aidを参照。
192 "Independent Evaluation of Delivering as One," United Nations, September, 2012.

懸念の理由は明らかである。DaO は本部レベルでの一貫性の向上を図る取り組みを補足するのではなく、中央（本部）レベルで行動がとれないゆえに、その代わりに打ち出された構想だからである。このことにより、その実行範囲に大きな制約と限界が生じている。

明らかな一例として、「ひとつの国連プログラム」が国レベルで合意されている場合、国連開発システムとしては"一カ所"でこれを承認することができない。「ひとりの国連リーダー」の件は、国連常駐調整官自身の"説得力"に頼り続けている。2012年の「4年期報告書」において、相互説明責任の概念を推進する方針にいくらかの前進はあったものの[193]、リーダー（国連常駐調整官）に真の権限を与えることにはほとんど進展がなく、加えて国連開発システムにおける説明責任は水平的でなく、"垂直的性格"が強いままである。
「ひとつの国連プログラム」は、新しいレベルの焦点を前提としている。しかし、現実には依然として、プログラムの焦点よりも"包括性"のほうがプログラム設計のより強力な尺度となっている。「ひとつの国連活動基金」はプログラム設計の不可欠な一部分として組み入れられ、「ひとりの国連のリーダー」との密接な協働にインセンティブ（刺激・誘因）を与えるものとされていた。しかし、すでに現時点で「ひとつの国連活動基金」は急激に目減りし、無意味なものになろうとしている。

手短にいえば、DaO 構想そのものは非常に有用で価値があるものなのだが、世界の急激な変化に対応する国連開発システムの戦略的適応を表すものとはほど遠い。この点は「ティラナ宣言」[194]を読めば明らかで、国連カントリーチーム*の標準的活動手順の定式化を優先している。「ティラナ宣言」は、こうした諸問題が国連開発援助の総合的改革の中心課題であるとしている。これは明らかに、国連の中心課題は活動効率の領域にあるという見方を映し出している。

＊国連カントリーチーム
当該国に独自の事務所を持ち活動している国連開発諸機関。

ただし、看過できない点として、DaO 構想によって生まれた機会の枠組みのなかで、興味深い"戦略的構想"が打ち出されている。たとえば、ベトナムとモザンビークで効果的なチームを組織する実験的試みが成功している[195]。
モザンビークでは、カントリーチームが合同プログラミング概念を超え、国連に各専門分野をまたいだ政策能力をもたらす「政策クラスター（集団）」の概念に踏み込んだ。すでに社会的保護を皮切りに、直近では母子保健の分野でも実行に移されている（モザンビークのケーススタディ参照）。ことに社会的保護に関する政策集団は、一連の国連機関が本部レベルで参画する世界的な「ソーシャル・プロテクション・フロア」構想を強力な"規範的基礎"として

---

[193] United Nations General Assembly, "Quadrennial comprehensive policy review" Resolution (A/Res 67/226).
[194] V High Level Governmental Conference on Delivering as One, Tirana Conference Declaration 27-29 June 2012.
[195] 元ベトナム国連常駐調整官と現モザンビーク国連常駐調整官による情報提供に謝意を表したい。

いる点でとりわけ興味深い。

ベトナムでは、国連カントリーチームが「プログラム調整グループ」という概念を編み出した。個々の国連機関を横断して専門能力と技能をまとめ上げ、政策対話の「フォーラム」を創り出す試みである。

このような"手法"を制度化して、規模を広げることが今後の大きな課題であり、「ティラナ宣言」で表明された野心度を大きく上まわるものであるように思われる。

改革のために考えられる焦点の三つめは、パートナーシップを通じての国連開発システム全体にまたがる複数の構想である。この考え方は、新たな財源の入手を目的とする"官民パートナーシップ"として受け取られやすいが、それは大きな誤りである。国連開発システムの「パートナーシップ」の議題はそれよりもはるかに深い意味をもっている。国連開発システムの歴史は多くの基本的側面において「パートナーシップ」の歴史である。国連開発システムが生来的にもつ複雑性は、システムを特徴づける幅広いパートナーシップに正確に反映されている。組織上の構成からプログラムのまとめ方、資金調達に至るまで――。

決定的に重要な点として、グローバル化した世界におけるパートナーシップは、テコ（レバレッジ）の能力と妥当性の基礎をなす。本報告書の目的上、ここでは「グローバル公共財」に関わる議題について、新たなパートナーシップの舞台構築に向けて取り組みを進めている国連事務総長室の活動に目を向ける。

ここ数年来、国連事務総長は大規模な「パートナーシップ」を次々に打ち出している。なかでもとくに重要なのが、「食糧安全保障タスクフォース」、「エブリウーマン・エブリチャイルド」（世界の女性と子どもの健康促進を図る構想）、「すべての人のための持続可能なエネルギー」（Sustainable Energy for All: SE4ALL）である。「食糧安全保障タスクフォース」と「SE4ALL」の役割についてはすでに触れている。

「食糧安全保障ハイレベル・タスクフォース」（HLTF）は、2008年、食糧価格の急騰を受けて設置された。その目的は、国連システムと世界銀行、国際通貨基金（IMF）、世界貿易機関（WTO）、経済協力開発機構（OECD）に共通の戦略的位置づけと活動を確立することだった。小規模な調整チームが組織され、国および地域レベルでの活動の調整、民間セクター・市民社会との連携、国および世界レベルでの状況把握にあたった。「食糧安全保障ハイレベル・タスクフォース」は2年ほど前から、幅広く新しい課題に対処するとともに、G20（主要20カ国）をはじめとするフォーラムで対外的な顔となっている。

SE4ALL（すべての人のための持続可能なエネルギー）は「三つ」の目標を掲げて立ち上げられた。すなわち、

　①　すべての人がエネルギーを入手できるようにすること、
　②　エネルギー効率を2倍に高めること、
　③　世界のエネルギー構成に占める再生可能エネルギーの比率を2倍に高めること、

である。国連工業開発機関（UNIDO）事務局長とバンク・オブ・アメリカ会長が共同議長を務め、広範な利害関係者が取り組みのリーダーシップを担っている。SE4ALLは明確で測定可能な目標をもち、きわめて広範な利害関係者にハイレベルで輪を広げ、活動推進と成果の監視に"共通の場"を生み出している。

「エブリウーマン・エブリチャイルド」も同じ基本モデルに従っている。2011年の国連総会で設立が決定され、2015年までに"1600万人"の女性の命を救うことを目標に掲げている。SE4ALLと同じく、きわめて広範な支持層に輪を広げ、活動推進と成果の監視の場を生み出している。

これらのパートナーシップには、共通の"特徴"がいくつかある。それは、核心にもつ力の強さ、核心部分がかかえる制約、そして成否に関わるいくつかの大きな問題点である。いずれのパートナーシップも、国連の外部の現実から生まれてきた"機会"に対する戦略的な対応である。「食糧安全保障ハイレベル・タスクフォース」（HLTF）は、世界的な危機に対して国連システムの全体的な対応を図るものである。「SE4ALL」（すべての人のための持続可能なエネルギー）は持続可能な開発課題がかかえる決定的な"ギャップ"に的を合わせ、「エブリウーマン・エブリチャイルド」（世界の女性と子どもの健康促進を図る構想）は「ミレニアム開発目標」のなかで最も達成度の低い分野の一つに的を合わせている。

国連開発システム内外の開発活動主体を招集する国連事務総長のリーダーシップが核心的要素であり、戦略的レバレッジ（テコ力）、一貫した対外メッセージ、最も高いレベルの利害関係者に対する動機づけを生み出している。

このようなかたちで、国連は広範な利害関係者を招集して"活動の場"を提供する能力を実証している。これらは十分な包括性をもつ協力関係であり、これまで国連主導の構想が苦しめられがちだった"国家中心"という制約を乗り越えようとする意思を示している。

国連グローバル・コンパクト*の「LEADタスクフォース」*は、もっと変容能力をもつパートナーシップの追求を打ち出した[196]。「LEADタスクフォー

*国連グローバル・コンパクト
行動責任向上をめざした自発的企業・団体の国連における集り。

*LEADタスクフォース
2011年に国連グローバル・コンパクトが設立した特別対策委員会。

ス」の言葉を使えば、それは慈善的・日和見的・戦略的パートナーシップとは異なる。この変容的パートナーシップの確固たる特徴は、国連システムを取り巻くすべての環境に広範な影響を及ぼすことである。それは国連開発システムに共通する問題を対象とし、コアコンピタンス（中核能力）をテコとし、すべての関係者を関与させ、必要な規模と永続的効果を与えることのできる力をもつものである。「LEADタスクフォース」は結果の"説明責任"に重点を置くことの重要性を強調している。現状のインセンティブ（誘因）構造を反転させるうえで、結果と効果の測定が決定的に重要な要素となる。

国連にとって、これらのパートナーシップが直面している大きな課題は、短期的「特任タスクフォース」（特別対策委員会）の域を超えて、国連開発システム内の戦略的資源配分にどこまでつなげられるか、という点である。どれだけ内部的一貫性は深いのか？　当該の課題に対して十分な水準の持続対応能力がまとめ上げられているのか？　それぞれの構想は持続可能なのか？　それとも市民社会が「小連合」と呼んでいるものに過ぎないのか？　結果の監視と、関係者の成果に対する説明責任は信頼できるものなのか？

「食糧安全保障ハイレベル・タスクフォース」（HLTF）の今後に関する議論から、一つの好例が浮かび上がっている。「食糧安全保障ハイレベル・タスクフォース」の今後の機能について、二つの選択肢が正式に検討された。まず一つは、「食糧安全保障ハイレベル・タスクフォース」を基本的に国連機関間の調整構造として存続させることで、国連システム全体としての行動の相乗効果向上に的を合わせる。そして、「食糧安全保障ハイレベル・タスクフォース」を国連事務総長を支援する場とする。

もう一つの選択肢ははるかに野心度が高いもので、前もって合意されたパートナーシップの具体的成果に対する"総合的説明責任"をある程度「食糧安全保障ハイレベル・タスクフォース」にもたせるというもので、これは実質的に次のレベルへ進むことを意味する。その「委任事項」（TOR）案では、明確な成果指標にもとづいて"優先事項"を絞り込むことの重要性が強調されている。これにより、「食糧安全保障ハイレベル・タスクフォース」は国連が行なう仕事とそのパートナーとの関係のあり方を変えるための"合同行動"の起点となる。委任事項（TOR）には利害関係者に対する全面的関与が含まれていた。

野心度の低い最初の選択肢は、すでに"実行可能"であることが確認されているとはいえ、ダイナミックな改革ビジョンの促進に対する国連開発システム内部の難しさを浮かび上がらせている。そして、持続可能な戦略的改革への道に立ちふさがるより深い構造的問題に、この「タスクフォース」の対応が解決

196　UN Global Compact, LEAD Task Force on UN-Business Partnerships, "Catalyzing Transformational Partnerships between the United Nations and Business," September 2011

もたらせるのかどうかはまだ定かでない。さらに加えて、国連開発システム全体に翼を広げるパートナーシップの議題に目を向けた場合、"下から上"へのアプローチのほうが、より深い改革運動の種をまけるのではないかという点も今後の焦点となる。

「グローバル公共財」の議題に関する「パートナーシップ綱領」という考え方を前進させる意図に、国連開発システムの仕事の進め方を変える"狙い"まで含まれていたことは疑いの余地がない。国連事務総長室でこの分野を担当した事務次長補は、「グローバル公共財の提供に関わる新たな課題に、国連は新しいビジネスモデルを必要としている」とする論文をまとめている。論文のタイトルは、「国連イノベーション（刷新）：世界的な問題を解決するビジネスモデル」である[197]。

その新しい「ビジネスモデル」の中核要素は、第一に、国連システムの協働の規範的・技術的専門知識をテコとする世界的な"戦略"を策定すること。第二に、各関係者をまとめ上げるために国連の"招集権限"を用いること。第三に、すべての支持層のリーダーを最も高いレベルで"関与"させること。第四に、交渉と合意形成の促進に国連事務総長室を"活用"すること。そして第五に、国連を実施綱領の"拠りどころ"として用いることである。

2008年以降のビジョン（未来像）に関する国連事務総長の当初原案では、「グローバル公共財」が中心的な枠組み概念に位置づけられていた。それがその後、あまりに大きな論争を招いて「持続可能な開発議題を損ないかねない」と判断された。このグローバル公共財議題からの退歩は、改革の結果を恐れる保守的立場と基本的に重なり合う。このレポートの［最終セクション］で、改革一括案の中にグローバル公共財議題を含める必要があるという点を再び取り上げる。

国連事務総長は、2009年4月の「プリンストン講演」で、こう語っている。「私たちは新しいビジョン、新しい方法論、新しい多国間主義を必要としている……一連のグローバル公共財の提供を核に構成される多国間主義を」[198]

---

197. Robert Orr, "UN Innovation: A Business Model for Solving Global Problems," *Harvard International Review*, Spring 2011
198. Secretary-General Ban Ki-moon, "The Imperative for a New Multilateralism," address at Princeton Colloquium 17 April 2009

4.2 グローバルヘルスとWHO

ローリー・ギャレットのケーススタディは鋭い分析にもとづき、「世界保健」が今後直面する課題に方向性を示している。ギャレットの分析は、「世界保健機関」（WHO）の将来的役割についてはほとんど触れていない。このセクションでは、WHO内部で進行中の改革過程という視点から、WHOが直面している課題について掘り下げる。そして、続く二つのセクションでは、それぞれ資金と国連開発システムの統治に関する考察をまとめる。本セクションは、一専門機関の視点で捉えた"改革"に対する考察である。

我々の開発協力の理解において、「グローバルヘルス：世界保健」という概念の出現は、1990年代を通じて表面化し始めた"変容"に深い洞察をもたらしてくれるものである。「世界保健」の概念には、とくに注目すべき側面が「三つ」ある[199]。

その第一は、世界の一体化に伴った現象に関わる側面で、感染性疾患の拡大、環境問題、テロの脅威といった、新たな現実による"保健"への影響である。グローバル化の急速な進行とともに、初めて世界保健が「グローバル公共財」（GPG: Global Public Good）として認識されるようになった。現実的な捉え方として、効果的な世界保健にはいくつかの面で集団的対応を要すると見なされている。

逆もまた、真なりである。すなわち、グローバル化の進行によって非感染性疾患（たとえばタバコや薬物）が「グローバル公共悪」（GPB: Global Public Bad）として新たに見なされるようになった。このように、かつては明らかに私的領域にあったものが公共政策の対象となり、かつては国内問題として扱われていたものが世界的な対話の対象となったのである。

このようにして、世界保健が「グローバル公共財」の問題として捉えられるようになったことにより、世界保健の課題と従来「保健開発」といわれていた複雑な分野とが識別されることになる。これらが補完関係にあることに疑問の余地はないが、それらは別物であり、比較優位性と焦点という、国連機関にとって決定的に重要な問題を提起する。世界保健機関（WHO）の中核機能に目

---

[199] Ilona Kickbusch, Wolfgang Hein, and Gaudenz Silberschmidt, "Addressing Global Health Governance Challenges through a new mechanism," *Journal of Law, Medicine and Ethics,* Fall 2010

を向ける識者は、「世界的な課題に対応するには、関係する国際活動主体ごとに暗黙的または明示的な原則、規範、ルール、意思決定手続きなどの重要性を認識する必要がある」としている。

1990年代末から2000年代初頭にかけ、グロ・ハーレム・ブルントラント*のリーダーシップのもとで、この議題が明確に浮上した。その具体例には、「タバコ規制枠組み条約」「粉ミルクの販売に関する国際規約」「基礎的医薬品のモデルリスト」「基礎的医薬品の供給に関する協議」などがある。SARS*（重症急性呼吸器症候群）危機後の国際保健規則強化は、世界保健機関（WHO）の総合的規範・基準設定の機能をあらためて示す重要な一側面である。

次に第二の側面は、第一の側面の直接的な帰結である。グローバル化とともにつながりを深めた世界にあって、疫学的監視の重要性が劇的に増している[200]。1990年代にHIV（エイズウイルス）／エイズ、コレラ、エボラ出血熱、鳥インフルエンザ、SARSなどが拡大し、もはや感染性疾患を"国境"で食い止めることは不可能であり、効果的な戦略は"監視以外にない"という認識が生まれた。

この点をまざまざと物語ることとして、世界的な疾病が劇的に拡大するさなかに、アメリカ・アトランタの疾病管理予防センターは防疫部の人員を大幅に削減した。この「グローバル公共財」を守る手段は、情報の活用と収集、データの共有、説明責任と透明性である。世界的な統治と、世界保健機関（WHO）などの公的国際機関の役割という観点に立つと、国境での管理から国際的監視手法に移行することは、本質的変容を意味する。

そして第三の側面もまた、前の二つの側面の論理と深く共通している。監視、粉ミルク、タバコ、薬物に関しては、いずれも幅広い活動主体との協力が必要であり、一手に管轄しようとする政府と対立する形になる。この観点から世界保健機関（WHO）は、180カ国以上で保健の指揮統制中枢という立場を離れ、「グローバル公共財」としての保健の促進を図る統率に移行している。この種の課題を効率的に追求するには、成功への不可欠な存在となる民間セクター、市民社会、研究機関に対するもっと"包括性"の高い取組みを必要とする。

「グローバルヘルス：世界保健」という概念の進化に通底するこれら三つの側面は、世界保健機関（WHO）の今後の戦略的地位と中核機能をめぐる議論に反映されている。その変容と二律背反（トレードオフ）の二通りの捉え方をまとめたのが、次の［表］である[201]。

「二律背反」の捉え方については、かなりの論争や見解の相違が生じうる。し

*グロ・ハーレム・ブルントラント
小児科医師、元ノルウェー首相、元WHO事務局長（任期1998〜2003年）。1984〜1987年国連に設置された「環境と開発に関する世界委員会」は、彼女が委員長をつとめたことから「ブルントラント委員会」と呼ばれる。この委員会がまとめた報告書「地球の未来を守るために」では、「持続可能な開発」の概念を打ち出し、環境と開発を共存し得るものとして捉え、環境に配慮した節度ある開発を提言するなど、環境保全と開発についての重要な道標となった。WHOの就任演説では痛烈なタバコ批判を行なった。

*SARS
2003年初頭より中国・広東省、香港を中心に広がった。感染すると38度以上の発熱や呼吸困難を起こす。未だ病原体が特定されていない。

---

200 Mark W. Zacher, "Global Epidemiological Surveillance," in *Global Public Goods*, Kaul et al 1999, 266-284.

中核機能	支援機能
グローバル公共財の促進	能力機能の拡充
市場の失敗の是正	各国の弱点の補強
各国政府を単独から相互依存の関係に移行させる	各国政府を依存から独立に移行させる
知識ギャップ（WHO）	資金ギャップ（世界銀行/GFATM/GAVI）

伝統主義	規範への焦点
本質主義	グローバルな課題への焦点
社会正義	各国に対する支援

かし、現実の二律背反は認識上のものほどではない場合が多く、個々の文脈において捉える必要がある。とくにこの種の分析では、個々の国情の勘案が不十分になる。さまざまな具体的状況において、またODA（政府開発援助）への依存度を高く持ち続ける25〜30カ国の最貧国において、世界保健機関（WHO）の国レベルでの支援は今後とも高い妥当性をもち続けるであろう。

それよりもかなり明確な点として、世界保健機関（WHO）は1990年代末と過去10年にわたり、その戦略的地位をめぐる大きな論争に直面している。ローリー・ギャレットのケーススタディも、WHO内部の論争というよりも、保健分野で新たな有力活動主体が台頭するなかで「WHOの役割が急激に低下している」という観点から、同じことを指摘している。

多くの他の国連専門機関のケースと同様に、この論議は戦略の焦点をめぐる協議へとつながっている。WHO事務局長は2012年に、今後の"改革"に対する戦略を発表した[202]。
その中心戦略として、
　1 世界的なリーダーシップ
　2 研究と知識
　3 規範と基準
　4 政策選択肢
　5 技術的支援

---

[201] Lincoln Chen, Tim Evans and Richard Cash, "Health as a Global Public Goods," Global Public Goods, edited by Inge Kaul, Isabelle Grunberg, and Marc Stern, New York, 1999, 284-306; and Kelley Lee, "Shaping the future of global health cooperation: Where can we go from here?" The Lancet, Vol. 351 Issue 9106, March 21, 1998
[202] "WHO Reform: Meeting of Member States on Programmes and Priority Setting," Report of the Director-General at the 65th World Health Assembly, March 22, 2012.

6 監視

の「六つ」を提示した。

多くのドナー（援助提供国）にとって、絶対的な最優先事項は"徹底的な焦点化"だった[203]。そこでWHOは中核機能に焦点を絞り、優先順位を決める必要があった。最も明確性が求められたのは「技術支援」であった。最大の課題は、WHOにしかできない貢献を、いかにしてその優先事項として固めるか、ということにある。

技術支援と事業活動に"優先事項"を確立することは一般的なテーマである。上掲の［表］で、リンカン・チェン（Lincoln Chen. アメリカ・ハーバード大学教授）とティム・エバンズ（Tim Evans. 世界銀行）は、これを上記の［表］の"支援機能"としている[204]。アイロナ・キックブッシュ（Ilona Kickbusch. ジュネーブ国際開発研究所教授）らは、結果にもとづくWHOの正当性は、たとえば開発途上国での多数の保健プログラムの実施など、WHOが適当な活動組織と見なされない分野では求められるべきではない、としている[205]。

焦点は、保健に関わる開発援助提供ドナーの調整ではなく、WHOの世界保健コミュニティ（社会）全体に対する"説明責任"という点に置かれるべきである。世界経済フォーラムの「グローバル・リデザイン」＊（世界再設計）プロジェクトは、保健に取り組む主要な国際多国間機関の"分業の明確化"が必要であるとされている[206]。そのためには、すべての主要な国際機関が国レベルで保健システムに取り組もうとする構図を"断つ"必要がある。世界経済フォーラムは、WHOが規範作成の指導力を担い、一方、世界銀行は保健システムにおける主導、多国間投資機関であるべきであるとしている。

「グローバル公共財」の議題を核とする戦略的な位置づけには、従来の統治慣行に対する複数の根本的課題が伴うことが予想され、現実にそのとおりの状況となった。WHO事務局長は、2011年の報告書「健全な将来のためのWHO改革」において、二つの領域をカバーする統治改革を提言した。一つは、加盟国によるWHO内部の統治であり、もう一つは、世界保健の統治におけるWHOの役割である[207]。
前者の基本目標は、戦略性の高い取組みの促進、監督の拡充、政府間機構の効果性の向上である。後者の目標は、世界保健の政策に影響力をもつ他の利害関

＊グローバル・リデザイン
グローバル・リデザイン・イニシアティブ（GRI）は世界経済フォーラム2009年度年次総会で立ち上げられた。2010年に開催されたドーハのグローバル・リデザイン・サミットで、国際協力の強化を促す58の提言が、『Everybody's Business：相互依存が強まる世界における国際協力の強化』と題した報告書として公表された。

203　一例として、スウェーデンがまとめた非公式な報告書を参照されたい。
204　Chen et alの前掲書。
205　Ilona Kickbusch, Wolfgang Hein, and Gaudenz Silberschmidt, "Addressing Global Health Governance Challenges through a new mechanism," *Journal of Law, Medicine and Ethics*, Fall 2010.
206　Peter Piot, David E. Bloom, and Peter Smith, Ensuring Health for All: Towards a New Paradigm for Health for All, World Economic Forum: 2010.
207　"WHO Reforms for a healthy future," Report of the Director General October 15, 2011

係者の関与レベルを高めること、世界保健に関わる多数の活動主体の間の一貫性を高めるうえで、WHO のリーダーシップを活かすことである。

この二つめの目標に関して、利害関係者と足並みを揃えることは世界保健の統治における WHO の役割であり、外部環境の急激な変化によって生じた課題に対して、WHO が戦略的な地位再編を果たせるか否かの決定的指標となる。WHO は「コミッティーC」*という、かなり大胆な構想を打ち出した。それが、「世界保健総会」（WHA）の内部に政府間機構を補う多くの利害関係者の「フォーラム」を新設するという構想である[208]。これはネットワーク化された世界保健統治を模索する動きで、興味深いのは、政府間の意思決定を侵すことなく、多くの利害関係者の関与を図ろうとしている点である。

*コミッティーC コーディネーション（調整）を専門に扱う委員会。

この「コミッティーC」は提案をまとめて「世界保健総会」に諮る。総会は、提出された決議案の中で、パートナーの自立的公約を歓迎することとなる。この枠組みは実質上双方の立場を損なうことなく、民間セクター・市民社会の活動主体と国家側との"接触"を生み出す、革新的なやり方である。

しかし、この「コミッティーC」構想は、実現に向けて動き出すことなく終わった。2011 年に「世界保健総会」に提出された「世界保健フォーラム新設案」も実らなかった。上述の WHO 事務局長報告書（「健全な将来のためのWHO 改革」）にまとめられた現時点での選択肢は、次の「三つ」である。
  1 世界保健の主要問題に関する多くの利害関係者のフォーラムを開催すること。
  2 加盟国によって検討されている特定の問題について、利害関係者の各グループが個別協議を行なうこと。
  3 問題に対する各利害関係者の提言を、各関係者がもっている固有の専門能力の部分のみに限定すること。

こうした選択肢でもって、WHO が最近モザイク状に出現している利害関係者（グローバル公共財としての保健の将来の統治に不可欠な役割をもつ）を成功裏に整合できるかどうかは、まったく分からない[209]。

目下のところ、WHO は「H8」に積極参加している。「H8」は 8 つの国際保健機関の指導者で構成するグループで、保健関連の「ミレニアム開発目標」の達成に関わる課題と、保健サービスの改良を検討する非公式会合をもっている[210]。WHO は、「ビル＆メリンダ・ゲイツ財団」など、新たな活動主体と

208　Kickbush et al の前掲書。
209．　これよりも慎重な捉え方については、Marine Buissonniere, "The New Realities of Global Health: Dynamics and Obstacles," *Aid, Emerging Economies and Global Policies*, International Development Policy Graduate School, Geneva 2012 を参照されたい。
210　World Bank, <http://web.worldbank.org/WBSITE/EXTERNAL/TOPICS/EXTHEALTHNUTRITIONANDPOPULATION/0,,contentMDK:21841960~menuPK:282523~pagePK:148956~piPK:216618~theSitePK:282511~isCURL:Y,00.html>

の"協力"も追求している。このような活動は、世界保健の統治における役割を追求するうえでの広い枠組みとなっている。

統治機構の改革は、急速に変化する世界に対する「国連」（ここでは保健分野のWHO）の再編能力の一つの試金石である。同等に重要な試金石として、資金獲得の取り組みの抜本改革がある。WHOの資金改革に関して、戦略の集中と同様の議論がなされているのだろうか？

最近の改革協議に提出された非公式文書によると、WHOの資金モデルは「加盟国の主要な保健課題に対する適応と効果的対応の妨げになっている。WHOが世界保健のリーダーとしての妥当性と効果性を高めるうえで、資金モデルが最大の障害となっていることに疑いの余地はない」[211]としている。

これは強い表現である。その背景には、世界保健総会によって「中期戦略計画」として確立されたにもかかわらず、この戦略的方向性のための予算がついておらず、実際に資金が提供されていないからである。「ノンコア資金」が戦略の集中に悪影響を及ぼし、戦略的な成果に到達しようとする望みが、短期的な"プロジェクト結果"を出す必要性によって妨げられている。さらに加えて、短期的なプロジェクトへの資金拠出が中心を占めることは、WHOとして世界クラスの技術陣を獲得・維持することに深刻な影響が出てきていることを意味する。

WHOはこの2年間、組織としてのビジョン（未来像）をまず明確に打ち出し、それを中核機能への焦点につなげ、そして予算と成果をビジョンに重ね合わせる戦略的過程を確立する——というような議論を延々と重ねてきた。提案されていた改革の重要部分は、限られている「コア」の分担金による通常予算と、WHOの全体のビジョンから外れやすいプロジェクトのための大規模な「ノンコア」（非通常）資金との差を埋めるための交渉過程に事実上入ることであった。この議論が重要なのは、このコアとノンコア（通常予算と非通常予算）の大きな分断を橋渡しする手段、すなわち「交渉による拠出」の創出を図ろうとしているからである。

現在検討されている改革案は、現状よりもはるかに高い戦略の集中、機能区分の大幅な厳格化、そして戦略的な地位再編に逆行する現在の"奨励構造"を覆すような、もっとバランスの取れた、安定した資金供給策から成り立っている。

---

211 スウェーデンがまとめた非公式な報告書。

統治の場合と同様に、資金改革を前進させることはかなり難しい現実となっている。WHOの場合は、その戦略的な地位再編にとって統治と資金供給がいかに必須であるかということを、きわめて明確に示している。一方において、これらの問題の多くについて深い議論がなされていることは心強い。しかし、もうその一方で、国連開発システムの妥当性に関わる本質的問題が十分理解されているとは言い難い。

統治と資金は、国連開発の"地位再編"の根本である。国連開発システムのなかで、このような問題に苦闘しているのはWHOだけではない。しかし、そうした対話は個々の開発機関ごとに行なわれている。もっと幅広い枠組みと、国連全体にわたるリーダーシップによって対処することが、現時点で失敗の可能性に直通している変革過程の管理にとってより適切と思われる。

4.3 資金に関する考察

国際社会はそれ相応の資金拠出システムをもっている。当初、国際社会は平和の構築ブロックとして分権化された専門機関の集団に資金を拠出した。その後、国際社会は約40年間、新たに勝ち得た独立国家としての主権を行使しようとする国々に資金援助を提供した。1990年以降、国際社会は開発目標への資金拠出へと的を絞った。この進化が、国連開発システムを特徴づける三つの「政治経済論」を生み出した。

今日の現実は、国連開発システムの大部分において「ノンコア資金」(個々のプロジェクトに充てる資金)拠出の拡大に特徴づけられている。[グラフ1]は、1990年代半ば以降の国連システム全体における「ノンコア資金」の伸び率を、「コア資金」(個々のプロジェクトに充てられない資金)と比較したものである(あわせて【パート2】も参照されたい)。

現在の国連開発システムの政治経済論は、本質的にそれぞれが魅力的なプロジェクトを打ち出すことによって、資金の獲得を争っている開放的市場ともいえる「競争モデル」に立脚している。なかんずく、国連開発諸機関は各々本質的に市場において競争している。今日の政治経済論において、国連開発諸機関の上級マネジャーはリスクの"分散"と流動性の高い"投資"によって、賢明な「リスク管理」をしている。それは必然的に国連開発システムの断片化、競合、そして使命(ミッション)の日和見的な解釈をもたらしている。

この現実が、資金調達をめぐる論争そのものに、大きな緊張を生みだしている。そしてこれが、必要とされる"分業"と、個々の任務に最適な専門機関を選び抜く"健全な競争"との矛盾につながっている。実績でなく、"権限"に従って任務を振り分けるという考え方にもとづくシステムは、もはや大きな信頼を勝ち取ることはできない。一方、市場競争で資金調達が決められるシステムは、使命の重複とむやみやたらの拡大を招くといった懸念をすることはない。

しかし、国連開発の目的に"供給"が足りていない、そして資金不足になっているサービスの提供が含まれるのだとすれば(使命の根幹をなす目標と価値の追求は当然のこととして)、市場において"競争力"をもつということは、国

グラフ1

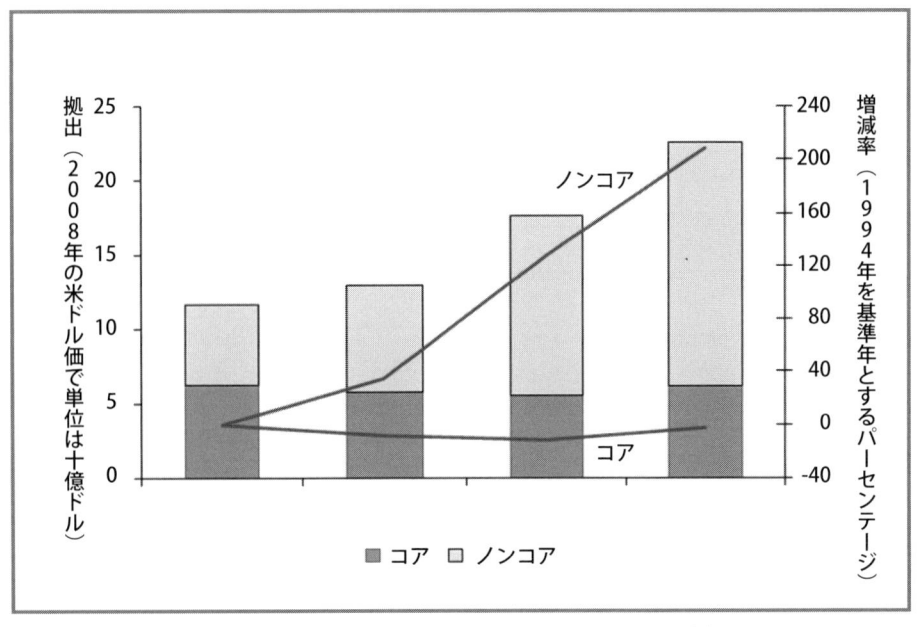

国連開発事業活動に対する資金拠出の推移（1994～2009年）
出典：Report of the Secretary-General Analysis of Funding of Operational Activities for Development of the UN System for 2009 A/66/79 6 May 2011 p25System for 2009 A/66/79 6 May 2011 p25

際社会が求める「成功指標」にはならないかもしれない。この問題については最後のセクションで再び取り上げることにする。

信託基金とプロジェクトの大幅な増加、競争行為、そしてその結果としての資金獲得活動の重複は、国連の「4年期評価」の一環として行なわれた最近の「質問調査」の結果にはっきりと表れている（[表1][表2]）。ことに際立った点として、国連常駐調整官と当該国に現地事務所を持つカントリーチームの80％近くが、「お互いに資金獲得争いをしている」と答えている。各国政府のうち、国連諸機関間の資金獲得争いを「健全なあり方」と考えている政府は16％に過ぎず、その一方で、資金獲得争いが混乱を招いて政府の仕事量を増やし、各機関がその中核機能から離れる結果につながっているとする政府が約60％に及んでいる（[**グラフ2**]）。

国連開発協力の改革の歴史を振り返った【パート1】において、国連システムにおける「ノンコア資金」の拡大は、目標設定による開発協力の広がりに伴う「必然的な結果だった」と論じた。つまるところ、目標へ的を絞ったことによって「垂直資金」が激増し、それが「ノンコア資金」の台頭につながった。

[**グラフ3**]は、この経緯が国連開発特有のものであることを示している。とくにEU（欧州連合）機関と世界銀行グループの場合、欧州開発基金（EDF）と国際開発協会（IDA）の「コア資金」はまったく変わらない状態にある。

表1

自国での国連活動にかなりの重複がある	強くあてはまる(%)	いくらかあてはまる(%)	あてはまるの合計(%)	あまりあてはまらない(%)	ほとんどあてはまらない(%)	あてはまらないの合計(%)	わからない[212](%)
低所得国 (39)	25.6	35.9	61.5	25.6	10.3	35.9	2.6
下中所得国 (44)	9.1	29.5	38.6	40.9	15.9	56.8	4.5
上中所得国 (19)	5.3	36.8	42.1	31.6	21.1	52.7	5.3
その他 (6)	0	33.3	33.3	50.0	16.7	66.7	0
政府回答の合計 (108)	13.9	33.3	47.2	34.3	14.8	49.1	3.7
市民社会組織の回答 (264)	16.3	39.0	55.3	21.6	11.7	33.3	11.4

国連専門機関間の重複に対する見方
出典：4年期評価2012年のために国連経済社会局（DESA）が実施した質問調査

表2

国連専門機関はドナー資金の取り合いをしているか	している(%)	していない(%)	わからない(%)[212]
低所得国 (39)	61.5	30.8	7.7
下中所得国 (43)	48.8	48.8	2.3
上中所得国 (20)	35.0	50.0	15.0
その他 (6)	16.7	83.3	0
政府回答の合計 (108)	49.1	44.4	6.5
常駐調整官と国連カントリーチームの回答 (501)	78.6	21.4	0
市民社会組織の回答 (264)	29.3	17.0	53.6

国連専門機関間の資金獲得争いに対する見方
出典：4年期評価2012年のために国連経済社会局（DESA）が実施した質問調査

グラフ2

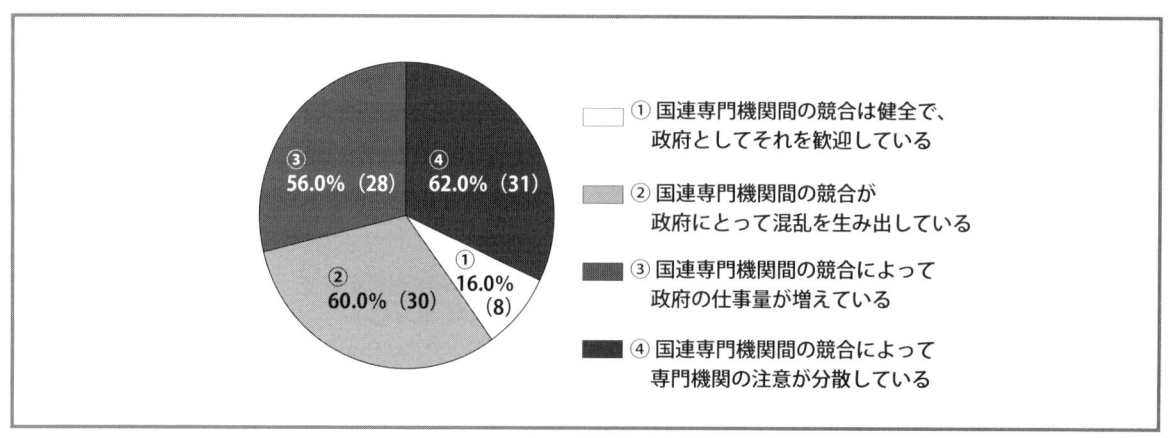

① 国連専門機関間の競合は健全で、政府としてそれを歓迎している　16.0%（8）
② 国連専門機関間の競合が政府にとって混乱を生み出している　60.0%（30）
③ 国連専門機関間の競合によって政府の仕事量が増えている　56.0%（28）
④ 国連専門機関間の競合によって専門機関の注意が分散している　62.0%（31）

国連専門機関間の競合に対する見方

212　各国政府に対する調査では「わからない」の選択肢を設定しなかったが、6か国から備考欄に「わからない」と記入する回答があった。表の集計はその数も含む。

「コア資金」の力が続いていることはいくつかの要因から説明できるが、おそらく中心的要因は、主要ドナー国（通常予算提供国）によるこれらの機関に対する強力な「オーナーシップ」と、「統制」であろう。加えて、EU（欧州連合）の「資金拠出」は外交政策の主要目標の中心に位置し続け、国際開発協会（IDA）への拠出はまったく各国「財務省」の指揮下に残り続けている。

このデータは、国連開発システムに対する根本的な"信頼性不足"を示していると結論づける見方もある。そのとおりなのかもしれない。それよりももっと簡単な説明は、欧州開発基金（EDF）と国際開発協会（IDA）のドナー国による統制を、もしも国連開発システムで行なうとすれば、「ノンコア資金の活用以外に手段がない」ということであろう。このデータをどう解釈するかにかかわらず、国連開発システムに対するコア資金拠出の比率低下は、いかなる改革策においても留意されるべき現実である。

この全体的文脈において、考察を要するもう一つの要素がある。その要素とは、国連開発諸機関が全体予算に占める「事業活動予算」の割合の最大限を、DAC（開発援助委員会）ルールによるODA（政府開発援助）資格のあるものにしようとする動きである。この点を示しているのが [表3] である。

ここに見られるのが、事業プロジェクトを報い、規範・基準設定関連の仕事を罰するような"資金奨励体制"である。その顕著な一例が、世界保健機関（WHO）の予算の76％が「事業活動関連資金」となっていることである。

国連開発システムの「断片化」という課題に関して、国際社会はいくつかのかたちで対応してきた。国連開発システムの対応は、国連事務総長の「国連システムの一貫性に関するハイレベル・パネル」*の討論において明確化した。この討論では、国連開発システムに規律をもたらすため、「中央資金調達・配分」*（セントラル・ファンディング）という概念の復活に強い関心が示された。これは、国連開発システムの最初の30〜40年のあり方（システムに一定の一貫性をもたせる手段として資金配分が採用された）に引き戻そうとする動きだった*。しかし、財源の多様化が現在の資金の流れの特徴であり、垂直資金の強さからしても、この選択肢は非現実的でしかない。国連開発諸機関の資金調達を補うための、国レベルでの「ひとつの国連基金」という概念は、この方向性に向けた小さな一歩だったが、数年が経過した現在、すでに底をついている。

「資金確保」という課題にもう一つの可能性として、革新的な財源の構築があった。G20（主要20カ国・地域）へのビル・ゲイツの報告書で、一連の可能な方法が分析された[213]。そして、それぞれの取り組みの現実的な強みと弱

＊国連システムの一貫性に関するハイレベル・パネル
2006年コフィ・アナン国連事務総長が設置した首相、元国家元首、政治家、有識者らで構成された会合。同年11月に発表された「Delivering as One（ひとつの国連としての援助提供）」と題する報告書では、国連の開発や環境の分野での弱点として、国連の活動が分散しており、政策が一貫せず、重複するなど非効率が生じており、ガバナンス不足や予測不可能な資金繰りがそれを一層悪化させていることを指摘。「一体性」を中心的な概念として、国連諸機関が一体として、目標に向かって一つの戦略を実施するということに一致して協力する必要性をあげている。

＊中央資金調達・配分
個々の開発機関が資金調達・配分するのではなく、国連開発システム全体として資金調達・配分すること。

＊1972年に導入されたUNDP（国連開発計画）の「予算配分予定額：Indicative Planning Figure」システム。

グラフ3

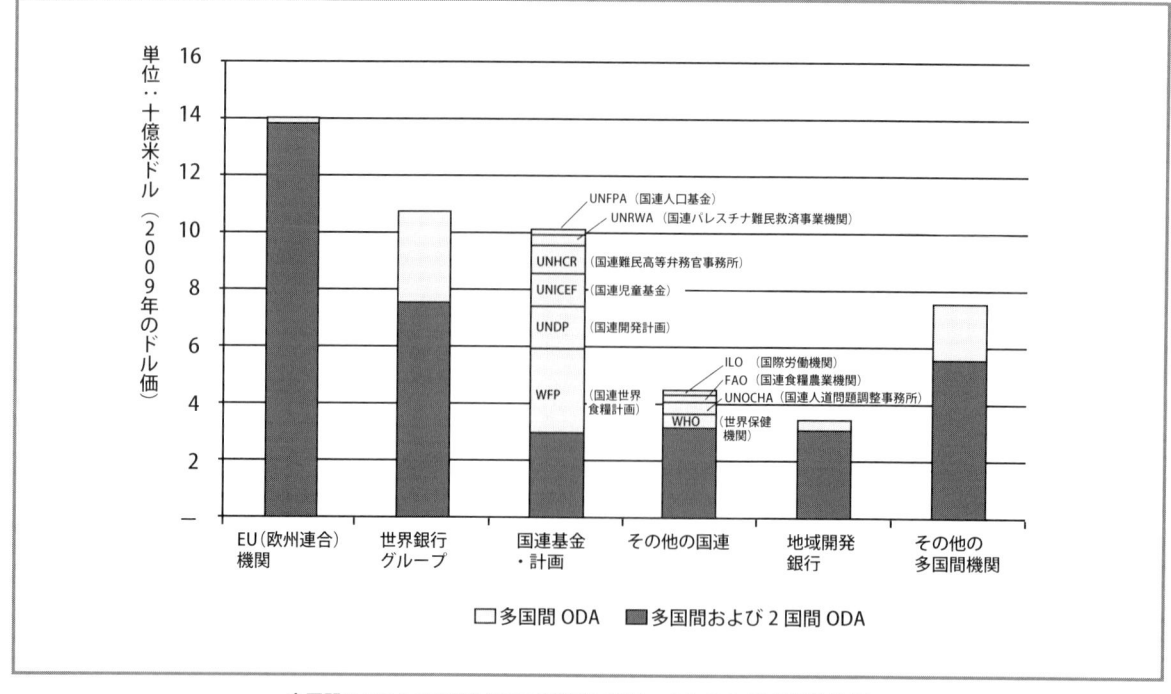

多国間システムの2009年の支出総額（ドナーとしてのEU機関は除外）
出典：DAC Report on Multilateral Aid 2011 p27

みについて、国連フォーラム内外で議論が重ねられた。これらの取り組みにはなおも強い異論はあるが、すでに一部の国々で実施されている。その一例が、数カ国から成るグループによる「航空券」への課税である。しかしながら、革新的な資金調達は紆余曲折を伴う道筋であり、前進は可能でも、迅速にはいかない。

市場構造と民間セクターは、その他の二つの主要財源である。市場構造に関しては、「事前市場予約」＊（アドバンスマーケットコミットメント）の活用や、「国際金融ファシリティ」＊の実績が挙げられる。民間セクターによる拠出としては、すでに国連開発システムのある部分でかなり大きな存在となっている。たとえば、ユニセフ（国連児童基金）は、2017年までに民間からの拠出が予算全体の「約半分を占めることになる」と見通している（金額では17億5000万ドル前後）。そのかなりの部分がコア（通常）予算への「個人」からの拠出である。

これと対照的に「世界保健機関」（WHO）は、現在、約5億ドルを企業と財団から得ている（ビル＆メリンダ・ゲイツ財団だけで2億ドル超である）。また、まったく異なる資金調達モデルをもつのが「世界知的所有権機関」（WIPO）で、特許の認可登録料によって予算の90％をまかなっている。こ

＊事前市場予約
製薬会社に長期的市場を保障する制度。

＊国際金融ファシリティ
グローバル金融市場におけるワクチン供給のための債券発行。

213 Bill Gates, "Innovation with Impact: Financing 21st Century Development"（2011年11月のカンヌ・サミットでのG20首脳に対する報告）。

表3

国連専門機関	割合
国連食糧農業機関（FAO）	51
国際原子力機関（IAEA）	33
国際民間航空機関（ICAO）	0
国際労働機関（ILO）	60
国際海事機関（IMO）	0
国際電気通信連合（ITU）	18
ユネスコ（国連教育科学文化機関）	60
国連工業開発機関（UNIDO）	100
国連世界観光機関（UNWTO）	0
万国郵便連合（UPU）	16
世界保健機関（WHO）	76
世界知的所有権機関（WIPO）	3
世界気象機関（WMO）	4

国連専門機関の通常予算に占める開発事業活動資金の割合（単位：%）
出典：Report of Secretary-General on Funding for 2010 p 51

の場合、民間セクターは顧客である。この点をふまえると、グローバル公共財の提供は「サービス料収入」の機会につながるはずである。

グローバル公共財のための資金と、そのための国連開発システムの活動費用をもっぱら公的財源に頼り続けることはできず、また世界的な課税という道筋も支持は得られがたいはずである。だとすれば、グローバル公共財の提供に対する国連の貢献を長期的に持続させるには、何らかの市場要素を取り込んで、国連システムの資金構造を"再設計"することが決定的に重要となる。

資金をめぐる議論は、現在もおおむね各国の対外援助が「一括して外務省予算に入れられる」という前提にもとづいている。しかし、「グローバル公共財」という概念が示唆するのは、それとはかなり異なるやり方である。そのために必要とされているのは、公共財の提供のための国際的規模の資金調達を水平的に内面化することである。

また、グローバル化した世界において、各国の関係省庁は効果的な政策立案のために、「国内的責任」と「国際的責任」の両方に対処しなければならない。この意味で、すべての関係省庁がその予算に「対内的部分」と「対外的部分」をもつ必要がある。もはや課題は、対外関係に資金を投じることではなく、国内問題に効果的に対処するために、その国際的側面に資金を投じることとなる。

表4

	外務	開発	財務	厚生	農務	環境	経済	教育	複数省庁の合同
国連開発計画(UNDP)	14	9	-	-	-	-	-	-	-
国連平和維持局	18	1	-	-	-	-	-	-	2
GAVI	9	7	1	1	-	-	-	-	-
グローバル基金	12	8	-	2	-	-	-	-	-
ユニセフ(国連児童基金)	16	7	-	-	-	-	-	-	-
世界保健機関(WHO)	6	2	-	9	-	-	-	-	6
国連食糧農業機関(FAO)	7	3	-	-	9	-	-	-	4
地球環境ファシリティ	6	6	7	-	-	2	-	-	2
クリーン技術基金	3	3	4	-	-	3	-	-	1
気候投資基金	4	4	4	-	-	2	1	-	1
REDD	5	3	-	-	-	2	-	-	1
「万人のための教育」早期達成イニシアチブ	7	10	-	-	-	-	-	-	1
ユネスコ(国連教育科学文化機関)	14	2	-	-	-	-	-	4	3
世界農業食料安全保障プログラム	3	7	2	-	-	-	-	-	-
国連難民高等弁務官事務所(UNHCR)	16	7	-	-	-	-	-	-	-
国連世界食糧計画(WFP)	12	7	-	-	2	-	-	-	2
合計	157	91	22	12	11	9	1	4	24

DAC加盟22か国において資金拠出の決定を行っている主要政府機関・省庁

出典：DAC Report on Multilateral Aid 2011 p19

［表4］は、さまざまな国連開発機能の「財源」をまとめたものである。
［表5］は、対外援助を担う「アメリカ政府機関別」の内訳である。

現実に多くの国で、「対外予算」は各省庁の予算内で決められている。たとえばアメリカの場合、二国間および多国間ODA（政府開発援助）を行なう政府機関は少なくとも10あり、アメリカ国際開発庁（USAID）と国務省がODA全体の約62％を占めている。現実には、開発協力への資金拠出が最も拡大することになるのは、幅広い政府機関にそのための「拠出」が広がることによってであると考えられる。

となると、有力省庁が世界的な「支出」に前向きに関わるようになるため、国連開発の資金調達の方法にきわめて大きな変化と機会が生まれることになる。しかし同時に、世界的な支出の目的を効果的に監督する態勢が政府全体に分散され、弱体化する危険性もある。そしてまた一方で、資金拠出の構造が理知的な設計からではなく、利益と優先事項の相違を反映する交渉での妥協から生ま

表5

政府機関	割合（％）
米国国際開発庁（USAID）	47
国務省	15
健康福祉	11
ミレニアム挑戦公社（MCC）	11
国防総省	8
財務省	4
農務省	1
その他	3

米国の政府機関による2国間および多国間ODAの内訳（総額：350億ドル）
出典：USAID Distribution of US/ODA by agency 2005

れている、という現実が明るみにさらされることになる。

国連開発システムの「資金調達」をめぐる現在の議論の大部分は、「コア資金」（通常予算）と「ノンコア資金」（非通常予算）の"バランス是正"にほぼ終始している。専門機関や基金で使われている用語はやや異なるものの、基本的な問題認識は国連開発システム全体にわたって同じである。

国連事務総長の「4年期報告」のために最近まとめられた資金問題に関する報告書には、コア資金によるノンコア活動のための多額の「補助金」が現実に出ていることを勘案した、新しい具体的提案が盛り込まれている。実際問題として、ノンコア活動に計上されている「管理費」は、それにかかる全体の「管理運営費」よりも低い分担比率になっている。新しい提案は、ノンコア活動に計上される管理費を大幅に引き上げることで、コア（通常予算）への収入を増やそうというものである。運営の観点からは、これは大きな意味をなし、多くの開発関連機関が直面している資金問題の解決に寄与する。
しかしその一方で、長期の戦略的観点に立つと、この解決方法は問題を複雑化させる。つまり、ノンコア事業活動から収入を得ることが資金調達モデルのいっそう重要な部分となるため、機能への焦点強化に逆の誘因が生じ、収入主導型システムをさらに固めることになる。

「コア資金」と「ノンコア資金」のバランスを是正するという原則は、むろん妥当である。しかし、それが抽象的に論じられると"希望論"に過ぎなくなる。バランスの是正が政治的に実現可能となるのは、活動の焦点と機能の問題に手がつけられる場合だけである。その観点からいえば、プロジェクト主導型

グラフ4

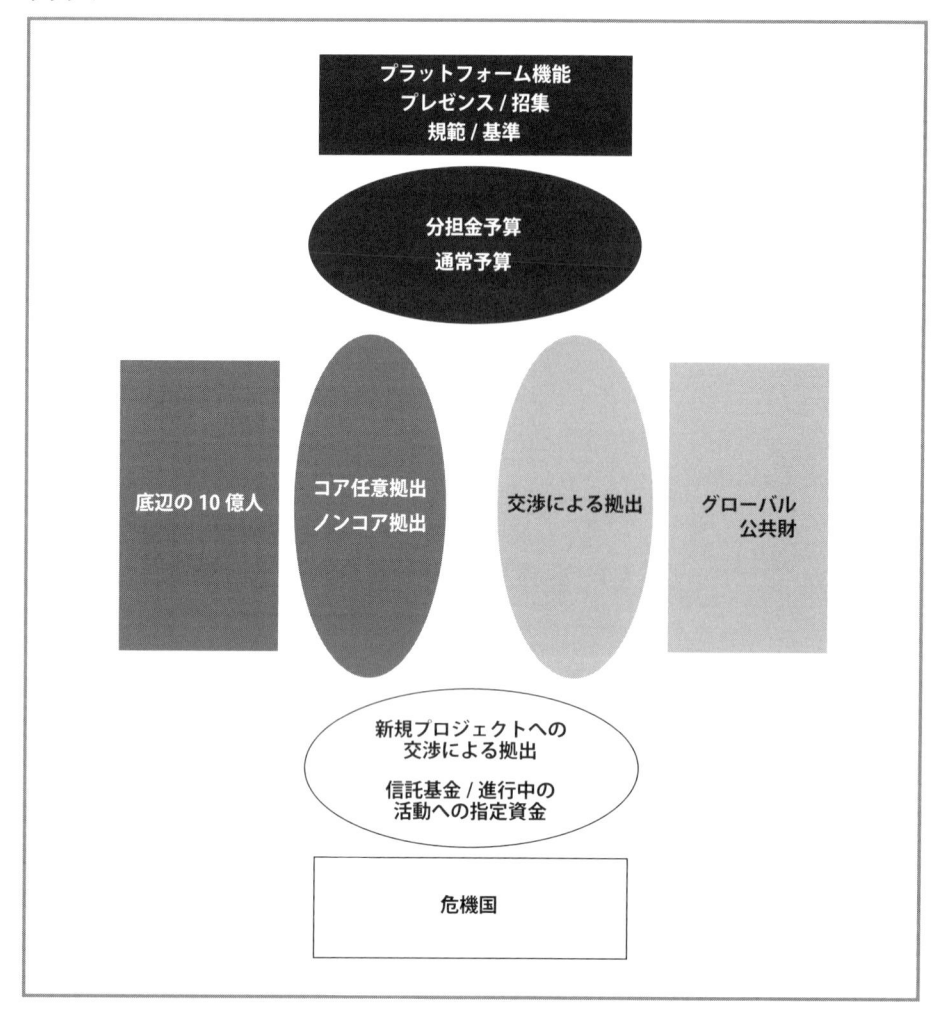

```
           ┌─────────────────┐
           │ プラットフォーム機能 │
           │  プレゼンス／招集  │
           │   規範／基準     │
           └─────────────────┘

              ╭─────────────╮
              │  分担金予算   │
              │  通常予算    │
              ╰─────────────╯

┌──────┐  ╭──────╮  ╭──────╮  ┌──────┐
│底辺の │  │コア任意│  │交渉に │  │グローバル│
│10億人 │  │拠出   │  │よる拠出│  │公共財  │
│      │  │ノンコア│  │      │  │       │
│      │  │拠出   │  │      │  │       │
└──────┘  ╰──────╯  ╰──────╯  └──────┘

           ╭─────────────────╮
           │ 新規プロジェクトへの │
           │   交渉による拠出   │
           │ 信託基金／進行中の  │
           │  活動への指定資金   │
           ╰─────────────────╯

           ┌─────────────────┐
           │     危機国      │
           └─────────────────┘
```

システムの財源を確保するためにコア資金を拡大するというのは信頼される論理ではない。

「コア資金」と「ノンコア資金」のバランス是正は、それよりもずっと広い「取引」においてのみ可能となる。その取引には、コア財源とノンコア財源のバランス是正、予測可能性の改善、より厳密な機能の定義、より公平な分担といったことが含まれる。このことからも、形態と資金を"機能"に沿うように改める必要がある。したがって、規範の創出と「テコ力」を優先する国連開発システムに資金システムを沿わせるためには、「コア財源とノンコア財源のバランスの是正が必要である」という結論を避けて通ることはきわめて難しい。

［グラフ4］は、そのような「取引」の主要構成部分を図式化したものである。この図は、国連開発システムが果たす「四つ」の機能のカテゴリー(範疇)について、それぞれを支える最も適した「資金調達形態」をあらわしている。ここでの焦点は「公的財源」にある。ここで注目すべきは、四つの機能のうち「三つ」（グローバル公共財、危機国、底辺の10億人）は、民間資金の大幅な

増加に最も頼れる可能性が高い。

　右回りに順に見ていくと、第一の機能は「綱領機能」で、それには中核的な規範・基準の設定、プレゼンス（参加能力）と招集能力の確保が含まれる。急速に変化する世界のなかでこの機能を確実に果たすことに関しては、最後のセクションで再び取り上げる。
　この機能は「国連分担金」予算によってまかなわれる必要がある。そしてこの機能の費用は、国連システム加盟国の「必須費用」とされるべきである。それとともに、規範・基準設定の仕事の資金を利害関係のある集団に頼るべきではない。しかし、それには信頼のおける単一の「国連開発綱領」が必要となる。複数の綱領が競合していては、この機能に対するコア資金拠出を正当化することはできないからである。いずれにせよ、国連開発システムは現在、世界・地域・国レベルのそれぞれのなかに、またそれらの間に"競合"する綱領をかかえている。

　第二の機能は、グローバル公共財の提供における、国連システムの「役割」に関わる機能である。グローバル公共財の提供における中心課題は「供給不足」の解消であり、それには集団的対応を要する。こうした、集団的対応のまとめ上げと責任分担はグローバル公共財提供の必須条件である。これは現実問題として、グローバル公共財の議題が集団的対応の性格に可変的結合構造を生み出すことを意味している。というのは、異なる国々の集団が特定の公共財に関して"異なる利害"をかかえることになるからである。
　したがって、資金拠出はそれぞれの集団内で交渉されなければならないが、純粋な自発的拠出にはなり得ない。なぜなら、資金拠出は集団的対応の"合意条件"としての責任分担に沿って行なわれざるを得ないからである。この二つの点をふまえれば、主要なグローバル公共財議題への資金は「交渉にもとづく拠出」によるということになる。

　第三の機能は、危機国における「人道支援活動」とその開発プログラムの「資金」に関わる機能である。実際問題として、この機能には"ハイブリッド型"の資金調達を思い描ける。まず一つに、何らかのかたちの「分担金」または「交渉にもとづく拠出」によって、国連システムの効果的対応を可能にする安定基盤を確保することである。それは同時に、国連が「CNN効果」*に過度に振りまわされずに、普遍的行動を展開することも可能にする。
　その一方で、大規模な開発プログラムへの主要財源は特定の国々ということになり、そうした国々は国家予算内で「特定目的予算」とすることが多くなるはずである。こうした背景から、「信託基金」（トラスト・ファンド）と「指定資金」（イアマークド・ファンディング）が、危機に直面している国々への国連開発システムの活動資金の中心にとどまり続けることになる。

*CNN効果
ニュース映像などによって、世論や外交などが左右されること。

第四の機能は、国連開発システムの活動の大きな部分を占めてきた古典的な「貧困削減」と「能力開発」のプログラムに関わる機能である。貧困削減プログラムの政治経済論は特別である。それというのも、多数の国が責任分担とはまったく別にこの種のプログラムへの支援を約束しているからである。これらの国の納税者は、こうした支援を"義務"と見ており、その支援はすべてのドナー（拠出国）が応分の負担金を支払うことを条件としていない。こういった状況には、国連開発計画と基金のコア資金制度を特徴づけた「コア任意拠出」がいちばん適している。こうしたコア任意資金は、ノンコア資金により補充することができる。

すでに見てきたように、こうした機能の財源は「ノンコア資金」が圧倒的部分を占めている。この「第四の機能」に関する「コア資金」と「ノンコア資金」のバランス是正は、この機能に限った措置として行なわれる公算は小さい。したがって、この機能におけるバランス是正は、さらに広い機能間のバランス是正に依拠することになる。そして逆説的になるのだが、皮肉にも機能間のバランス是正によって、この機能内のバランス是正自体の重要性は大きく弱まることになる。

4.4 統治（ガバナンス）に関する考察

　国連開発システムをとりまく変化に沿って、国連開発システムの「統治」の仕組みを改める必要性が認識されている。国連開発システムの統治は、もともと設計意図として深く断片化されており、時の経過とともに断片化がさらに進んでいった。「国連憲章」は、経済社会理事会（ECOSOC）と国連専門機関との間に、ごく緩やかな調整の仕組みしか規定していない。その後、多くの計画（プログラム）と基金（ファンド）に執行理事会が設置され、「経済社会理事会」の権限がさらに弱まった。

　数十年にわたって「経済社会理事会」の改革が議論されているが、実効は上がっていない。こうした様相から、「ひとつの国連としての援助提供」構想の開始によって、「ひとつの国連」に関する文書を国連開発システム全体として承認する"単一の場所は存在しない"という実態が浮き彫りになった。この状況を受けて、ハイレベル・パネルが「ひとつの国連」に関する文書を国連開発システム全体として審査する「持続可能な開発理事会」の創設を提言した。しかしここでもまた、国連システムの設計に組み込まれた"構造"という現実から強い異論が生じ、結局、本格的な検討がなされないままに終わった。

　国連開発システムの加盟国が統治改革の必要性を論じる場合、その焦点はどこに置かれているのか――。現実はといえば、個々の機能に指針をもたらす統治のあり方ではない。むしろ加盟国の代表性と支配力の"度合い"という問題が、議論の出発点になっている。統治のための「代表性」がどこに存在するかという問題は、国連安全保障理事会のメンバー構成に関与する重大な問題である。そこでは、開発に焦点が置かれているわけではないが、「国連安全保障理事会」の改革問題は他のあらゆる改革努力に大きな暗雲を広げている。
　それに次ぐ問題が、各組織の統治に関わる特定の国々の「適格性」という問題である。たとえば、国内に大きな人権問題をかかえる国々が「国連人権理事会」のメンバーに加わっていることに、強い異論が向けられている。そしてさらに、政府間機構の間の使命の"ギャップ"に起因する課題もある。そうした使命のギャップ状況から、ここ数年の間に一貫性と改革の促進を旗印に二つの政府間機構、すなわち「UN Women」のための執行理事会と、「国連平和構築委員会」が新設されている。
　上述した「持続可能な開発理事会」の新設案も、政府間機構に一定の一貫性を

確保しようとする狙いだった。さらに、最近では「国連経済社会理事会」の改革に関して、その権限拡充が議論されている。しかし、これは説明責任の機能が存在しないなかで、政府間機構が権限を追求しようとすることにほかならない。国連計画・基金の執行理事会の統治改革の取り組みもまた、加盟国の「代表性」という角度から問題に突きあたっている。

国連開発システムの創設者たちが認識していたように、効果的なシステムを確立するには、統治と構造と資金が"機能"に従わなくてはならない。皮肉ともいえる点として、国連開発システムの政府間機構の信頼性と権限の強化を図る現在の努力が、資金と構造が分散と断片化の方向に振れている状況でなされていることである。

過去10年間、プログラム（計画）の設定とそのための何十億ドル規模の資金調達の両者が、統治の直接的範囲から遠く離れた国レベルか、あるいはプロジェクト内でくり返し行なわれている。そうしたことから、政府間コントロールを再確立しようとする反応はよく理解できる。問題は、そうした取り組みが「資金」の論理に背き、果たされる必要のある"機能"に重ね合わされていないことである。結論からいえば、機能と重なり合わない統治を確立し、資金のあるべき姿に抗する力を生み出そうとする試みは、強力な語り口でも弱い影響力しかないものとなるであろう。

このような状況において、機能と重なり合う「統治」のあり方はどのようなものになるのか――。すでに見てきたように、機能に合致する「資金」のあり方は、個々の機能の性格に合致するものである。「統治」に関しても同じである。新しい統治体制の確立にも、新しい形態を見ることになる。つまり、異なるタイプの機能には異なるタイプの統治が適切だということである。この点に関しては、たとえば国連開発計画（UNDP）、ユニセフ（国連児童基金）その他の開発機関の「執行理事会」と「国連経済社会理事会」は異なる機能のためにあるのだから、それぞれの機能は大きく違わなければならない。

この考え方にもとづいて1990年代の「北欧諸国主導プロジェクト」は、国連計画・基金の統治体制を「事業計画」および主要な「資金支出」の政策を監督するような執行理事会に代えようとする取り組みだった。その前提となったのが、事業としての計画は規範設定にあたる組織（専門機関）とは別種の統治を必要とする、という捉え方である。急速に変化する世界において、核心的問題は、加盟国が国連計画・基金の本部所在地に集まって、いったい何を管理・監督をしようとしているか、である。

大多数の国において援助全体に占める国連事業活動の割合が低下する一方にあるなかで、加盟国が求めているのは事業活動の監督なのか――。多くの場合、国連の国別開発プログラムの評価・承認は、当該国において政府とすべての利

害関係者が全面参加してなされるのが最善である。国外の関係組織の参加を確保する方法はいくつもあるし、また加盟国が本部所在地で評価をしたいと思う場合は、単にその準備を整えればいいだけのことである。

それとも、統治機能は、方向性と成果の監視、経験的データと知識の共有、そして高度な分析の提供なのか——。この役割の重要性は数々の会合（フォーラム）で強調されており、2005年の国連事務総長年次報告書「より大きな自由を求めて」*で、「国連経済社会理事会」の強化に関する提言に反映された[214]。このシナリオにおいては、統治体制は提供される資料の質を確保し、政策立案者に有用なデータと知識が送られることを確認しなければならない。この場合、知識と得られた教訓の共有が、会合の成果に関する政府間の「合意文書」の交渉にとって代わることになる。

あるいは今後の統治は、次第に共通言語の確立と規範・基準の創出へ移っていくのか——。このシナリオでは、参加者間の"対話の質"が最大の優先課題となる。さらに加えて、会合（フォーラム）の目的が知識の共有と規範の創出にあるとするなら、今後の統治は現状よりもはるかに広範な利害関係者集団を統合しなければならない。それには民間セクターと市民社会がもっと関与の実質を増すかたちで組み入れられる必要がある。

このような状況をふまえると、さらなる考察に値する点がいくつか浮かび上がる。まず、国連経済社会理事会に高官クラスの代表を引き入れることが困難なのはなぜなのか、という疑問がしばしば提起されている。そして、数々の解決策も提示されたのだが、そのほとんどが課題の核心に対応していない。要は、国連経済社会理事会そのものが高官クラスの参加を要するだけの重要性を持ち、機能にかなう存在であるかどうか、ということである。

過去の焦点はおおむね政策問題と事業活動の監督であった。しかし、そのどちらに関しても「国連経済社会理事会」が強い影響力を発揮しているとはいえない。その一方で、規範の創出とデータの集約・提示に的を合わせるには、その機能に沿った"特製"の統治体制が求められる。

「規範の創出」という点に関しては、ケーススタディでくり返し触れられている。規範の創出には、参加者が議論によって共通の意識と価値観を確立できる統治を扱う「フォーラム」が必要となる。また、「持続可能性」に関するハイレベル・パネルを設置し、「持続可能な開発」に関する委員会の機能を"再設計"するという最近の提案は、この課題に関して実りある対話を可能にする政治的余地の創出を図るものにほかならない。

*より大きな自由を求めて
『より大きな自由を求めて：すべての人のための開発、安全保障および人権』の「国連の強化」の章で、国連経済社会理事会については次のように記されている。「経済社会理事会による規範・戦略設定の役割は、さまざまな国際機構の管理理事会が果たす管理と政策決定の役割と明らかに異なるものの、経社理がグローバルな開発課題への対応に主導権を握るようになれば、国際連合システム全体でこの分野にかかわるさまざまな政府間機関の取り組みに指針を提供できるものと期待される」

---

214 Report of the Secretary-General, "In Larger Freedom," 2005.

国連開発システムに求められているのは、あらゆる議題について細かい文言の調整を協議し、決定文書にまとめ上げることよりも、共通の議題に関する"本質的な対話"を前進させていく政治的余地を育む統治体制である。そのみごとな事例として、「法の支配に関するハイレベル会合」＊の成果文書の作成に関わった二人の"まとめ役"が採った対応が挙げられる[215]。すなわち、交渉ではなく、協議と促進の過程を通して前進を図ることのできる大きな余地が必要なのである。こういったかたちの興味深い指摘が「持続可能性」に関するケーススタディでなされている。

こうした余地の重要性は、国連開発システムにいろいろな異なった意思決定プロセスのあることにも示されている。集団的行動をまとめ上げるために国連システム内部で確立され、活用されている多様な「法的手段」は国連システムの最も重要な資産の一つであり、またそれはグローバル公共財の提供にとっても大きな貢献の一つである。そして、それぞれの法的手段ごとに強みと弱みがある。

国連システムは、署名国に「拘束力」をもつ膨大な数の条約と協定を生み出してきた。たとえば、世界保健機関（WHO）総会によって承認された「保健規則」は、加盟国が一定期間の猶予を求めた場合を除き、全加盟国に拘束力をもつ。また、「モントリオール議定書」＊による「物質規制」に関しては、3分の2の多数決と、賛成国の消費量が世界消費量の過半に達することを条件として、すべての原署名国に拘束力をもつ「規制強化」が重ねられている[216]。同様に技術的分野でも、たとえば「国際海事機関」（IMO）の規定が施行されている[217]。

このような「法的手段」からいろいろな意思決定プロセスの可能性が出てくる。これは維持と強化を必要とする"道具立て"である。国連システムの意思決定については、効率の悪さや柔軟性の不足が指摘されることが多く、それなりに認めるべき点はある。しかし、これほど多様な道具立てに対し、国際協力の強化に対する根本的貢献という観点からあまり目が向けられていないのは残念なことである。

具体的な機能に沿った課題ベースの統治が効果を発揮するためには、包括性を高めることが必須となる。もはや、市場の力と技術の普及とともに急速に変化する現在の世界において、民間セクターと市民社会の全面参加なしに規範の創出と共通課題への集団的対応をまとめ上げることは不可能である。

＊法の支配に関するハイレベル会合
2012年の国連総会において、国連史上初の「法の支配」をテーマとするハイレベル会合が開催され、各国の首脳が法の支配について話し合った。成果文書は「法の支配」に係る各分野（紛争の平和的解決、人権、ガバナンス等）の重要性を再確認、本会合のフォローアップおよび各国の取組を求める宣言が採択された。

＊モントリオール議定書
正式名称は「オゾン層を破壊する物質に関するモントリオール議定書」。オゾン層保護のための国際的な枠組みを定めたウィーン条約に基づき、1987年にカナダのモントリオールで開かれた国際会議で採択。オゾン層を壊すおそれのある物質を特定し、該当する物質の生産、消費及び貿易を規制することを目的とする。

---

[215] デンマークのカールステン・スタウアー国連大使がコロンビア大学で論じた。
[216] Scott Barrett, *Why Cooperate: The Incentive to Supply Global Public Goods* (Oxford and New York: Oxford University Press, 2007).
[217] Nagedra Singh, "The UN and the Development of International Law," *United Nations, Divided World: The UN's roles in international relations*, edited by Adam Roberts and Benedict Kingsbury; (Oxford: Oxford University Press, 1993)を参照されたい。

今日の「統治」は大きな模索の局面にある。そしてそれは、「非国家活動主体」を意思決定プロセスに引き入れる"新しい試み"として進行している。たとえば、民間セクターと市民社会の活動主体が完全に含まれているケースもある一方で、周縁での参加にとどまっているケース、あるいはほとんど除外されているケースもある。

このように、実際的な決定と義務が求められる意思決定の「フォーラム」において、「非国家活動主体」の重みが増していることはますます明白になっている。なぜなら、「非国家活動主体」の存在なしに持続可能な解決策を見いだすことはできないからである。経済・社会・環境分野における今後の国連の統治の妥当性にとっては、今まで熱く議論されてきた政府間機構の構成の適正さという問題よりも、包括性を高めることのほうがはるかに大きな課題と思われる。

この点で教訓となるのが、インターネットの今後の統治をめぐり、論争を呼んでいる現下の協議である。その一方の側は「インターネット・エンジニアリング・タスクフォース」*、「WWW（ワールド・ワイド・ウェブ）コンソーシアム」*、「ICANN」*（Internet Corporation for Assigned Names and Numbers）など、政府との関わりをもたない自発的な「非営利団体」である。これらの団体は、現時点で20億人を超えるインターネットユーザーの利益のために活動している。IPネットワークにおいて個々のコンピュータを識別する「ドメイン名」の割り当てなどを監督するICANNは、ユーザー側にとって不可欠な役割を担っている。このICANNを審判役として、インターネットはグローバルな"自由市場"という性格を帯びるに至っている。

これに対し、他方の側は、一部の国がインターネットに対する何らかの国際的統制を求めているとして、「ユーザーでなく、政府が規範とルールに最終権限をもつべきだ」と主張している。そして、その役割にふさわしい国際機関は「国際電気通信連合」（ITU）であるとしている。一部の識者はこの動きを、「インターネットの国家統制からの自由と独立の重大な侵害につながる」と批判している。これに対し、ITUも含めて「問題を大きく取り違えている」とする反論が出ている。

明らかなのは、「原則」と「価値」という決定的に重要な問題が、誤解や誤認識の大きな余地を伴った状況で議論されているという点である。「世界経済フォーラム」が提言したように、「政府間合意」をより広い規範と価値の中に位置づける必要性が、これほど明白に表れた事例は他にない。

統治に複数の利害関係者のフォーラムを含める必要性は、もう一つの現実を指し示している——。すなわち、今後の統治体制は複雑さと混乱を増し、往々にして重複も論点となる。10余年前にジェシカ・マシューズ（Jessica Mathews. アメリカ・カーネギー国際平和財団）は、新しい千年紀（ミレニ

---

*インターネット・エンジニアリング・タスクフォース
インターネットに関連する技術の標準化を促し、インターネットの円滑な運用を図っている国際的組織で、法人格を持たずボランティア活動によって成立。仕様策定に関する議論などは主にメーリングリスト上で行われており、誰でも活動に参加し、仕様策定の議論に関与することができる。

*WWW（ワールド・ワイド・ウェブ）コンソーシアム
HTTPやHTMLなどのインターネットのワールド・ワイド・ウェブ（WWW）関連の仕様や規格を策定する非営利団体。企業や団体が会員として加入し、専任スタッフと共にWWWの標準策定を行なっている。

*ICANN
インターネットのドメイン名やIPアドレスの割り当てなど、各種資源を全世界的に調整・管理することを目的として、1998年に設立された民間の非営利法人。

アム）の初頭に現れた統治のありようを「新しい中世」として捉えた[218]。「G20」（主要20カ国）の出現や、「世界経済フォーラム」「クリントン・グローバル・イニシアチブ」「H8」などをはじめとする新しい「フォーラム」の影響力は、いずれもその方向を向いている。

このような体制のなかで、国連開発システムはその中心からますます外れることになる。その結果、多数の参加者の中の"一員"という存在になり、その参加の継続は妥当性と付加価値にかかることになる。この点は「保健」「食糧安全保障」「エネルギー」などのケーススタディで見たとおりである。結論として、国連開発システムは時にはかけがえのない招集者になるが、招集される側の役割にも適応しなければならない。

複雑さと要求の厳しさを増す世界にあって、内部主導型の重複したプロセスは急速に支持を失っていく——。とくに、政府間プロセスは包括性を高め、問題に対応できる存在であることを実証しなければならない。さもなければ、政府間プロセスは迂回されることになる。したがって、政府間プロセスを経る議題の大部分の逐次的・重複的性格を徹底的に精査することが求められる。現状において、重要な議題に関しては「四つ」の組織の点検が重ねられている。その四つの組織とは、
　①　計画・基金の執行理事会
　②　執行理事会合同セッション
　③　国連経済社会理事会
　④　国連総会第二委員会

で、その参加メンバーが重複することも少なくない。これらに関する大部分の文書は、ほとんどがごく内輪のインサイダー＊のみに読まれている。このきわめて内部的なプロセスのために厖大な量の資料が作成されることは、国連開発システムがより中心的な役割を果たしていた時は、ある程度理にかなっていたかもしれないが、今日、このような統治のあり方は国連開発システムをさらに"かたわら"に追いやることにしかつながらない。

「統治改革」という議題は、提案されている統治体制の目的自体を綿密に"分析"することが不可欠である。一連の「統治」の究極の目的は、当該組織の"妥当性"を確保することである。つまるところ、統治は"機能"に重ね合わせられねばならず、したがって変更可能な対応が求められている。

＊インサイダー
この分野に精通し、専門知識を有する人たちのこと。

218　Jessica Mathews, "Power Shift," *Foreign Affairs*, Jan/Feb 1997.

Part 5

改革議題

5.1 改革の必要性

このセクションでは、国連開発システムに求められる大規模な改革について、順を追って述べていく。

【パート1】で世界経済に生じている劇的な「変容」を分析した。ことに、国家間の力関係の変化、国家と市場と個人の関係の変化について分析を行なった。そして、世界の急速な変化によって、開発協力に対する期待が大きく様変わりしていることの証拠を示した。

続いて、国連開発システムが過去の変化にどう対応してきたか、その歴史的経緯を説明した。国連は硬直的な官僚組織であって、現実の変化への適応と調整ができないのか、それとも変化に対する調整能力を実証してきたのか——。国連の改革能力に関しては深い懐疑論があり、これは重要な"問い"である。次に、改革の必要性を示したうえで、国連開発システムは過去に何度か自己改革を遂げており、改革能力が十分にあることを論証した。国連が現実の変化への適応に失敗することになるとしたら、それは歴史的必然ではなく、現世代の"指導層"の失敗である。

【パート2】では、国連開発システムの概況を表すデータをまとめた。

上述の変化を受けて、国連開発システムが直面している課題について、その性質に対する洞察を深めるため、本報告書は一連のケーススタディを委託し、一般的特徴と呼べそうなものの概観的結論づけを試みた。これらの［ケーススタディ］の全文はCIC（Center on International Cooperation, New York University）のウェブサイトからダウンロードできる。

【パート3】は、ケーススタディ各編の抄録で、さらに国連開発システムの地位に対する影響という観点から分析と解釈を付け加えた。

その分析をふまえて、【パート4】では、本書のタイトルである『岐路に立つ国連開発』という課題を理解する枠組みをまとめ上げた。その考察から、何本もの糸を束ね合わせて構築された国連開発システムが、現実として〈岐路〉にあることを確認した。そのうえで、その状態を国連開発システムに関わる現在

の「改革」の取り組みと対比した。その結果、出てきた結論は明らかである。すなわち、現在進行中の改革構想は、必要とされている戦略的改革の軌道と異なるということである。また、現在の「資金調達モデル」についても考察した。この考察の結論は、国連開発システムを支える資金調達モデルの改革は、いかなる改革議題にとっても不可欠であるということである。それに加え、国連開発システムの「統治」についても考察した。

いかなる戦略的位置づけ作業にとっても、いちばん大切なのは、さまざまなカテゴリー（範疇）の国々が必要としている異なるタイプの「サービス」を捉える枠組である。ここではカテゴリーとして、「グローバル化に取り残された国々」「グローバル化の列車に乗ることが課題の国々」「集団的対応の促進」「積極的な利害関係者への権限譲与」という分類をした。重要な点は、確かにこの分類にはかなり重複する部分があるものの、互いに相容れないという分類ではない。それは、それぞれの国グループが直面している中心課題の識別に役立つ分類という主旨である。

国連開発システムの戦略的な位置づけにおける第一の課題は、上述のカテゴリーごとに国連システムとしての"役割"と"あり方"を明確化することである。これは、"最も貧しい人々""最も脆弱な人々"の苦難に対する国連開発システムの決意が、今後も取り残された国々に関与し続けることを意味する。しかし、従来の貧困削減プログラムの資金調達との関係からいえば、この課題はもはや世界的課題ではなく、国数が減っていく特定の国グループのための取り組みという性格を強めている。

グローバル化の列車に乗り込みつつある多数の「中所得国」での国連開発システムの役割は、資金の移転から政策の一貫性の強化へと、大きく焦点を移すことになる。国連開発システムの"位置の再編"が最も激しくなるのは、おそらくこの役割であろう。しかも、これが無償資金を核とする従来の資金モデルに及ぶ影響は大きい。さらに加えて、各ケーススタディで示されたように、この機能を担う国連の実質的能力が決定的に問われることになる。

集団的対応の促進は、この対象となる国グループの国数が増すとともに、重要度が高まっている。これは国連システムにとって最も野心的な課題となるが、現時点でその態勢は未だ整っていない。グローバル公共財の提供の必要性とともに浮上した課題の意味合いについては、詳しい分析を後述する。

国連システム内部には、グローバル公共財議題の論理には抗すべきである、という強い政治的意識がある。すなわち、中所得国が資金の流れの恩恵を返上させられるかたちで「集団的責任」の原則のもとに責任分担を求められることに

なり、これは「中所得国の利益に反する」という捉え方である。この論点の政治的根拠は理解しやすいのだが、現実的思考の論理による評価とはおよそかけ離れている。

国連システムの事業活動という文脈において、国連システムの財源から中所得国に渡っている資金の重みはわずかでしかない。すべての参加国の利益にかなうと見なされているグローバル公共財の提供に集団的責任を負うという論理は、包括的なグローバル化の根拠として場当たりのノンコア（非通常予算）資金拠出よりも、はるかに説得力がある。いうまでもなく、グローバル公共財とその提供における「集団的責任」について議論することこそが、中所得国の利益に大きくつながるのである。

積極的な利害関係者の権限強化は、グローバル化が効果的に働くための前提となる高度な"技術的機能"の拡充につながる。すでにこの領域では、技術性の高い小規模な国連専門機関が大きな貢献を果たしているが、このことはあまりよく認識されていない。加えて、現行のルールと前提に抗する動きが強まり、異論が広がっている領域でもある。この問題については、「国際電気通信連合」（ITU）と「ICANN」（Internet Corporation for Assigned Names and Numbers）に関する論考を前述した。

異なる国グループが必要としている"異なるサービス"をカテゴリー化することが国連開発システムの世界的な議題を損なうことにつながってはならない。なぜなら、その国連開発システムの活動を導くのは、価値・規範・権利本位の原則だからである。規範議題は普遍的であり、世界的な機構を必要とする。それに加え、「ミレニアム開発目標」（MDGs）は"権利本位"の取り組みを強化した。こうした規範、共通の価値、権利本位の原則にのっとった取り組みは、今後さらに重視され、支持が拡大するはずである。

本報告書は、地域主義の重要性とグローバル化する世界におけるその役割という、もう一つの課題は取り上げない。なぜなら、これは綿密な分析を要する重要テーマであるからである。国連開発システムは、歴史的に大きな地域的存在と能力を擁している。だが、国連開発システムの地域的存在の妥当性と重みに関してはさまざまな見解がある。あえてバランスの取れた評価をするなら、「成果は時期と地域によって大きく変動してきた」という結論になろう。つまるところ、国連開発システムの地域的存在がもつ能力、とくに「地域（経済社会）委員会」*がもつ能力を考慮に入れる必要がある。人的資源、技術的資源、財政的資源の各面で、そのような能力が現状を大幅に上まわる"テコ"となりうる。

＊地域（経済社会）委員会
経済社会理事会（ECOSOC）がその下部機関として擁する5つの経済社会委員会。アジア太平洋経済社会委員会、欧州経済委員会、ラテンアメリカ・カリブ経済委員会、アフリカ経済委員会、西アジア経済社会委員会で、いずれもカバーする地域の経済、社会開発を促進する役割を負っている。

5.2 「ミレニアム開発目標」を超えて

国際社会は現在、2015年以降の開発議題の策定に傾注している。その議論の大部分は「ポストMDG」（ミレニアム開発目標後）の枠組みに向けられ、通常は「MDG＋」というシナリオか、ミレニアム開発目標（MDGs）に代わる「持続可能な開発目標」（SDGs）というシナリオ、あるいはその両方（両方を組み合わせるか並行して進める）というかたちを取っている。

「ポスト2015年」開発議題に関する事務総長有識者ハイレベル・パネルは、持続可能な開発の文脈において「あらゆる形態の極度の貧困を終わらせる」というビジョン（未来像）と責任を強く打ち出している。ハイレベル・パネルは、今後2年間を「ミレニアム開発目標（MDGs）から新しい開発議題への円滑な移行」の期間と位置づけた。

このハイレベル・パネルは「機構」に関する問題に一切触れていない。言及しているのは、国際機関が中心的役割を担うという点と、国連システムは規範的なそして招集者としての役割を果たし、開発基金・計画および専門機関を通じて協力関係に加わることができるという点だけである。いずれにせよ、新しい開発議題の機構的配置は、本来的にハイレベル・パネルが扱う問題ではない。一方、これに対し、本報告書は国連開発システムの「今後」を焦点としている。この観点に立つと、現在の政府間の議論がおのずと改革議題に到達するようには見えない。すでに見たように、「地球の持続可能性に関するハイレベル・パネル」（GSP）報告書も「リオ＋20」（国連持続可能な開発会議）成果文書も、機構に及ぶ影響の分析は避けて通っている。その結果、国連開発システムは"変革の必要性"という切迫した現実と正面から向き合わずに、調整された目標に対して再編成を行なうことになる公算がもっとも大きい。

改革議題にとって、「グローバル公共財」という観点の重要性は、国連に期待されそうな機能に"差異化"が進んでいる点にある。「ミレニアム開発目標」は約15年前、当然のことながら世界的な枠組みとして策定が始まった。だが、目標を新しく置き換えるだけでは、「ミレニアム開発目標」の枠組みとしての価値を再現することはできない。必要なのは、私たちがすでに知っている「ミレニアム開発目標」の世界と、私たちが迎えようとしている「グローバル公共財」の世界との、根本的な違いを認識することである。

この点において、【パート1】で見た国連開発協力の歴史的段階を省察する価値がある。

第一段階の開発協力は、「利益共同体」という考え方を"核"に形成された。そこに「機能主義」の原則が国連システムに組み込まれ、第二次世界大戦の経験から生まれた「普遍主義」の概念を支えた。

第二段階では、各国の開発諸問題に「解決策」を与えることに焦点が移った。それは独立運動が多数の新国家誕生につながっていくなかで、開発協力の妥当性を維持するには新たに獲得された「国家主権」という現実に対応する必要があったからである。

そして第三段階では、冷戦終結、そしてグローバル化の加速とともに、「目標設定」による開発が最善のものとなった。そしてさらに、各国の目標が国際的な文脈で捉えられるようになり、その究極のかたちとして「ミレニアム開発目標」が設定されるに至った。

しかし重要な点として、ミレニアム開発目標は、実体的には「国レベル」の目標である。ミレニアム開発目標のうち、開発の世界的協力関係確立を掲げた「目標8」は明らかな例外だが、原則は通底している。「目標8」の目的は、各国の目標達成につながると見なされたものに対する、国際的な支援と団結への決意にあった。

私たちが迎えようとしている「グローバル公共財」の世界は、大きく異なる"何か"を表している——。つまり、新たな「第四段階」である。グローバル公共財は、"集団的行動"を通じてのみ達成可能であることを特徴とする、「新種の課題」が浮上したことを意味している。そして、その集団的行動にはグローバル公共財の提供に対する責任の分担が伴う。

マーチン・ウルフ（Martin Wolf. イギリスの経済ジャーナリスト）は、『フィナンシャル・タイムズ』紙[219]に寄稿した「公共財に対する世界の飢餓」において、「文明の歴史は公共財の歴史であり……歴史的に公共財を提供してきた機構は国家である」と述べている。そして、いまや公共財は世界的な性格を強め、国家単独では提供できなくなったとしている。彼は、「世界的な経済崩壊が起こらないかぎり、私たちの文明が必要とする公共財は世界的なもの、あるいは世界的な側面をもつものとなっていく」と述べ、「このような難題の管理には特別な創造性が求められる」と結んでいる。

興味深い点として、将来の開発協力に焦点を置いたOECD（経済協力開発機構）／DAC（開発援助委員会）の見直し検討作業でも、活動プログラムの重点分野の一つに「グローバル公共財」の議題が位置づけられたことである。多

---

[219] 2012年1月25日付。

くの加盟国から開発担当の高官クラスも参加したこの大がかりな作業において、ODA（政府開発援助）の将来については見解に大きな相違が生じたものの、「グローバル公共財」という概念にはすぐさま支持が集まった[220]。また、世界銀行でも現在、活動プログラムに「グローバル公共財」の議題を組み入れる最善の方法をめぐって、深い議論が重ねられている。

［表1］は、私たちの用語でいうところの「MDG世界」（ミレニアム開発目標の世界）と「GPG世界」（グローバル公共財の世界）の違いを比較したものである[221]。ここでの留意点は、表にまとめることには対照性が誇張されるきらいがつきまとうということである。なぜなら、「MDG世界」と「GPG世界」という性格づけも、概念として必ずしも妥当ではない部分を含んでいるからである。

だが、この二つは"併存しえない"と捉えるのは誤りで、むしろ"相互補完"するという点が重要である。「MDG」（ミレニアム開発目標）の枠組みは普遍的な「評価基準」になると同時に、ODAに依存する少数の国において決定的に重要な「社会サービス」が、優先課題として資金支援を受け続ける状態につながる。

この［表］の意図は、現在生じている「変容」の現実的意味を捉えることである。つまり、国連の「戦略的な位置づけ」という課題に対して、現下の変容があらゆる側面に影響を及ぼしていることを複数の"視点"から捉えたものである。

① 各国の目標を支える国際的枠組みから、各国の利益保護に必要な集団的対応のまとめ上げという認識への移行
② 国際的団結の概念から、国益への移行
③ 自発的決意から、法的・準法的義務への移行
④ いわゆる継承価値から、共通価値創出への移行
⑤ 役割に関しては、サービス提供から規範創出への移行
⑥ 資金配分の原則に関しては、国々への資金移転からグローバル公共財の提供に関わる責任の分担への移行（国数がごく少ないグループを例外として）

このうちで最も異論が出るのは、おそらく最後の点であろう。これがウィン・

---

220 Development Assistance Committee Reflection Exercise, *Organisation for Economic Co-operation and Development* Development Assistance Committee, 2009.
221 グローバル公共財に関しては膨大な量の文献があるが、特に下記を参照されたい。Kaul, Global Public Goods: A concept for framing the post-2015 agenda? German Development institute 2013; Kaul and Blondin, Global Public Goods and the UN Presented at Global Economic Governance Seminar in Madrid March 2013; and Moss and Leo op cit who make the case for transformation of IDA in the future into a GPG facility.

表1

ミレニアム開発目標（MDGs）	グローバル公共財（GPGs）
MDGs は各国の目標を支える国際的枠組みをもたらしている。	GPGs は、新種のグローバルな課題の解決策発見には集団的行動が必要であるとの認識に立つ。
国際的行動は国際的団結を表す。	集団的対応のまとめ上げは、国益のために国際的関与が必要という認識を表す。多国間主義が国益追求の手段となる。
責任の所管は外務省または財務省（国際担当部局）。	責任は政府機関全体にわたる。
援助の概念に相互説明責任の概念は伴わない。MDGs に対する支援は、おおむね対外的な国家関係の領域内での国々の間の自発的行動。	GPGs は一定水準の相互説明責任を必要とし、往々にして法的義務の形を取る。その理由は、成果が全当事国に影響を及ぼすため。
MDG 世界は： 　北 - 南の世界 　国家中心の世界（全面的にではないが本来的に ODA のコミットメントに結びつく） 　1 つの国グループから別の国グループへ向かう援助にフォーカス。	GPG 世界は： 　南 - 南、北 - 南、南 - 北の世界 　国家が重要な存在を占める複数の利害関係者の世界 　開発に効果を及ぼす資金の大部分が市場によって、または市場を通じて配分される。
MDG 世界では、貧しい国々に資金を移転する富裕国グループが存在し、MDGs がそのような資金活用の基準として働くと見なされる。	GPG 世界では、個々の課題ベースの集団的行動という枠組みの中で責任を配分することが課題となる。個々の GPG ごとに異なる政治的計算が必要とされる。課題ごとに前提の見直しをする必要がある。
MDGs は多くの面で、国際社会の貧困削減への決意に関する共通の価値観を表している。	GPGs は総じて供給不足となる。そのため、供給には自発的なリーダーシップか、共通の価値観と責任分担の共通意識が求められる。現在の世界では後者のシナリオのほうが現実化しやすいが、共通の価値観はまだ見込めない。
監視は重要であるが、法的意味を帯びることは少ない。	強力な監視が必要であり、義務の相互履行が直接的結果につながりやすい。
MDG 世界において、国連はサービス提供者として重要な役割を果たしてきたが、現在ではこの活動へのフォーカスゆえに、多数のサービス提供者の 1 つという存在になっている。	GPG 世界は、共通意識と合意による規範創出を高く価値づける。この機能を担うポジションに就くうえで、国連は固有の特徴をもっている。
MDG 世界において、中所得国に対する国連開発システムの重要性はますます弱まっている。ODA 配分は原則として残るものの、その対象は国数が減りゆく国グループになっている。	GPG 世界において中所得国は、もはや国連による ODA 配分の便益はなくなることを認識している。しかし、中所得国は GPG アジェンダに関与することによって、最終的にははるかに大きな資金へのアクセスにつながる費用対効果分析ができるようになる。つまり、重要性が薄れている国レベルの ODA 配分の予測可能性を、グローバルな課題に対処するための GPG の配分に対するアクセス機会と交換する。
MDGs は活動効果性の議題を呼び込む。	GPGs は戦略的な位置づけの議論を呼び込む。

ミレニアム開発目標（MDGs）とグローバル公共財（GPGs）

ウィン（相互利益）の結果につながりうることを示すには、大多数の国について詳細な「費用対効果」分析を行なう必要がある。そのためには大がかりな実証作業と政治的関与が求められる。

政治的関与の必要性に焦点を置くべき理由は、もう一つある。それは、目標設定が効果的であるためには、「データ」を強力な道具にしなければならないということである。そして、目標設定は「説明責任」と「権限」を伴う必要もある。「ミレニアム開発目標」を通じて各国の目標設定に"国際的枠組み"をもたらすことが効果を生んだのは、各国当局が目標達成に説明責任を負うことになったからである。つまり、政策手段としてデータに力を与える説明責任の枠組みが存在したのである。

説明責任から切り離されたデータの説得力ははるかに弱くなる。たとえば、「温室効果ガス削減目標」のような世界的目標は、政治的真空地帯に引き込まれている。つまり、目標達成のための責任分担に合意がまとまっていない。これは政治的に十分な"訴求力"が欠けているということである。

現れようとしている「GPG世界」（グローバル公共財の世界）では、政治的に十分な訴求力を生み出すことが必須となる。そのためには、定期的に世界会議を招集するだけでは不十分で、はるかに幅広い利害関係者の協議と、深い実証研究に支えられる必要がある。また、必要な政治的余地を生み出すことはきわめて複雑な課題だが、今後の国連開発システムの戦略的な位置づけのビジョン（未来像）に不可欠な一部分となる。

5.3 三つのシナリオ

結論として、個々の改革議題に具体的提言をする前に、「三つ」のシナリオを簡潔に提示しておきたい。この三つは個別のビジョン（未来像）ではなく、それぞれ国連開発システムの各部分で、特定の時期に特定の状況で現れることになる。三つのシナリオを立てる目的は、現在の議論が最初の「二つ」（「設計者のシナリオ」と「機会追求のシナリオ」）の間でなされているのに対し、国連開発システムには第三の「アルキメデスのシナリオ」を内面化する必要があると考えられることを示すためである。

「設計者のシナリオ」は、国連開発システムが果たすものとされている機能、つまり公式に「委任事項」によって定められたあり方である。ここでは、資金は分業を通じて確保される。しかも、一貫性は公式な調整メカニズムを通じて確保され、このことが内部構造に対するきわめて内向きな焦点につながる。さらに、分業と公式な委任事項の尊重が効果性に必須となる時と場所がある。その一例として、危機国の状況があり、活動主体の数と介入の規模から合理的分業に大きな重点が置かれる。

しかし、「設計者のシナリオ」は往々にして現実によって狂わされるのも確かである。その結果、仕事が割り振られるのは、その任務に本部を通して権限をもっている機関よりも、すでにその国で高い実績を上げている機関になりやすい。ましてや、現場で結果を出すことの複雑さは「設計者」の手の及ぶところではない。

そこで、「機会追求のシナリオ」では成果にもとづき、「市場」によって機能が確立される。ここでは、機能は委任権限よりも市場の示す方向性に従う。また、機会の追求は競争行動を促し、プロジェクト主導型の資金配分につながる。戦略的な観点に立つと、「競合」にもとづくサービス提供は民間セクターが担いうる機能であり、また市場が提供できないでいるサービスを国連が担うといった体制を崩してしまうことになる。

このシナリオでは、公式な調整の枠組みよりも「市場」が優先し、したがって一貫性が"市場の論理"に従属することになる。皮肉にも、このシナリオは、内部から見ると国連システム全体にとって比較的健全な財政状況につながりうる。しかし、巨大な市場において、明確に定義されたブランドと固有性をもた

表2

	設計者のシナリオ	機会追求のシナリオ	アルキメデスのシナリオ
機能 機能はどのようにして決定されるか	委任された権限を通じて。各国政府に対する一義的な説明責任という概念を反映。多数の国家が参加するグローバルなフォーラムにおける現実から問題が生じ、委任される権限はしばしば一貫性を欠く。	市場によって。成果に基づき市場が機能を確立する。国連の課題は、一方に市場競争力の獲得、他方に市場の失敗を是正するグローバル公共財の提供。	グローバル公共財の提供における市場の失敗の特定と、解決策に対する国連のレバレッジ能力の評価を通じて。
資金 資金はどのように確保されるか	分業を通じて。分業が資金配分の枠組みとなる。通常／コア予算に資する形であるべき。	競争と実績を通じて。予算外の資金調達が広がる。	個々のグローバル公共財ごとの財源。レバレッジが資金に可変的な結合構造をもたらす。交渉による拠出と互換性。
組織／一貫性 組織はどのように相互関係をもつか	公式な仕組みを通じた調整によって。フォーラムが機能に優先する。構造への内向きなフォーカス。	各組織が市場ポジションを追求し、市場ポジションが市場に対する外部的枠組みよりも優先する。一貫性は市場に従属する。	任務へのフォーカス。戦略的中枢／支点が形態を機能に沿わせる。ネットワークへのフォーカス。一貫性はグローバル公共財の要件によって外部的に動かされる。
ガバナンス ガバナンスはどのようになされるか	公式な統制が優先される。多層的。交渉、文書、決定にフォーカス。	弱い。市場の論理によって動かされる現実を公式な仕組みが覆い隠す。	機能によって動かされる。結果本位。ガバナンスが結果責任へのフォーカスに進化する。
リーダーシップ リーダーシップはどのように執られるか	リーダーシップの機能はシステム全体の取り決めとして公式化されている。	個々の組織レベルでのリーダーシップ。	戦略的リーダーシップと機能的リーダーシップの区別が決定的重要性をもつ。変革をレバレッジする支点を得るうえで、最大限のレバレッジを生み出す軸の特定が必要。
説明責任 説明責任はどのように果たされるか	縦割り組織を通じ、正式権限をもつ組織に対して。	市場に基づく資金配分を通じた実践ベースで。	選定されたグローバル公共財の提供を果たすために、水平方向の説明責任が求められる。

国連開発システム：3つのシナリオ

ず、市場のほんの一部分を占めるに過ぎない存在として、国連開発システムはさらに"かたわら"に追いやられることになるおそれがある。

現在の国連開発システムは、「設計者のシナリオ」よりも「機会追求のシナリオ」に近い状態にある。好材料としては、その状態によって一定のエネルギーと活力が国連開発システムに確保されていることである。年間250億ドル超の資金を引きつけているのも、このことによって説明できる部分が大きい。しかし、一方"悪材料"として、そのエネルギーが戦略的方向性や目的意識に直結していないという問題がある。

「アルキメデスのシナリオ」は、現れようとしている「GPG世界」（グローバル公共財の世界）に直接的関係をもっている。ここでの機能は、公共財の「供給」における市場の失敗を見極める戦略的過程と、その解決に対する国連の「テコ力」（レバレッジ）の評価を通じて決定される。ここではまた、個々のグローバル公共財ごとにそれぞれ財源をもつ。しかも、グローバル公共財は"交渉による拠出"と互換性が高い。なぜなら、個々のグローバル公共財に関わる利益に応じて、資金を拠出する協力者集団が構成されることになるからである。この理由から、資金調達の枠組みは現在議論されているものよりもはるかに活力があり、各国の認識上の"国益"と強く重なり合うものとなる可能性が高い。

おそらく最も重要な点として、このシナリオのもとでは形態が「機能」に沿うことになる。そして、一貫性の意味が反転する。それは、当該のグローバル公共財に求められる要件によって、つまり外部的要件によって一貫性が左右されることになるからである。もはや一貫性は複雑な内部的調整によってではなく、個々のグローバル公共財の提供に対する主要な活動主体の連携によって測られるようになる。つまり、一貫性は形態の論理でなく、機能に合わせることによって決定されるのである。

このシナリオにおいて、戦略中枢は「支点」として作用し、形態を「機能」に沿わせ、解決策を「テコ力」とすることになる。ここで想起されるのが、アルキメデスの名言「われに支点を与えよ。しからば地球を動かしてみせよう」である。

現に、国連開発システムの諸専門機関と計画は内部的連携に幻滅して関心を失い、外部的連携の課題に焦点を合わせている事例が多数ある。このことは前掲の［ケーススタディ］でも傾向として捉えられ、論及されている。

この点は、改革議題の焦点に重要な意味をもっている。アウトサイド・イン（外

から内へ）の改革議題は、従来の慣行からの根本的転換を意味する。といっても、内部的連携の重要性を侵すことにはならない。その意味するところはそれよりも大きく、戦略的な改革には「アウトサイド・イン」の取り組み方式が求められるということである。

国連グローバル・コンパクトの「LEADタスクフォース」（特別対策委員会）は、国連システムと民間パートナーのコアコンピタンス（中核能力）の違いをはっきりと捉えている[222]。国連の強みは、利害関係者を招集して複数の利害関係者集団にまとめ上げ、縦割りの壁を突破する能力にある。これに対し、民間セクターの強みは、人員と拠点の面で深い地理的存在感をもち、ノウハウと資源において貢献する能力にある。20年前の時点では、想像することすら難しかったであろう評価である。

「食糧安全保障」「エブリウーマン・エブリチャイルド」「すべての人のための持続可能なエネルギー」（SE4ALL）のタスクフォース設置という国連事務総長の構想は、「アウトサイド・イン」の取り組み方式の現実的意味を示す重要な事例となっている。また、同等に注目されるのが、国連開発システム全体にわたって今までと違った「パートナーシップ」が広がっていることである。ここでの大きな課題は、このようなあり方をいかに機構化し、国連開発システム全体の戦略的改革の手段として活用することができるかどうかにかかっている。

222　UN Global Compact, LEAD Task Force on UN-Business Partnerships, "Catalyzing Transformational Partnerships between the United Nations and Business," September 2011

5.4 改革プロセスの想定

大がかりな改革プロセスは例外なく、十分な規模の関係者による"変革の必要性"の認識を出発点にしなければならない[223]。加えて、「真の危機意識が伴わなければならない」と指摘されている[224]。これまで、国連開発システムが直面している課題に関して、変革の必要性には広い意見の一致があることを示してきた。しかし、状況はあやふやで、現在の改革議題に強い疑念を向ける加盟国も少なくない。また、危機意識も完全には共有されていない。その一因は、国連開発システム内の組織ごとに直面する現実がかなり異なっていることにある。いまや、改革の緊急性を強く訴える声のほとんどは、国連開発システムの外部から、あるいは内々に内部で交わされている。

このような状況において、持続可能な改革プロセスは、改革の必要性についての"対話"から始まらなければならない。その方法は数々あるが、本報告書の見解では必須要素が「三つ」ある。
① この20年間に世界の開発環境に変容が生じたことを示す、十分な実証データを提示すること。
② その変容が国際開発全般と国連開発システムに及ぼしている影響に関して、綿密なケーススタディを通じて実証データを提示すること。
③ 国連開発システムが歴史的に大きな改革能力を示してきたことを立証すること。

そのうえで、対話を始めるにはまず、デフォルト・オプション（改革など無理なのだから、時間を無駄にせず簡単に済まそうという考え方）をあらかじめ排除する必要がある。

対話の開始には、「二つ」の条件が満たされる必要がある。まず一つは、非公式な場で対話をすること。そのためには、課題に対する共通意識の確立に向けて、本音を交わし合う場と信頼感の醸成が求められる。なぜなら、公式なプロセスは共通理解を生む余地を狭めてしまうからである。そのためには、公式な環境を避けること、および早々に交渉に入ろうとする動きを封じる必要がある。そして、対話は長期の時間枠（おそらくは5年）で設定される必要がある。

---

223. Stephen Browne and Thomas Weiss, "Making Change Happen," World Federation of United Nations Associations, New York, 2012. に提示された実証データを参照されたい。
224　John Kotter, *Leading Change,* (Harvard, 1996).

もう一つの、次に越えるべきハードルは、現在生じている主要な変化の性質について"共通の理解"をもつことである。その要素のいくつかについては、すでに概説したとおりである。具体的には、新興国の台頭と世界経済の勢力バランスの変化、貧困像の変化、グローバル化の加速、市場の成長、国家と市場と個人の関係の変化、技術の急速な発展、そして効果的な解決策を見いだすためには何らかのかたちの"集団的対応"を要する新種の世界的な課題の浮上、などである。どの要素も広範に影響を及ぼし、そのすべてが相まって重大な歴史的転換期となる。

共通理解に達することは不可能でないはずである。それよりもっと大きな課題となるのが、共通理解を国連開発システムにあてはめ、今後の国連開発システムの機能に関わる影響について"共通の見解"をまとめ上げることである。
では、どのような影響が及ぶことになると考えられるのか——。現在、新興国の急速な台頭とそれに伴う世界経済の勢力バランスの変化によって、新たな共通基盤の発見、規範と基準の創出、共通の価値観の確立に大きな投資が必要とされている。国連開発システムは、このプロセスに大きな貢献を果たすべきである。
しかし、そうした貢献を遂げるためには、まず、国連開発システムそのものが現在と異なる時代に構築されたことと、適応を必要としていることを認識しなければならない。同様に、集団的対応を要する"新種の課題"が出現したことにより、実施責任分担の合意をまとめる基礎となる共通の価値観と規範の創出が重要性を増したことも、認識しなければならない。
「貧困像」の変化は、国連開発システムの中核機能に大きな影響を及ぼしている。それゆえ国連開発システムは、貧困への支援能力を欠く国々の"最も貧しい人々"に対して支援提供を続けなければならず、貧しい紛争影響国グループに対して主要な活動主体であり続けることになる。しかし、この機能は特定少数の国々に関わるだけのものとなる傾向が進んでいくであろう。

一方に、市場の成長、国家と市場の関係の変化、他方に、公共セクターと民間セクターそれぞれの役割の変化という構図のなかで、国連システムは結果を左右する存在となる、主要な活動主体のすべてに対して包括性を高める必要がある。端的にいえば、この20年間に生じた世界経済の変化が国連開発システムに大きな複合的影響を及ぼしており、深い改革の必要性が生まれているということである。

これらすべての要素の集合体から出てきた「課題」への対応には、より戦略的なポジションの再編努力が必要となる。その出発点は、最も一般的な意味での開発協力の役割、さらに具体的にはODA（政府開発援助）の役割の見直しである。そして、ポジションの再編には例外なく、まず中核機能を見直して再定

義し、見解が一致した中核機能を"再編の軸"にする必要がある。かつ、中核機能の特定には、「何をすべきでないか」を明確化することが求められる。

つまり、マイケル・ポーター（Michael Porter. アメリカ・ハーバード大学経営学大学院教授）のいうところの、「戦略の本質」である[225]。形態と資金と統治を「機能」に効果的に重ね合わせるうえで、この明確さが必須となる。これに対し、現在の改革の取り組みは、大部分が個々の国連開発機関のレベルで行なわれ、形態と資金と統治が別々に扱われている（それも往々にして個別のワーキンググループによって）。

国連開発システムの今後の中核機能を考えるうえで、とくに注目に値する側面が「二つ」ある[226]。まず一つは、「三つの国連」というレンズである。第一の国連（加盟国）、第二の国連（国連事務局、国連開発機関事務局）、そして第三の国連は、NGO、学者、コンサルタント、専門家、そしてその他の国連とつながる非公式なネットワークなどである[227]。
戦略的な位置づけには、この「三つの国連」それぞれの役割を視野に入れる必要がある。一般的な認識として、国連は何よりも各国政府が"合意に至る場"であると受けとめられている。しかし、第三の国連の関与と国連諸事務局のリーダーシップがなければ、国連は極端に小さな存在になってしまう。
歴史を見ればこの点に疑問の余地はない。「国連憲章」には一連の普遍的な価値観と権利が織り込まれており、それが政府間協力に欠かせない基準点となっている。したがって、戦略的な位置づけには、一方でリーダーシップの不足に対処し、他方で市民社会と民間セクターに輪を広げることが求められる。このことは、近年および現在の改革構想のほぼすべてが「政府間プロセス」に焦点を絞り込んでいることと鋭い対比をなす。

第二の側面は、国連が介入を図るレベルに関する課題である。歴史を通じて見れば、国際システムに対する加盟各国の義務レベルにおいてなされる国連の"行動"と、加盟各国の国民に対する"責任"との間には常に"緊張関係"がある。過去30年間の「世界会議」による宣言は、いずれも国際的決意と各国の公約とをはっきり区別する内容になっており、この緊張関係が表れている。この「二つ」のレベルのバランスを図ろうとする交渉における緊張と不信が、改革への取り組みに深い影響を及ぼし続けてきた。歴史的に見れば、「南」は国際システムの責任に焦点を置くことを好み、各国の責任に焦点を合わせることは「内政干渉と主権侵害につながるおそれがある」として反発する傾向に

---

225 Michael Porter, "What is Strategy?" *Harvard Business Review*, Nov-Dec 96, Reprint 96608.
226 機能の分析に特に効果的な枠組みがThomas Weiss, Ramesh Thakur, and John Gerard Ruggie, *Global Governance and the UN: An Unfinished Journey*に提示されている。
227 Thomas Weiss, Tatiana Carayannis, and Richard Jolly. "The 'Third' United Nations," *Global Governance* 15 1 2009 123-42. See also Richard Jolly, Louis Emmerij, and Thomas Weiss, *UN Ideas That Changed the World*, (Indiana University Press, 2009).

あった。それが現在、「南」の一部は各国責任（つまりミレニアム開発目標）へ焦点を合わせることに同調する姿勢を見せている（「南」は同質性が低いブロックである）。

その理由は、端的にいえば"資金援助"が確保しやすいからである。他方、これらの国々は、国際的義務に重点が置かれることに懐疑的な傾向がある。その理由は、資金が世界的な課題（つまりグローバル公共財）に振り向けられることになり、またその「費用対効果」の計算を未だしていないためである。

今後の国際的な課題は、集団的対応のまとめ上げのための「責任の分担」に対処することである。それに加え、中所得国の大多数における国内的課題は、政策全体の一貫性を確立することである。そして、国連開発システムの戦略的な位置固めには、このような課題をどう達成するかを熟慮する必要がある。こうしたレベルの問題をめぐる疑念によって、決着への道はたやすく崩されることになりうる。

今後の中核機能についての対話では、グローバル公共財の提供に求められる「責任の分担」という課題に真に向き合うことが必要である。前述したように、この課題は世界銀行、OECD（経済協力開発機構）／DAC（開発援助委員会）、多国間機関、そして一連のシンクタンクなどによって明らかにされている。

そのためには、国連がグローバル公共財に関する「討論」への関与に消極的である理由を、あらためて吟味する必要がある。上述のように、15年ほど前に打ち出された「ミレニアム開発目標」の枠組みは今後も重要な基準点であり続け、世界の「絶対的貧困」の根絶に大きく寄与しうる。しかし、残念ながら、これまでと同じ中心的役割を果たせない。なぜなら、世界が変わり、集団的対応を要するまったく別種の課題が現れ、いくつかの面でさらに野心的取り組みが必要とされているからである。

＊「ひとつの国連としての援助提供（DaO）」構想
「国連システムの一貫性に関するハイレベル・パネル」によって2006年に提案された構想。国連機関が開発援助プログラムを実施する開発途上国において、「ひとつの国連」という枠組のなかで、複数の国連機関の援助戦略、計画、プログラムの内容をより整合性のある相互に補完的なものにするという提言。

この点から「一貫性」の問題に戻ることになる。この10年で、一貫性は「改革」とほぼ同義語になった。国連開発システムに関する改革の「ハイレベル・パネル」が「一貫性パネル」として知られるようになったほどに──。これは、事業活動の大きな特徴となった広範囲な"断片化"という現象への反応を映し出している。この問題は、合理化と調和化の取り組みを主導するOECD／DACが重視し、「パリ宣言」につながることになった。国連開発システムは断片化の行き過ぎた劇的な事例であり、この問題に対する国連の反応が「ひとつの国連としての援助提供」構想＊だった。

このようなかたちによる改革の進め方が、事業活動に大きく焦点を置き、活動の効率性に的をしぼり、改革を「国レベル」に限定する結果となった。この改革の推移を、戦略的な地位の確立の観点から見ると、はるかに広い意味での開

発協力への焦点が必要とされた時期に重なっていたと見ることができる。
その過程で、焦点は事業活動から規範の創出と権利本位の議題の促進に移される必要があった。そして国連は、新種の世界的な課題（何らかの種類の集団的対応と、個々の国レベルでなく世界的な戦略的方向性を必要とする課題）に対応する必要があった。要するに、国連開発システムが直面したのは"戦略的な位置づけ"という課題であり、たとえ活動効率の問題がいかに重要であろうと、その域をはるかに超えていたのである。

「GPG世界」（グローバル公共財の世界）における一貫性には、個々のグローバル公共財の提供に関係する主要な活動主体のすべてが関与することが求められる。したがって、国連開発システム内の一貫性は二義的な問題となる。つまり、一貫性に代わって「妥当性」が改革の原動力となる。

本報告書に対して、「改革のカギとして断片化の問題へ焦点を合せ、既存構造の合理化と中央集権化を求めるべきだ」という指摘がなされた。これは本質的に、"構造"が改革のカギになるという見方である。しかし、本報告書では一貫して、構造ではなく「機能」が中核要素であるという見解に立っている。さらにいえば、中央集権化と統合が意味をなすかなさないかを決めるのが「機能」である。
国連は、深い根を複合的な支持層にもち、それが基本的な弱みでなく、強みになっている。「縮小主義」とも呼べそうなこの解決策に対して、専門化、利益共同体、多重財源が立ちふさがることになる。他方、「GPG世界」（グローバル公共財の世界）においては、形態と資金と統治が「機能」に重ね合わされる"可変的"な結合構造をもつことが不可欠である。

一方、国連の大きな存在の広がりが、本質的信頼性と妥当性の"テスト"に受かるかどうかを回避するつもりはない。世界各国に、延べ1000カ所以上の拠点をもつ国連開発システムの展開は、今日の世界で「テコ力」（レバレッジ）を提供する最も効果的な方法なのだろうか[228]——。

資金構造が機能に合致することが、信頼性のある改革戦略にとって前提条件となる。前述したように、国際社会は「資金拠出」に相応するシステムをもっている。しかも現在、機会の追求に複合的なインセンティブ（誘因）を与えるようなさまざまな"資金手立て"がある。しかし一方、機能に沿わせるインセンティブ（誘因）はごく限られている。

この点に関する現在の議論は、「コア資金」（通常予算）と「ノンコア資金」（非

---

[228] 本書パート2の表3A-3Eを参照。

通常予算）のバランスの是正に焦点が置かれている。インセンティブ（誘因）を適正化し、ノンコア資金への過剰依存に起因する歪みを正すためのカギとして、この問題にほぼ全面的に焦点が絞られている。もはや、「コア」と「ノンコア」のバランス是正が必要であることに疑問の余地はない。しかし、カギとなる課題は、一連の資金構造を「機能」に沿わせることである。そして、「コア」の拡充は、コア資金拠出によって適正に支えられる機能の重要性に立脚しなければならない。

プロジェクト主導型のシステムに対して、「コア支出」を拡大すべき理由はない。本報告書ではこの観点から、「はるかに幅広い"取引"が必要である」と論じてきた。たとえば、グローバル公共財のための資金調達には"交渉による拠出"が最適であるかもしれない。

いずれにせよ、将来の資金供給構造は、単純な汎用方式を避け、機能主体で、もっと複雑な"可変的"なやり方を採り入れることになろう。たとえば、国連事務総長が「地球サミット」の資金に関する会議で設置されたワーキンググループの成果をもとに、「取引」に必要な選択肢をさぐるため「タスクフォース」（特別対策委員会）を設置するという方法もある。

同様に、国連開発システムの統治をめぐる現在の議論は、加盟国の公平な「代表性」という一点に集中している。ポイントは、何をもって「公平」とするかである。今後の課題は、統治改革に関する議論を封じることなしに、国際社会が国連開発システムに求めている「機能」に"統治"を重ね合わせることである。

そのためには、この二つの議論は同時に進められるべきである。でないと、公平な代表性をめぐる議論が熱を帯びるとともに、国際社会が国連開発システムの各々の統治機構に求めている「機能」の定義に混乱が生じることになる。この点が最も明白に表れているのが、国連経済社会理事会（ECOSOC）と諸計画・基金の執行理事会のあり方をめぐる議論である。前進するためには、これらを相互補完関係にあるものとして扱う必要がある。

締めくくりとして、システム全体にわたる「改革構想」の出発点を見定めておきたい。すでに、三つの代替的な「シナリオ」について説明した。予見可能な将来にわたって、この三つのシナリオが併存する状態が続くことになるが、本報告書の見解は、改革プロセスは「第三のシナリオ」を核とした、戦略的な位置固めへの焦点から始めることである。このシナリオは、過去10年間に生じた変容とともに浮上した主要課題の多くに対応している。そして、このシナリオには、現れつつある「GPG世界」（グローバル公共財の世界）を特徴づける中心的要素と、開発協力の役割再編の必要性が織り込まれている。

「第三のシナリオ」を核とする戦略的な位置づけは、一連の主要課題に的を合

わせることである。

機能を定義するうえで、「テコ力」(レバレッジ) が決定的に大きな"力の源泉"にならなければならない。つまるところ、「テコ力」が国連開発システム全体において中心部分に位置づけられる必要がある。この点において、国連事務総長と事務総長室が果たすべき、決定的役割がある。

改革を目に見える成果につなげるうえで、限られた数の「変容的パートナーシップ」を識別することがカギとなる。これは国連事務総長、あるいは個々の組織によって主導されうる。大切なことは、国連開発システム内で変革の中心となる変容的パートナーシップを識別することである。そうしたパートナーシップがいかに構成され、資金供給され、統治されているかが、新たな課題への対処においてかけがえのない実践的経験をもたらすことになる。

国連開発システム全体としての戦略的な位置づけには、システム全体のデータを集約して活用する必要がある。しかし、現状はそれとはほど遠い。そしてさらに、システム全体にわたる戦略が現実的であるには、得られる総合データの分析をいまよりもはるかに綿密に行なう必要がある。

「GPG世界」(グローバル公共財の世界) で有効に機能するには、"結果の測定"により力を注ぐことが求められる。すでに目標が主体となった今日の環境において、結果測定の必要性が以前よりもはるかに高まっている。開発協力の目指すものが特定の目標達成であるのなら、「目標」を達成したということの"証"が信頼性にとって不可欠となる。とりわけ「GPG世界」では、合意された責任分担が実行されているという信頼の構築に「測定」が中心的役割を果たす。今後、国連開発システムは、いまよりも強い「測定能力」を実証することを求められる。「テコ力」自体の効果測定は難しいため、「測定」は大きな課題となる。

この種の改革の取り組みには批判が伴うことになる。予想とすれば、すでに複雑化しすぎているシステムから「層を剥ぎ取るのではなく、逆に層を重ねるものだ」と論じられるであろう。しかし過去の歴史を通じて、国連システムはこのやり方によって変化に対応してきた。本報告書では、国連がくぐり抜けてきた変化を「三度の大きな変容」として捉えた。識者の間には、「本当にそれほど大きな変化だったのか」と疑義を呈し、「単に新しい層を付け加えただけではないのか」とする向きもあるであろう。
しかし、既存の構造全体を捨て去らなければ「真の改革ではない」とする考え方は現実的ではない。そればかりか、望ましいものでもないはずである。必要なのは、各々の「新しい層」が、機能・資金・形態・統治にまぎれもない「変

革」をもたらすことである。現に、過去の三段階において、そのとおりのことが起きている。上述した提言によって、「再びそれが達成されうる」というのが本報告書の見解である。

最後にひと言付け加えておきたい。それは「10年後」の国連開発システムに求められる"あり方"と、「現時点」で"何が是正されるべきか"という問いである。この二つの「問い」に対する答えは、かなり異なっているはずである。この二つの「問い」を混同しないことが肝要である。

【編著者略歴】
ブルース・ジェンクス（Bruce Jenks）

国連で30年近いキャリアを積み、国連開発計画（UNDP）事務次長補を最後に退官。現在はコロンビア大学国際公共政策大学院・非常勤教授。ジュネーブ大学でも講義を行なっている。ニューヨーク大学国際協力センター（CIC）・フェロー。オックスフォード大学で博士号取得。

【編著者略歴】
ブルース・ジョーンズ（Bruce Jones）

ニューヨーク大学国際協力センター（CIC）・ディレクター／シニアフェロー。ブルッキングス研究所シニアフェローでもあり、グローバル・オーダー・プログラムのマネジングディレクターを務めている。最近では、世界銀行の「世界開発報告書2011：紛争・安全保障・開発」の上級外部顧問を務めた。2010年3月、国連事務総長により「国際文民能力レビュー」上級顧問グループのメンバーに任命。

【監訳者略歴】
丹羽敏之（にわ　としゆき）

1939年、広島に生まれる。1945年8月6日、広島市内にて被爆。早稲田大学政治経済学部卒業。1965年、アメリカ・タフツ大学フレッチャースクール法律・外交大学院修士課程修了。民間企業勤務後、1971年よりUNDP（国連開発計画）勤務。1980～1983年イエメンおよび1983～1988年ネパールで、国連常駐調整官・UNDP常駐代表。1988～1990年、タイで国連常駐調整官、UNDP地域代表およびタイ・カンボジア国境救済活動（UNBRO）局長兼務。1990～1997年、UNDP総裁補兼財務管理局長。1998～2003年、国連事務局総務担当事務次長補、国連共通サービス担当執行調整官。2003年、国連キャピタル・マスタープラン・プロジェクト執行局長。2004～2007年までUNICEF（国連児童基金）事務局次長を務める。現在、関西学院大学総合政策学部特別客員教授（2008年～）。アメリカ在住。1988年、ネパール・ビレンドラ国王よりゴルカ・ダクシナ・バフー等勲章叙勲。2007年、天皇皇后両陛下御接見（平成19年2月28日）。

岐路に立つ国連開発
変容する国際協力の枠組み

2014年6月1日　初版第1刷発行

編著者
ブルース・ジェンクス／ブルース・ジョーンズ

監訳者
丹羽敏之

発行者
佐々木久夫

発行所
株式会社 人間と歴史社
東京都千代田区神田小川町 2-6　〒 101-0052
電話　03-5282-7181（代）／ FAX　03-5282-7180
http://www.ningen-rekishi.co.jp

印刷所
株式会社 シナノ

ⓒ 2014　in Japan by　Ningen-to-rekishi-sya, Printed in Japan
ISBN 978-4-89007-193-7　C3031

造本には十注意しておりますが、乱丁・落丁の場合はお取り替え致します。本書の一部あるいは全部を無断で複写・複製することは、法律で認められた場合を除き、著作権の侵害となります。定価はカバーに表示してあります。
視覚障害その他の理由で活字のままでこの本を利用出来ない人のために、営利を目的とする場合を除き「録音図書」「点字図書」「拡大写本」等の製作をすることを認めます。その際は著作権者、または出版社まで御連絡ください。

人間と歴史社　好評既刊

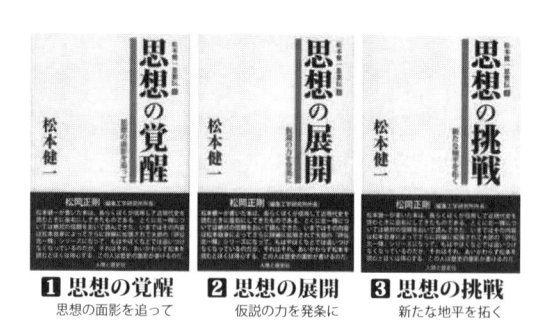

【松本健一思想伝】
思想とは人間の生きるかたちである

思想は生き方の問題である。ひとは思想によって生きてゆくのではなく、生き方そのものが思想なのである。生き方そのものに思想をみずして、どうしてひとの沈黙のなかに言葉をみることができようか

❶ 思想の覚醒　思想の面影を追って
❷ 思想の展開　仮説の力を発条に
❸ 思想の挑戦　新たな地平を拓く

● 各巻 320 頁　● 定価各巻 1,900 円（税別）

松岡正剛氏（編集工学研究所長）「松本健一氏が書いた本は、長らくぼくが信用して近現代史を読むときに座右にしてきたものである。とくに北一輝については絶対の信頼をおいて読んできた。（中略）あいかわらず松本を読むとぼくは得心する。この人は歴史の面影が書けるのだ。」

『週間エコノミスト』「北一輝研究の第一人者で思想家、評論家、作家、歴史家とさまざまな顔を持つ著者の膨大な作品の「まえがき」「あとがき」を集めた3冊本『松本健一思想伝』の第1巻。年代順に並べられ、1971年からの著者の思想的変遷が一目瞭然。3冊を通読すると、近現代史を見る著者の目が一貫して歴史の底に潜む思想の葛藤、ひいては一人一人の人間の思想的苦闘に向いていることが再確認できる。この巻では「私の同時代史」の長文が今も輝きを放ち、秀逸だ。」（2013・7・30号）

ひとはなぜ、人の死を看とるのか
日本的ホスピスのかたちを求めて

日野原重明　聖路加国際病院理事長「東京都大田区において開業医をしておられる鈴木荘一先生は、日本のホスピスケア、在宅ケアの第一人者である。鈴木先生が半世紀の臨床医としての生活の中から得られたホスピスの精神が、このたび『ひとはなぜ、人の死を看とるのか』という名著となって出版された。ホスピスの創設者シシリー・ソンダース医師のホスピス精神をもっとも深く理解されている鈴木先生が著された本書を、医療関係者や一般の方々に広く読んでいただきたいと思う」　鈴木荘一◆著　聞き手◆佐々木久夫　定価2,700円（税別）

音楽の起源〔上〕
人間社会の源に迫る『音楽生物学』の挑戦

ニルス・L・ウォーリン／ビョルン・マーカー他◆編著　山本聡◆訳　定価4,200円（税別）

音楽はいつ、どのようにして誕生したのか。音楽の起源とその進化について、音楽学はもとより、動物行動学、言語学、言語心理学、発達心理学、脳神経学、人類学、文化人類学、考古学、進化学など、世界の第一人者が精緻なデータに基づいて音楽誕生の歴史をたどる!
（原書『The Origins of Music』：マサチューセッツ工科大学出版部発行）

毎日新聞評：言語は音楽であり、音楽は言語だったのではないか。『音楽の起源』と銘打ってはいるが、本書は実質的に「言語の起源」であり、「人間社会の起源」である。

〈ケーススタディ〉いのちと向き合う看護と倫理　受精から終末期まで

エルシー・L・バンドマン＋バートラム・バンドマン◆著　木村利人◆監訳　鶴若麻理・仙波由加里◆訳

倫理的思考を通して患者の人間としての尊厳・QOL・自己決定の在り方を具体的に提示、解説。「子宮の中から墓場に至るまで」の応用倫理に対応する構成。ライフスパンごと臨床現場に即した様々な事例（52例）を提示、そのメリット・デメリットを解説。各章ごとに「この章で学ぶこと」、「討論のテーマ」を配し、学ぶべきポイントを要約。理解を助けるために脚注および用語解説を付記。定価3,500円（税別）

人間と歴史社　好評既刊

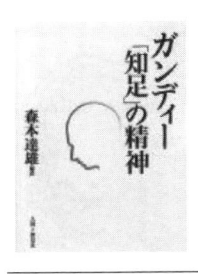

ガンディー　知足の精神
ガンディー思想の今日的意義を問う──没後60年記念出版

「世界の危機は大量生産・大量消費への熱狂にある」「欲望を浄化せよ」──。透徹した文明観から人類生存の理法を説く。「非暴力」だけではないガンディーの思想・哲学をこの一書に集約。多岐に亘る視点と思想を11のキーワードで構成。ガンディーの言動の背景を各章ごとに詳細に解説。新たに浮かび上がるガンディーの魂と行動原理。

森本達雄◆編訳　定価2,100円（税別）

タゴール 死生の詩【新版】　生誕150周年記念出版

深く世界と人生を愛し、生きる歓びを最後の一滴まで味わいつくしたインドの詩人タゴールの世界文学史上に輝く、死生を主題にした最高傑作！

「こんどのわたしの誕生日に　わたしはいよいよ逝くだろう／わたしは　身近に友らを求める──彼らの手のやさしい感触のうちに／世界の究極の愛のうちに／わたしは　人生最上の恵みをたずさえて行こう、／人間の最後の祝福をたずさえて行こう。／今日　わたしの頭陀袋は空っぽだ──／与えるべきすべてをわたしは与えつくした。／その返礼に　もしなにがしかのものが──／いくらかの愛と　いくらかの赦しが得られるなら、／わたしは　それらのものをたずさえて行こう──／終焉の無言の祝祭へと渡し舟を漕ぎ出すときに。」（本文より）

森本達雄◆編訳　定価1,600円（税別）

証言・日本人の過ち〈ハンセン病を生きて〉
──森元美代治・美恵子は語る

「らい予防法」によって強制隔離され、見知らぬ土地で本名を隠し、過去と縁を切り、仮名で過ごした半生。自らの生い立ちから発病の様子、入園、隔離下での患者の苦難の生活を実名で証言！ ハンセン病対策の過ちと人権の大切さを説く!!「ニュース23」絶賛！ NHKラジオ「深夜便」「朝日新聞」ほか紹介！「徹子の部屋」に森元夫妻出演・証言！感動を呼び起こした「事実の重み」

藤田真一◆編著　定価2,136円（税別）

証言・自分が変わる 社会を変える
ハンセン病克服の記録第二集

「らい予防法」廃止から三年半。「人間回復」の喜びと今なお残るハンセン病差別の実態を森元美代治・美恵子夫妻が克明に語る。元厚生官僚・大谷藤郎氏、予防法廃止当時の厚生省担当係長、ハンセン病専門医らの証言から、らい予防法廃止の舞台裏、元患者らによる国家賠償請求の背景、彼らの社会復帰を阻害する諸問題、ひいては日本人の心に潜む「弱者阻害意識」を浮き彫りにする。

藤田真一◆編著　定価2,500円（税別）

写真集【絆】　DAYS国際フォトジャーナリズム大賞・審査員特別賞受賞作品
「らい予防法」の傷痕──日本・韓国・台湾

「らい予防法」が施行されて100年──。本書は「強制隔離」によって、肉親との絆を絶たれ、仮借なき偏見と差別を生きた人々の「黙示録」であり、アジアの地に今なお残る「らい予防法」の傷痕を浮き彫りにしたドキュメントでもある。元患者の表情、収容施設の模様を伝える日本65点、韓国15点、台湾14点、計94点の写真を収録。キャプションと元患者の証言には韓国語訳を付す。

八重樫信之◆撮影　定価2,500円（税別）

人間と歴史社　好評既刊

サステイナブルなものづくり
ゆりかごからゆりかごへ

Cradle to Cradle
W. McDonough & M. Braungart

ウィリアム・マクダナー　マイケル・ブラウンガート●著
岡山慶子・吉村英子●監修　山本聡・山崎正人●訳

自然から得たものは自然に還す
この理念と実践こそが企業価値を決定づける！

自然界に"ゴミ"は存在しない。ゴミは産業デザインの欠陥のシンボル。氾濫する未熟製品。再生産型システムをデザインせよ！コンセプトは「ゴミ＝食物」「人が食べても安全」「永遠性のあるデザイン」「川はどんな洗剤であって欲しいと思うか」「その土地に適したものは何か」「風土に適した創意工夫」………。ものづくりの理念を一挙公開！

有馬朗人（元文部大臣・東京大学総長／日本科学技術振興財団会長）
『Cradle to Cradle』（ゆりかごからゆりかごへ）は、大量生産・大量消費・大量廃棄という「消耗の世界」から、多様な生き物と共生する「豊饒の世界」への転換を図るひとつのモデルである。地球環境の保全、人間の福祉と公正、経済的繁栄の共生をめざすサステイナブル社会実現のために、一人でも多くの人々に読んで頂きたい一冊である。この本には人類が直面するさまざまな問題を解決する答えがある。

山本良一（東京大学教授）
これからのものづくりの入門書として推薦します

島田晴雄（千葉商科大学学長）
「ものづくり」で生きてきた日本が、21世紀も引き続き世界をリードしていくためには、先人が築き上げてきた「ものづくり」の精神と技術に加え、本書のようなまったく新しい理念が必要だ。

【主な内容】

第1章　産業モデルの変遷
産業革命の歴史／現代の産業モデル

第2章　成長から持続へ
経済システムの転換／エコ効率の手法／エコ効率の原則

第3章　コントロールを超えて
未来の本をデザインする／未来の建物をデザインする／成長とは何か／デザインにおける新しい課題

第4章　ゴミの概念をなくす
ゴミの文明史／「ゴミは存在しない」が前提

第5章　サステイナビリティーの基本
多様性の尊重／相互依存性／自然のエネルギーとの接点／エネルギー供給の革新／デザインを視覚化するツール

第6章　サステイナブルなものづくり
フォード社のサステイナブル計画／エコ効果への5つのステップ／エコ効果への5つの指針

四六判 並製　定価1,600円（税別）